SCHUL-
MUSIK
KONKRET 2

singe
lose
spile

Zytglogge
Werkbuch

Herausgeberin:	Zentralstelle für Lehrerfortbildung, Lerbermatt, 3098 Köniz

Alle Rechte vorbehalten

Copyright:	Zytglogge Verlag Bern und AutorInnen 1991
Titelbild und Fotos innen:	Alex Furer
Zeichnungen:	Karin Widmer
Satz und Layout:	Fred Brügger
Druck:	Allgäuer Zeitungsverlag GmbH, Kempten

Band 1: ISBN 3-7296-0412-0
Band 2: ISBN 3-7296-0413-9

Zytglogge Verlag Bern, Eigerweg 16, CH-3073 Gümligen
Zytglogge Verlag Bonn, Cäsariusstrasse 18, DW-5300 Bonn 2
Zytglogge Verlag Wien, Strozzigasse 14-16, A-1080 Wien

Die Projektgruppe Musik der Bernischen Lehrerfortbildung besteht aus Lehrkräften und Musiklehrern aller Schulstufen, die einerseits stets neue Wege suchen, aber anderseits auch dem Bewährten seinen Platz schaffen möchten. Bereits 1979 ging eine "Dokumentation Schulmusik" in Druck, aus welcher anfangs der 80er Jahre das Zytglogge-Werkbuch "singe, lose spile" entwickelt wurde, mit Schwergewicht auf der Mittel- und Oberstufen-Thematik.

Mit der Veröffentlichung von "Schulmusik konkret" (singe lose spile 1991) werden Kursunterlagen erneut einem weiteren Publikum zugänglich gemacht. Die beiden Bände sind weniger als Selbstlehrgänge oder ausformulierte Lehrmittel gedacht. Basierend auf dem aktuellen Lehrplan des Kantons Bern wurde Erprobtes zum vielfältigen Themenkreis der Schulmusik als Praxishilfen für das 1. bis 9. Schuljahr zusammengetragen:

      a) Übungsmöglichkeiten und -formen
      b) druckfertige Arbeitsblätter
      c) planmässig aufgebaute Lehrgänge und
      d) für die Hand des Lehrers: Grundlagen und methodische Möglichkeiten

In den letzten 20 Jahren wurde versucht, das Fach Singen zum Fach Musik zu erweitern. Damit war nie gemeint, einseitig das Liedsingen abzuschaffen oder gar der akustischen Dauerberieselung unreflektiert in der Schule Tür und Tor zu öffnen. Es hat sich vielmehr bewährt, möglichst das vielseitige Musizieren zu fördern. Musik wird über das Singen, Spielen, Bewegen, Improvisieren erfahren und erlebt. Dabei sollte sowohl das historische wie das aktuelle Musiziergut berücksichtigt werden. Ausser diesen Anliegen möchte "Schulmusik konkret" in der "Musiklehre" den Erwerb von planmässig aufgebauten Fertigkeiten und Fähigkeiten fördern helfen.

Die Freude an der Musik wächst bestimmt mit dem Können und Wissen, und kaum mit einem Unterricht, der nur Unterhaltung und Plausch anbietet.

Gerade im Fach Singen/Musik können die Schüler ganzheitlich gefördert werden; hier kann die Einheit von "Kopf, Herz und Hand" erlebt werden.

Die beiden Bände "Schulmusik konkret" bieten der Lehrerschaft vielseitige Anregungen, Informationen und Hilfen aus der Praxis an.

Eine Reihe von Blättern oder Kapiteln ist das Werk einzelner; anderes ist in Arbeitsgruppen entstanden. Alles wurde in der Praxis ausprobiert; in der PG Musik evaluiert und redigiert.

Mitgearbeitet haben:

Rosmarie Allenbach, Lenk	Alf Lüthi, Wynigen
Marlyse Berthoud, Münchenbuchsee	Herbert Mathys, Jens
Erika Bill, Hünibach	Markus Müller, Interlaken
Fred Brügger, Heimberg	Toni Muhmenthaler, Wohlen
Stefanie Brügger, Bern	Kurt Rohrbach, Kehrsatz
Toni Däppen, Jaberg	Bernhard Scheidegger, Ispach
Fred Graber, Bremgarten	Eva Stettler, Kehrsatz
Heinz Haldimann, Seftigen	Max Suter, Bern
Hanna Hofer, Erlenbach	Ursula Tessaro, Mühlethurnen
Albrecht Hügli, Rizenbach	Heinz Toggweiler, Thun
Fritz Indermühle, Schwarzenburg	Anna Zwahlen, Bönigen

Allen, welche in irgend einer Form mitgeholfen haben, sei an dieser Stelle für ihre Arbeit gedankt.

                                      Zentralstelle für Lehrerfortbildung
                                      H. R. Lanker

Herausgeber: Erziehungsdirektion des Kantons Bern, Zentralstelle für Lehrerfortbildung.

Abkürzungen

CA	Musikkassette
CD	Compact-Disc
EM	Ernste Musik
UM	Unterhaltungsmusik
HB	Hörbeispiele
KG	Kindergarten
LP	Langspielplatte/Lehrplan
MD	Reihe Musidaktik, Cappella Verlag
MGS	Musikalische Grundschulung
MuOS	Musik auf der Oberstufe
L1, L2	Musik auf der Oberstufe: Lehrerheft
SSU	Schweizer Singbuch auf der Unterstufe
SSM	Schweizer Singbuch auf der Mittelstufe
SSO	Schweizer Singbuch auf der Oberstufe
US	Unterstufe/Unterstufensingbuch des Kantons Bern
MS	Mittelstufe/Mittelstufensingbuch des Kantons Bern
OS	Oberstufe/Oberstufensingbuch des Kantons Bern
SMuK	Schulmusik konkret
S	Sopran
A	Alt
T	Tenor oder Tanzchuchi, Zytglogge-Verlag
B	Bass
VC	Videokassette
WT	Wandtafel
A	Arbeitsblatt
🔲	Kassette zu SMuK
☞	Querverweise

Inhaltsverzeichnis

Band 1

9	**Grundlagen**	87	**Bewegen (nur US)**
10	Musikunterricht in der Schule	88	Mit Händen und Füssen
10	Zielsetzungen im Wandel der Zeit	89	Gesungen und getanzt
11	Musik in der Schule	95	Musik getanzt
13	Praktisches Musizieren	97	Musik und Bewegung in Bilderbüchern
14	**Stimmpflege**	99	Grundelemente der Bewegungserziehung verbunden mit Musik
15	Grundsätzliches		
16	Pflege der Kinderstimme	100	Bücherliste
18	Einsingen am bekannten Lied/Kanon	101	**Populäre Musik**
30	Korrekturhinweise	102	Gedanken zum aktuellen Musikunterricht
31	Mutation	111	Die Instrumente
32	Behandlung von "Brummern"	126	Anhang, Literaturangaben
		127	Arrangements
33	**Singen**		
33	Methodik der Liedeinführung	159	**Der Computer in der Musik**
33	Papageienmethode		
34	Lied-Erarbeitung	162	**Instrumentenkunde**
35	Mehrstimmiges Singen	162	Grundsätzliches
35	Aufbau des Liedgutes gemäss Lehrplan	163	Einteilung der Instrumente
		164	Aufbaumöglichkeiten
35	Einige Gestaltungsmöglichkeiten	166	Beispiele und Materialien aus der Praxis (US)
36	Probenarbeit	166	Einführung von Instrumentengruppen
37	Experimente mit der Stimme		
38	Strassengeräusche, Verkehr	173	Beispiele und Materialen aus der Praxis (MS)
38	Wege zur geführten Improvisation	176	Test 1
39	Lieder verändern	182	Test 2
40	Experimentieren, gestalten, improvisieren	184	Beispiele und Materialen aus der Praxis (OS)
41	Chorleitung	184	Das gleiche Werk verschieden instrumentiert Mussorgsky: "Gnomus"
41	Checkliste für den Chorleiter/Dirigenten		
42	Grundschläge	186	Unterrichtseinheit "Glocken"
43	Literatur	187	Mussorgsky: "Das grosse Tor von Kiew"
44	**Instrumentales Musizieren**		
45	Stabspiele	188	Assoziationen zu den Instrumenten
51	Blasinstrumente		
56	Streichinstrumente	190	Werbung und Instrument
57	Gruppenmusizieren		
60	Experimentieren-Improvisieren-Gestalten	191	**Werkbetrachtung**
		191	Grundsätzliches
70	Begleitformen	192	Praktische Werkbetrachtungsmöglichkeiten
77	Exemplarische Begleitsätze		

193	Programmusik	245	Musik hören, Polaritätsprofil
193	Der Mensch in der Musik	247	Musik malen
194	Kommunikation mit musikalischen Mitteln	249	Die Plattenhülle und ihr Inhalt
194	Idee und Symbol im Werbespot	251	Beispiel zur Musikgeschichte
194	Diverses	253	Bild - Musik - Text
195	Impulse zum Mitbewegen	255	Graphische Notation als Hörhilfe
195	Die Natur in der Musik	256	Fuga E-Dur, Bach
197	Technik	262	"Zauberlehrling"
198	Märchen, Sagen	265	Klangpartituren
198	Jahrmarkt, Karneval, Zirkus	269	Vom Zeichen zum Klang
		272	Von einer diffusen zu einer präziseren Klangerwartung
199	**Funktionen und Wirkungen der Musik**	274	Musikgeschichte
199	Wer macht wo womit für wen welche Musik?	276	Über die Improvisation (vom Hören zur Bewegung)
199	Welche Wirkung hat diese Musik auf mich?	279	**Rhythmische Schulung**
202	Musik in der TV-Werbung	279	Methodische Hinweise
205	Arbeitsvorschläge	280	Metrum und Tempo
206	Testbogen	283	"Ahornbaum", Leselehrgang
208	Arbeitsblatt 1	284	Rhythmische Bausteine
209	Arbeitsblatt 2	295	Rhythmussprache und Rhythmuskärtchen
		302	Bewährte Übungs- und Spielformen
Band 2		318	Taktarten
231	**Hörerziehung**	327	Körpereigene Instrumente/ Klang-Gesten
231	Hören, Gehörschäden	328	Rhythmische Liedbegleitung
233	Hör-, Konzentrations- und Kommunikationsübungen	342	**Melodische Schulung**
236	Musikalische Grunderfahrungen	342	Grundsätzliches
236	Alltägliche Hörsituation	342	Zur Methodenwahl
236	Mit dem Körper und der Stimme Geräusche erzeugen	344	Planmässiger Aufbau
236	Mit Gegenständen Geräusche erzeugen	345	Anregung zum spielerischen Aufbau der Tonleiter
237	Mit Materialien Geräusche erzeugen	366	Geraldine und die Mausflöte
		368	FA TI
237	Geräusche notieren	369	Absolute Notennamen
237	Musik imitiert Geräusche	370	DO-Leiter
238	lang-kurz	372	LA-Leiter
238	hoch-tief	373	Grunddreiklänge
239	langsam-schnell	378	Melodische Schulung der Mittel- und Oberstufe
240	laut-leise	381	Grafische Notation - Neue Klänge
241	betont-unbetont	390	Übungsmöglichkeiten
244	Klangfarben differenzieren	394	Hilfsmittel

403	**Unterrichtsplanung**	424	**Fächerübergreifender Unterricht, Projekte**
404	Grundlagen/Voraussetzungen		
405	Umsetzung	424	Möglichkeiten
405	Vom Lehrplan zum Unterricht	425	Haydn in seiner Zeit
406	Jahres-, Semester- und Quartalsplanung	429	Schüler erfinden (Weihnachts)-Lieder
406	Lektionsvorbereitung	432	Das Offene Singen
406	Möglicher Aufbau einer vielseitigen Musiklektion	432	Offenes Singen, eine besondere Probe- und Konzertform
407	Kontrolle	438	Werkstatt-Unterricht
407	Lernerfolgskontrollen und Notengebung	439	Beispiele
408	Was ist überprüfbar im Unterrichtsbereich Musik?	441	**Fakultativer/zusätzlicher Unterricht**
410	Lied im Unterricht - Unterricht am Lied	442	Übersicht Prim/Sek
412	Planungshilfe	443	Möglichkeiten des Instrumentalunterrichtes im Klassen- oder Schulverband
421	**Besondere Unterrichtsformen**		
422	Mehrklassen-Unterricht	☞	Stichwortverzeichnis am Ende der Dokumentation
422	Musik an Mehrklassenschulen		

Musiklehre

Hörerziehung
: Hören
Musikalische Grunderfahrungen
Musik malen
Graphische Notation als Hörhilfe
Vom Zeichen zum Klang
Musikgeschichte
Vom Hören zur Bewegung

Rhythmische Schulung
: Methodische Hinweise
Metrum und Tempo
Rhythmussprache und Rhythmuskärtchen
Bewährte Übungs- und Spielformen
Taktarten
Körpereigene Instrumente/Klang-Gesten
Rhythmische Liedbegleitungen

Melodische Schulung
: Grundsätzliches
Planmässiger Aufbau
Anregungen zum spielerischen Aufbau der Tonleiter
Melodische Schulung der Mittel- und Oberstufe
Grafische Notation - neue Klänge
Übungsmöglichkeiten
Hilfsmittel

Hörerziehung

Hören Jegliches Tun im Musikunterricht sei Hörschulung.
Die allgegenwärtige Musikberieselung und hohe Lautstärken bewirken,
dass wir nicht mehr zu- oder genau hinhören können:
Eine Förderung der Hörleistung durch gezielte Übungen
ist notwendig, um die Schüler vom zufälligen zum

Gehörschäden

Neben der geistig-seelischen Überlastung durch akustische Einwirkungen spielen heute leider die körperlichen Schädigungen eine bedrohlich grosse Rolle: Die allzu laute Umwelt, die immer leistungsfähiger und kleiner werdenden Mittler und die heutigen Hörgewohnheiten (Lautstärke) verursachen zunehmend Gehörbeeinträchtigungen bei Menschen mittlerer und jüngerer Altersstufen. Besonders heimtückisch sind vor allem Kopfhörer. Die Gehörsbelastungsgrenze ist mit ihnen schnell erreicht und überschritten, beim Hören überwiegen die Lustgefühle bei weitem, von Schmerz- oder Alarmsignalen keine Spur. Wenn eine Gehörsbeeinträchtigung festgestellt wird, haben sich bereits irreparable Schäden unbemerkt etabliert.

Kopfhörer können höhere Schallpegel erzeugen als Discos, werden aber als nicht so stark empfunden.
In der Schweiz leben 500'000 Hörgeschädigte (= häufigste körperliche Schädigung).
In der Schweiz tragen 140'000 Menschen Hörgeräte. Jährlich kommen 25'000 dazu.
Mehr als sechs Stunden Musikhören mit Kopfhörern wöchentlich (95 Db) ist schädlich.
Mehr als zwei Stunden Aufenthalt wöchentlich in 100 Db (=Disco) ist schädlich.

Für die Aufklärung kann das Merkblatt der SUVA durch seine sachlich fundierten Darstellungen grosse Hilfe leisten. Es kann gratis (auch in Klassensätzen) bezogen werden bei :
SUVA, 6002 Luzern 041/21 51 77

Hörerziehung

TAUBHEIT
SCHMERZ-SCHWELLE

INFRASCHALL — UNTERE HÖRGRENZE
ULTRASCHALL — OBERE HÖRGRENZE

SPHÄRE DER ELEKTRONISCHEN INSTRUMENTE

SPHÄRE DER RENAISSANCE-MUSIK

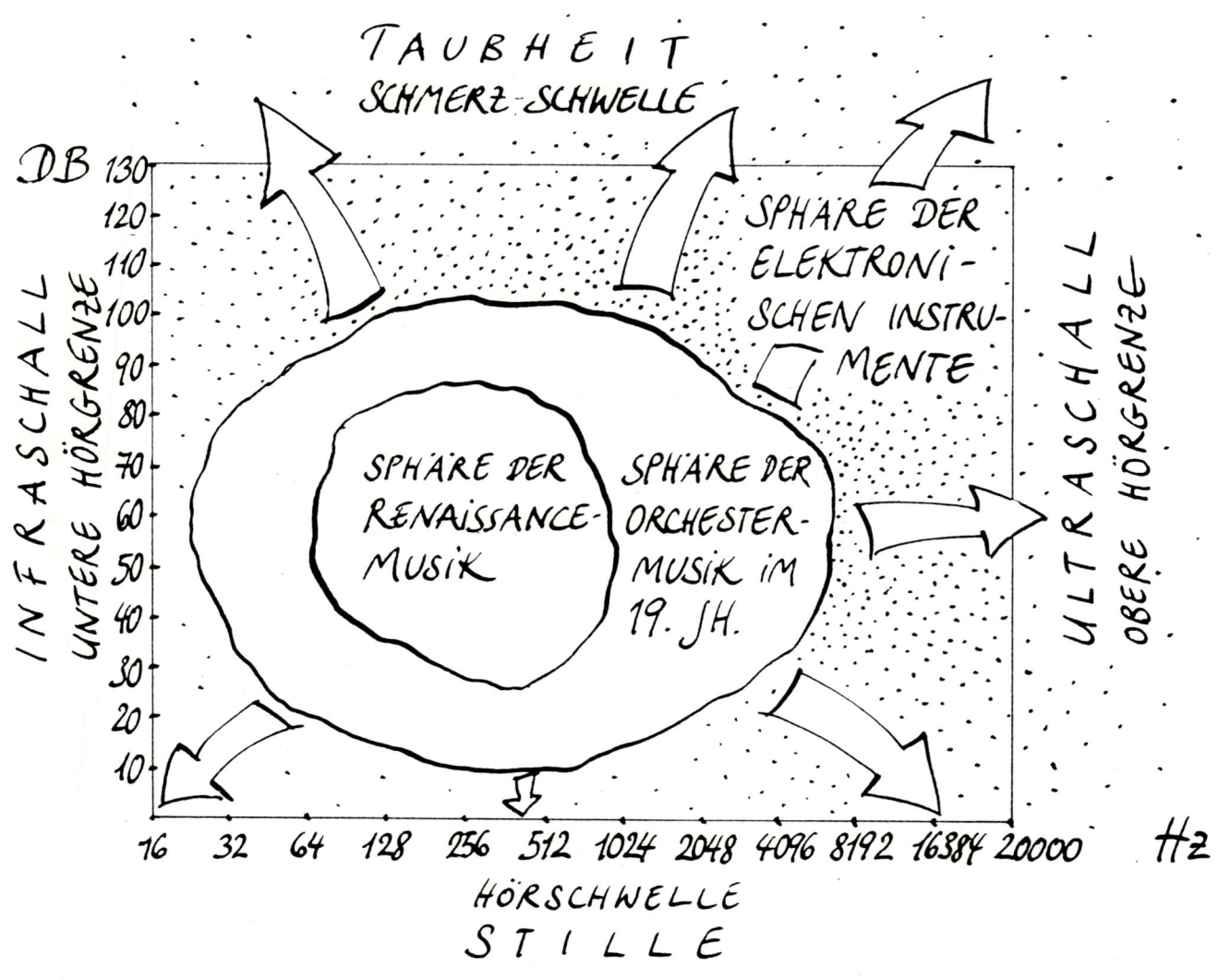

SPHÄRE DER ORCHESTERMUSIK IM 19. JH.

DB: 10–130
Hz: 16, 32, 64, 128, 256, 512, 1024, 2048, 4096, 8192, 16384, 20000

HÖRSCHWELLE
STILLE

	Naturlaute	Menschenlaute	Werkzeugs- + Maschinengeräusch
Frühkulturen	69%	26%	5%
Mittelalter Renaissance vorindustrielle Epochen	24%	52%	14%
nachindustrielle Epochen	9%	25%	66%
Gegenwart	6%	26%	68%

Hörerziehung

Hör-, Konzentrations- und Kommunikationsübungen

Vorbemerkung: Die folgenden Übungen wurden ohne didaktischen Hintergrund aufgelistet. Es bleibt somit dem Geschick und der Phantasie der Lehrkraft überlassen, die Spiele zu variieren, der entsprechenden Stufe anzupassen und sie sinnvoll in die Lektionen einzubauen. Sie sollten jedenfalls nicht isoliert "zelebriert" werden.

- Wir vergrössern die Ohrmuscheln mit beiden Händen. Wir vergleichen die Lautstärken.   Hö
- Die Kinder halten ihre Ohren auf (verschiedene) Böden: Wie tönen die Schritte der andern?   Hö
- Wir brauchen eine Papprolle als Stethoskop: Wir lauschen den Herz- und andern Körpertönen, dem Wischen, Kratzen und Klopfen auf der Tischplatte usw.   Hö
- Die Kinder versuchen, eine Gitarre zu stimmen. Die Lehrkraft spielt die Töne auf einem andern Instrument vor.   Hö Kz
- Je zwei Kinder bilden ein Paar. Eines führt mit einem Instrument das "Blinde" sicher durch den Raum.   Hö Km
- Wir verändern unsere Stimme, indem wir in das offene Klavier, in einen Schlauch, in einen Eimer oder in ein Kissen sprechen. Erkennen wir noch, wem die Stimme gehört?   Hö
- Instrumente-Ratespiel: Welches Instrument wurde hinter der Trennwand gespielt?   Hö
- Echospiel: Wenn alle Instrumente doppelt vorhanden sind, können zwei Gruppen gebildet werden. Wenn ein Instrument der Gruppe 1 ein Motiv gespielt hat, gibt das gleiche der andern Gruppe eine Antwort.   Hö Kz
- Zwei Kinder führen mit Instrumenten ein Gespräch: Was sie sich wohl zu sagen haben?   Hö Km
- Sechs Instrumente werden numeriert. Mit dem grossen Schaumstoffwürfel wird bestimmt, welches Instrument wie laut (1=leise, 6=laut) und wie schnell (erneutes Würfeln, 1=langsam) gespielt werden soll.
- Wir erstellen ein akustisches Protokoll unseres Schulweges.
- Ein Wecker wird im Schulzimmer versteckt. Die Kinder sollen ihn finden, bevor er zu rasseln beginnt.   Hö Km
- Der Klang der Schritte verrät die Schuhe und den Boden.   Hö
- Alle bringen in einer Dose etwas mit. Finden wir beim blossen Schütteln heraus, was sich darin befindet?   Hö
- Wir erleben 30 Sekunden Stille mit geschlossenen Augen.   Kz
- Können wir ein Blatt Papier lautlos im Kreis herumreichen?   Kz
- Die Klasse sitzt ruhig und mit geschlossenen Augen im Raum. Wer fünf Geräusche festgestellt hat, hebt die Hand.   Hö Kz
- Variation in lärmiger Umgebung: Vorgabe einschränken, z.B. fünf Geräusche im Zimmer, fünf Geräusche von unseren Körpern o.ä.
- Ein Kind geht leise durchs Zimmer. Die andern zeigen mit geschlossenen Augen auf seinen Standort (Richtungshören).   Hö Kz
- Jemand macht feine Geräusche oder sogar eine Folge davon. Wer kann sie, nur nach Gehör, nachmachen?   Hö Kz
- Die Schüler stehen verteilt im Raum, Augen geschlossen. Jemand wirft einen Ping-Pong-Ball ins Zimmer. Wer zeigt richtig, wo der Ball schliesslich zu liegen kommt? (Variation: Ein Ohr wird zugehalten. Erfahrung: Das Richtungshören wird erschwert.)

Hörerziehung

- Ein Ton verklingt, Triangel, Stimmgabel, Klavier, Gitarre.
  Die Schüler lassen parallel zum Verklingen die erhobenen Arme sinken.   Hö Kz
- Mit Klangstäben Paare bilden. Kriterien: Gleiche Töne suchen sich /passende,
  wohlklingende Töne suchen sich/ Nachbartöne.   Hö
- Mit feiner Berührung (Fingerbeere auf Fingerbeere) "Blinden" durch den
  Raum / das Labyrinth führen.   Km
  Variation: Seinen Blinden stehen lassen, einen andern übernehmen.
- Mit Musik locker durcheinander gehen.
  Laute Musik = grosse Schritte oder auseinander streben
  leise Musik = das Gegenteilige. Ton weg = erstarren.   Hö
- Klangstäbe aufräumen. Sich nach Gehör in eine Reihe stellen.   Hö
- 12-Ton-"Komposition": 12 Schüler haben je einen Klangstab der Halbtonreihe und
  spazieren durch den Raum. Auf ein Zeichen bilden sie einen zufälligen Halbkreis.
  Jetzt können wir vor- und rückwärts eine 12-Ton-Reihe spielen.   Hö
- Ein Blinder wird durch eine akustische Gasse gelotst: Links Fell - rechts
  Metall-Instrumente. Lotsen, die passiert wurden, schliessen vorne an.
  So wird die Gasse endlos.   Hö Km Kz
- Mit feinen Geräuschen (Fingernägel, Mund, ganz fein gespielte Instrumente)
  blinden Partner führen. Nur einem Geräusch folgen, sich nicht verführen lassen!   Hö Kz
- "Blinde" mit Klangstäben führen. Achtung: Nur dem "eigenen" Ton folgen.   Hö Kz
- Der Lehrer zeichnet geometrische Formen an die Wandtafel.
  Die Schüler zeichnen nach Gehör das Gleiche.
- Der Lehrer zeichnet Taktarten an die Wandtafel (mit geschlossenen Augen Taktart erkennen).

- Jemand absolviert einen akustischen Parcours. Die andern versuchen, ihn
  nach Gehör zu wiederholen.   Hö Kz
- Die Schüler stehen auf der Kreisbahn: Jemand klopft auf den Rücken vor ihm
  einen Rhythmus. Kommt der gleiche wieder bei ihm an?
- Alle bewegen sich frei im Zimmer. Wer ein Geräusch verursacht, bleibt stehen.   Hö Kz
- Zur Musik frei bewegen. Wenn der Refrain ertönt, Gruppen oder
  Kreise bilden. Bei der Strophe wieder lösen.   Hö Kz
- Tunnelsingen: Auf ein Zeichen wird plötzlich nicht mehr gesungen,
  aber das Lied läuft wie ein Tonband weiter. Auf ein weiteres Zeichen
  wird der "Ton wieder eingeschaltet".   Kz
- Je einer Gruppe wird ein Instrument zugeteilt. Wenn "mein" Instrument spielt,
  darf ich mich frei bewegen.   Hö Kz
- Die Schüler stehen im Kreis mit je einem Klangstab. Wir schicken das Metrum
  im Kreis herum, ohne schneller zu werden (Hilfe für Kinder: Der Ton ist ein Floh,
  der von Kind zu Kind hüpft).   Kz Km
- Variation: Accelerieren bis zum Maximum, dann ritardieren bis zum Stillstand.
- Variation: Crescendieren bis fff - dann diminuieren bis ppp.   Kz Km
- Ein Kind bewegt sich (pantomimisch) im Raum. Die andern begleiten die
  Bewegungsabläufe auf ihren Instrumenten.
- In der Kreismitte steht ein Hampelmann, der mit Tönen und nicht mit Fäden
  bewegt wird (z.B. Triangel = rechter Arm, Becken = linker Arm, Guiro = Kopf,
  Fell-Instrumente = Beine).   Km Hö

Hörerziehung

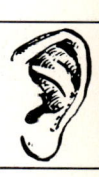

- A gibt mit seinem Instrument eine momentane Stimmung wieder. Die andern stimmen ein.   Km
- Alle spielen durcheinander. Auf ein Zeichen finden sich alle zum abgemachten, gleichen Spiel. Dann folgt wieder die individuelle "chaotische" Phase.
- Alle bewegen sich frei und spielen ihr Instrument. Wenn sich zwei Kinder begegnen, dialogisieren sie instrumental einen Moment miteinander.   Km
- A beginnt mit einer stereotypen Bewegung. B begleitet diese Bewegung mit seinem Instrument, C gesellt sich zu A und ergänzt ihn mit einer maschinellen Bewegung. D illustriert akustisch C usw., bis die Hälfte der Klasse an der Bewegungs - oder Tonmaschine beteiligt ist..   Km
- Geräusch- und Tierstimmenlottos (im Handel erhältlich).
- Ein Kind geht blind durchs Schülerlabyrinth. Die Hindernisse geben bei Kollisionsgefahr leise Geräusche von sich.   Hö Kz Km
- Heiss oder kalt? Die Klasse führt durch lauteres und leiseres Singen oder Spielen den Suchenden zum versteckten Gegenstand.
- Ein blinder Wächter sitzt auf einem Stuhl und bewacht den darunterliegenden Gegenstand. Die andern schleichen sich einzeln an und versuchen den Gegenstand geräuschlos zu stehlen. Wer ertappt wird (ein Geräusch verursacht), muss zurück. Wer stehlen kann, wird Wächter.   Kz Hö
- Eine erfundene, kurze Geschichte/Handlung akustisch nachvollziehen.
- Musik malen: Die Kinder stellen zwei bis drei Musikausschnitte zeichnerisch /malerisch dar. Sie versuchen nachher, die fremden Zeichnungen der richtigen Musik zuzuordnen.
- Gruppenweise werden Begriffe vertont (und auf Tonband aufgenommen). Gegenseitiges Abhören der Ton-/Geräuschcollagen. Das Erraten der dargestellten Begriffe folgt in der folgenden Stunde.

Seite 235

Hörerziehung

Ziel: die Schüler vom zufälligen zum bewussten Hinhören führen!

Musikalische Grunderfahrungen

Alltägliche Hörsituationen erleben - erkennen - benennen
Höreindrücke in unserer Umwelt

Wir wollen die unzähligen Höreindrücke, die uns täglich umgeben, bewusst hören und unterscheiden:

- Richtungshören: im Raum sind drei Kinder mit verschiedenen Gegenständen verteilt und erzeugen damit Geräusche. Die Gruppe horcht mit verbundenen Augen und zeigt mit den Armen die Richtung an, aus welcher die einzelnen Geräusche ertönen.
- Aus einer Geräuschkulisse (Tonbandaufnahme) einzelne Geräusche heraushören. Mögliche Themenkreise: Schule, Haushalt, Verkehr, Bahnhof, Bauernhof, Dorf, Baustelle usw.
- Eine bestimmte Anzahl von Geräuschen, welche die Kinder hören, in der richtigen Reihenfolge aufzählen (am Anfang 3 bis 4 Geräusche hintereinander hören).
- ein bis zwei Geräusche fehlen: die Kinder haben ein Bild mit acht Dingen, welche ein Geräusch erzeugen. Sie hören die Geräusche (Tonbandaufnahme). Es sind ein bis zwei Geräusche zu hören, welche nicht auf dem Bild sind. Wer erkennt diese Geräusche?
- Geräusche aus der Natur erleben und erkennen (Tonbandaufnahme). Mögliche Themenkreise: Gewitter, Wind, Wasser, Tierstimmen usw.

Mit dem Körper und der Stimme Geräusche erzeugen

- zwei Kinder führen miteinander in einer unverständlichen Silbensprache einen Dialog, dessen Inhalt sie vorher abgesprochen haben. Die übrigen Kinder erraten: Sind die beiden wütend aufeinander? Hecken sie einen Plan aus? Schliessen sie eine Wette ab? usw.
- Schlossgespenst/Geisterstunde spielen: mit der Stimme experimentieren; möglichst viele verschiedene Geräusche erfinden. Die Kinder sind in grosse Tücher eingehüllt und spielen Gespenster (Bewegung und Stimme).
- Musikbeispiel:
C. A. von Weber; Wolfsschluchtszene aus "Der Freischütz". Beim Chor der Geister sind die Gespenster jeweils aktiv. Dazwischen hören sie der Musik als versteinerte Gespenster zu. ☞ S. 277
- Tierlaute nachmachen: Ein Kind versucht, die Laute eines Tieres zu imitieren, die andern Kinder erraten.
- verschiedene Schuhe: Ein Kind geht in einem bestimmten Paar Schuhe, welches die anderen Kinder vorher nicht gesehen haben (Turn-, Haus-, Ski-, Holzschuhe), die andern Kinder hören mit geschlossenen Augen zu. Variante: Ein Kind geht in zwei verschiedenen Schuhen.

Mit Gegenständen Geräusche erzeugen

- Gegenstände erzeugen Geräusche: z.B. Schere, Nussknacker, Zapfenzieher, Wäscheklammer, Schlüsselbund, Locher, Bostitcher, Klebestreifenabroller u.s.w.
  ➡ Ratespiel
- Unser Schulzimmer tönt: im Schulzimmer möglichst viele verschiedene Geräusche erzeugen z. B. Fenster öffnen - schliessen, Schublade öffnen - schliessen, Pultdeckel schliessen, Wandtafel schieben, an die Wandtafel schreiben, Schrank öffnen usw.
  ➡ Ratespiel
- Einen Nagel zum Erklingen bringen
  a) Nagel in der Hand halten, mit anderem Nagel anschlagen
  b) Nagel an Faden hängen, anschlagen
- Eine Holzleiste erklingen lassen
  a) auf Holzleiste (die man in der Hand hält) schlagen
  b) Holzleiste über Kiste legen, anschlagen

Hörerziehung

Mit Materialien Geräusche erzeugen

- Mit Zeitungen, Plastikfolie, Textilien, Karton, evtl. Schachteln möglichst viele verschiedene Geräusche erzeugen.
  ➡ Ratespiel
- In Gruppen mit Gegenständen, Materialien und der Stimme eine Geräuschmusik erfinden und einander vorspielen. Mögliche Themen: Hexen, Drachen, Riesen, Zauberer.

Beispiele:

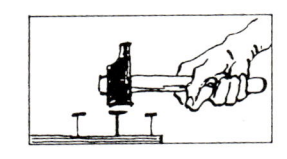

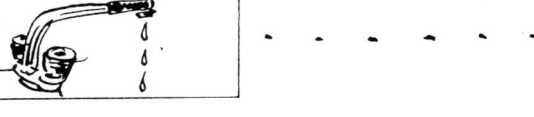

- Notation in Farben und Formen
  a) während des Hörens notieren (Telefongekritzel)
  b) zuerst hören, dann Höreindruck notieren

Geräusche notieren

- Notation den Bildern zuordnen. Notwendiges Material: Bilder mit Dingen/Gegenständen, welche Geräusche erzeugen, und entsprechende Notationskärtchen. Die Kinder haben die vorkommenden Geräusche bereits erlebt. Sie suchen zum Bild das entsprechende Notationskärtchen.
- Geräusche aufzeichnen. Hören, ob ein Geräusch fortdauernd tönt oder ob dazwischen Pausen sind; dementsprechend aufzeichnen.

Musik imitiert Geräusche

- Geräusche in einem Musikstück erkennen
  Musikbeispiel: L. Anderson, Typewriter (Schreibmaschine)
- Die Musik imitiert Geräusche

Musikbeispiele:
- M. Mussorgsky (Tomita-Fassung) aus Bilder einer Ausstellung: Ballet der Küchlein in ihren Eierschalen
- N. Rimsky-Korsakow, Hummelflug
- Pink Floyd, Seamus

Literatur/Materialien:
- Schulfunksendung "Geräusche - Töne"
- Spiel mit Geräuschen (Bildmaterial, Schallplatte, Information, Ernst Klett Verlag, Stuttgart).
- "Musik macht Spass" (Arbeitsbuch für den Musikunterricht in der Grundschule, Lehrerbuch, Kassetten, Verlag Hirschengraben).

Hörerziehung

lang-kurz   Die Kinder erleben die Klangdauer und stellen sie dar.

- Die Kinder sitzen im Kreis und haben einen Klangstab. Kettenspiel: jedes Kind schlägt seinen Stab einmal an. Das nächste Kind darf erst spielen, wenn der vorherige Ton verklungen ist. Je nachdem, wie die Kinder die Stäbe anschlagen, tönen sie länger oder kürzer.
- Kettenspiel wie beim vorherigen Spiel, aber mit verschiedenen Instrumenten.
- Nach dem Erleben der Klangdauer einzelner Instrumente diese in Gruppen zusammenfassen: lang-, mittel-, kurz-klingende Instrumente.
- Improvisation in Gruppen: Die erste Gruppe spielt auf lang-klingenden, die zweite Gruppe spielt auf kurz-klingenden Instrumenten. Die Gruppen wechseln sich ab. Die spielende Gruppe findet jeweils selber zu einem Schluss.
- Grosses Becken oder Gong anschlagen. Die Kinder bewegen sich so lange leise im Raum herum, bis sie den Klang nicht mehr hören (Eventuell Augen verbinden, somit erleben die Kinder die einzelnen Klänge intensiver, bedingt aber einen grossen Raum).
Falls sich die Kinder nicht leise bewegen, können sie die Klangdauer auch stehend erleben. Wenn sie den Klang nicht mehr hören, zeigen sie es mit einer Handbewegung.
- Auf der Flöte verschieden lange Töne spielen. Die Kinder zeigen die Klangdauer mit Bewegungen der Arme in die Luft oder zeichnen sie auf.
Beispiel
- Mit Materialien lang - kurz legen (Papierstreifen, Stoffstreifen, Tücher).

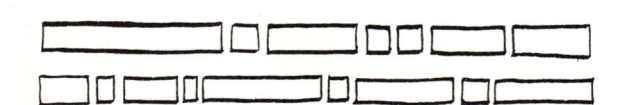

Gelegte Musik mit Stimmgeräuschen absingen. Dirigent zeigt die Musik.
- Ratespiel: aufgezeichnete Musik vorsingen, irgendwo unterbrechen. Die Kinder erraten, wo der Unterbruch ist.
- Weiterführen: Ein Kind singt den Anfang einer notierten Musik und unterbricht irgendwo. Das nächste Kind fährt weiter.
- Spannung von verschieden langen Tönen erleben: Tanz "Seven jumps", Schallplattenverlag Kögler.

hoch - tief   Die Kinder erleben hoch - tief räumlich, optisch, akustisch, am eigenen Körper, mit Material.

- Suchspiel: verschiedene Dinge (evtl. passend zum Heimatunterrichtsthema) werden im Klassenzimmer hoch oder tief versteckt. Jedes Kind sucht einen Gegenstand. Die Kinder formulieren, wo sie ihren Gegenstand gefunden haben.
- Töne darstellen und erkennen: auf Instrument verschieden hohe Töne spielen, die Kinder stellen diese dar (z.B. auf Stühle stehen, auf dem Boden kauern). Variante: Melodie spielen, irgendwo auf einem Ton stehen bleiben, Kinder stellen diesen Ton dar.
- hoch-mittel-tief erkennen: Jedes Kind hat einen Klangstab. Kettenspiel: jedes spielt seinen Ton einmal. Drei Gruppen bilden. Jedes Kind steht zur entsprechenden Gruppe. (Auswahl der Klangstäbe wichtig!)
- Dirigierspiel: Kinder in drei Gruppen (hoch - mittel - tief) einteilen. Ein Kind zeigt mit seinem Körper an, welche Gruppe spielen (Klangstäbe) oder singen darf.
- Mond anheulen: ein Kind steht als Mond auf einem Tisch. Die andern Kinder sind Wölfe, welche den Mond anheulen. Welcher Wolf kann den höchsten Ton heulen?
- Aepfel vom Baum pflücken: An der Wandtafel ist ein grosser Apfelbaum gezeichnet. Magnete sind die Aepfel, die verschieden hoch im Baum hängen. Jedes Kind darf mit einem gesungenen Ton einen entsprechenden Apfel herunterholen (hoher Ton: hoch hängender Apfel).
- Töne absingen: die Kinder stehen in einer Reihe, jedes stellt einen Ton dar.

Hörerziehung

Ein Kind singt auf einer festgelegten Silbe die Töne ab, welche die Kameraden darstellen.
- Regentropfen fallen auf die Fensterscheiben: stimmlich auf plupp plupp nachahmen.

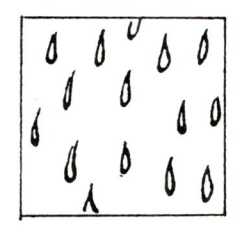

- Bestimmten Ton herumgeben: einen Ton "personifiziert" als Japanball im Kreis herumgeben und singen.
- Klangstäbe der Höhe nach einordnen.
- Tonleitern auf- und abbauen: auf einem Instrument eine Tonleiter sehr langsam auf- und abwärts spielen. Die Kinder legen diese mit Holzwürfelchen. Bei aufwärtssteigender Tonleiter wird Turm aufgebaut, bei abwärtssteigender Tonleiter wird Turm abgebaut.

☞ Differenzieren der Grunderfahrungen
   Melodische Schulung ab S. 345

langsam-schnell

- Schnelle und langsame Lebewesen aufzählen und ihre Bewegungen imitieren. (Fidulafon 1212 "Tierzirkus": sich frei zu den Tiermusiken bewegen, Tiere erraten).
- Verschiedene Uhren im Uhrmacherladen: mit der Stimme und der Bewegung spielen. Jedes Kind ist eine andere Uhr. Die Uhren stehen verteilt im Raum. Immer nur eine Uhr ist aufgezogen, die anderen stehen still. Jede Uhr wird einmal aufgezogen. Am Schluss werden alle Uhren aufgezogen.
- Das Ticken der Uhren auf Instrumenten spielen und notieren:

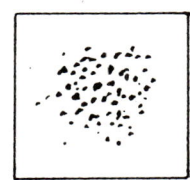

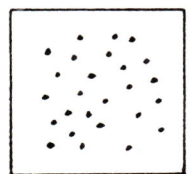

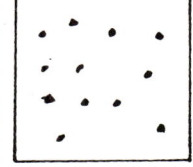

- Morgenständchen (Fidula Kassette 11, Tanz "Las Mañanitas"): Wecker schrillt, die Kinder erwachen. Musik erklingt, die Kinder strecken sich und stehen langsam auf und tanzen ein wenig verschlafen herum. Nach und nach sind die Kinder ganz wach; nun tanzen sie schneller.
- Schnellzug - Bummler: einige Kinder stehen hintereinander und bilden den Schnellzug. Eine zweite Gruppe bildet den Bummler auf dieselbe Weise. Immer nur ein Zug fährt. Die Lokomotive bestimmt den Halt. Wenn der erste Zug still steht, fährt der zweite Zug weiter und umgekehrt.
Das gleiche Spiel durchführen, indem zwei Instrumente führen. Instrument A: Schnellzug / Instrument B: Bummler.
Eisenbahnlieder für weitere Spiele sind zu finden in "Willkommen lieber Tag", Band 1+2 von R.R. Klein, Diesterweg.
- Schnelle und langsame Musik in Bewegung umsetzen. Vorbereitendes Spiel: die Kinder sind Wasserpflanzen. Sie sind am Boden angewachsen. Die Arme und der Körper der Pflanzen bewegen sich: Experimentieren, imitieren. Die Wasserpflanzen bewegen sich zu Musik.
A. Vivaldi Flötenkonzert in a-Moll
2. Satz Largo: langsam geführte Bewegungen, das Wasser ist ruhig.
3. Satz Allegro: schnelle Bewegungen der Arme, das Wasser ist unruhig.

schneller werden - langsamer werden

- Dampflokomotive: Mit der Stimme das Anfahren einer Dampflokomotive darstellen (geeignetes Hörbeispiel: A. Honegger, "Pacific 231").
- Gewitter spielen: Donner, Regentropfen, Regen auf Percussionsinstrumenten spielen. Es regnet nach und nach mehr. (geeignetes Hörbeispiel: L.v. Beethoven, Sinfonie Nr. 6, 4. Satz).
- Einen Reifen zwirbeln. Reifenbewegung beobachten und das Geräusch, welches dabei ertönt, bewusst hören. Reifenbewegung evtl. mit Filzstift auf grossem Blatt mitvollziehen.

Hörerziehung

- Zwirbelbewegung beobachten: Kinder stellen anschliessend selber auf verschiedene Arten sich drehende Kreiselbewegungen dar.
- Aufziehtierchen loslassen und beobachten.
- Musik in Bewegung umsetzen: z.B. "Manège" von der LP "Imaginations pour l'expression corporelle".
  G. Bizet "La Toupie" aus Jeux d'Enfants.
- Maschinenspiel:
  ☞ Rhythmische Schulung S. 282

  1. Spielmöglichkeit:
  ein Instrument führt und gibt das Tempo an, die Bewegung passt sich an.
  2. Spielmöglichkeit:
  Kinder spielen laufende Maschine ohne äussere Schallquelle; dies bedingt, dass die Kinder sich gegenseitig gut spüren und aufeinander Rücksicht nehmen. Laufen der Maschine eventuell stimmlich begleiten.
- Karussell spielen (Karussellieder).
- Mühle spielen: alle Kinder halten sich mit der gleichen Hand an einem Reif fest, die Mühle beginnt sich zu drehen.
- Gruppenspiel auf Pauken: mehrere Kinder stehen um eine Pauke herum. Sie spielen gemeinsam "schneller werden" und anschliessend "langsamer werden" bis zur Stille.

laut - leise

- laute und leise Geräusche im Alltag: Regen fällt auf Land, Holz, Blech, Wasser. Fliessendes Wasser rauscht verschieden laut: Wasserfall, Wildbach, Rinnsal.
- Sand oder Kies auf Karton, Blech, Holz, Plastik rieseln lassen. Wann tönt es am lautesten?
- Instrumente nach laut und leise ordnen:
  Mögliche Geschichte dazu: Die beiden Zwerge "Piano" und "Forte" sind auf Reisen. Jeder trägt einen Rucksack mit Instrumenten, die zu ihm passen. Sie packen die Rucksäcke aus und zeigen einander die Instrumente. Alle Instrumente geraten durcheinander. "Forte" wird wütend und schimpft laut. "Piano" versucht, leise zu besänftigen. Die Schüler helfen den Zwergen, ihre Instrumente zu ordnen.
- Tierstimmen: Welche Tiere rufen laut, welche leise?
- Partner suchen. Jedem Kind wird ein Tier zugeordnet, dessen Ruf es kennt und imitieren kann. Immer zwei Kinder sind das gleiche Tier. Die Kinder kennen ihren Partner aber nicht. Sie suchen diesen mit entsprechendem Tierruf. Wer seinen Partner gefunden hat, ruft weiter, sonst wird das Spiel zu einfach. Spiel auch mit verbundenen Augen durchführen.
- Maschinenlärm in Fabrik: mit Instrumenten Maschinenlärm spielen, auf ein abgemachtes Zeichen wird die Türe zum Fabrikraum geschlossen. Der Lärm ist nur noch leise hörbar.
- Geschichte oder Gedicht mit lauten und leisen Geräuschen untermalen:
  Bsp: "In allem Frieden schlief
         abgeschieden hinter einer Hecke der
         Wind ....."   von Josef Guggenmos
  "Die Geschichte von der Mücke"
                        von Ursula Wölfl
- Frage-Antwortspiel: ein Kind fragt seinen Partner auf einem Instrument laut oder leise etwas, der Partner antwortet jeweils mit der anderen Lautstärke.
- Kettenspiel: ein rhythmisches Motiv wandert im Kreis herum: laut - leise, laut - leise.
- Parcours: den Raum in laute und leise Felder einteilen, die mit p und f bezeichnet sind.

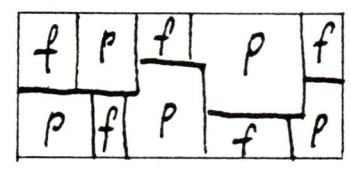

Jeder Schüler sucht sich einen Weg durch den Parcours, bewegt sich dementsprechend und begleitet seine Bewegung stimmlich.
- laut und leise grafisch notieren.
Grafische Notationen abspielen: die Kinder wandern von einem Kärtchen zum andern und spielen die Notationen ab.

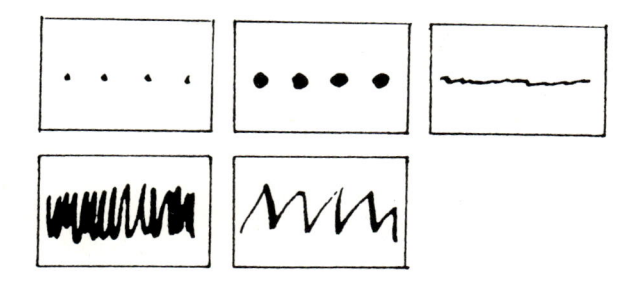

Seite 240

Hörerziehung

- Würfelspiel:

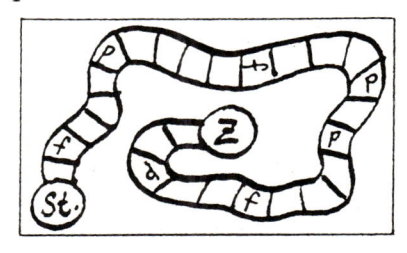

Bei den bezeichneten Feldern f und p sind Aufgaben zu lösen.
z.B.
- ein Lied singen
- auf einem Instrument spielen
- ein Geräusch nennen

(die Aufgabe muss zur angegebenen Lautstärke passen.)
Die Kinder, welche das Ziel erreichen, dürfen ein Orchester dirigieren und p und f befehlen.
- Hörbsp. W.A.Mozart, Ouvertüre aus "Die Entführung aus dem Serail", Hörausschnitt mit dicken (f) und dünnen (p) Papierstreifen legen.
Hörbeispiel: J.Haydn, Symphonie mit dem Paukenschlag

lauter werden - leiser werden

- Situationen aus dem Alltag nachvollziehen: ein Zug fährt ein, ein Flugzeug startet, ein Gewitter zieht auf.
- Dynamikspiele mit dem Raum: jedes Kind sucht sich etwas im Zimmer, das tönt. Gemeinsam <   > spielen.
- Grafische Notationen:

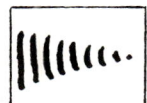

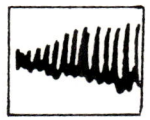

- Partitur spielen:
z. B.

betont-unbetont

freie Betonungsmuster:
- Zwei Kinder stehen sich gegenüber und halten je zwei Zipfel eines Tuches in den Händen. Im Tuch liegt ein Ball, der gemeinsam hochgeworfen, aufgefangen oder gerollt wird, ohne dass er aus dem Tuch rollt.

- Frage- Antwortspiel: die Kinder stehen sich paarweise gegenüber. Jedes Kind hat ein Instrument. Ein Kind beginnt und stellt seinem Partner mit betonten und unbetonten "Pulsschlägen" eine Frage. Dieser antwortet auf seine Weise mit betonten und unbetonten Schlägen.
- Klangteppich für Solisten: Eine Gruppe spielt auf verschiedenen Instrumenten unbetonte Pulsschläge = Klangteppich. Eine andere Gruppe tritt als Solisten auf. Die Solisten spielen zu diesem Klangteppich in verschiedenen selbstgewählten Zeitabständen betonte Schläge auf ihren Instrumenten.
- Notation von betont und unbetont: Lehrer spielt betonte und unbetonte Pulsschläge, die Kinder zeichnen diese auf.

Beispiel:

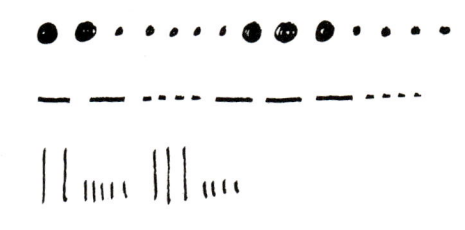

Hörerziehung

- Zweistimmig spielen:
Zu zweit oder in zwei Gruppen gegebene Partitur abspielen.
Ein Dirigent führt das Spiel.

Beispiel: 1. Stimme: ● ● · · · · ● ● · · · ·
               2. Stimme: · · · ● ● · · · · · · ●

sich wiederholende Betonungsmuster:
- Schlag - Gegenschlag: Zwei Gruppen bilden (Schlag = betont, Gegenschlag = unbetont). Die Kinder stehen sich in zwei Reihen gegenüber und führen das Spiel mit Klatschen oder auf Instrumenten aus. Schwierigkeit: einhalten des Tempos.
- Singspiel "Zeigt her eure Füsse"

(Notenbeispiel: "Zeigt her eure Füsse, zeigt her eure Schuh, und sehet den fleissigen Waschfrauen zu. Sie waschen, sie waschen den ganzen Tag, Sie waschen, sie waschen den ganzen Tag.")

weitere Strophen:
2. Sie hängen, sie hängen den ganzen Tag
3. Sie bügeln, ...
4. Sie essen, ...
5. Sie trinken, ...
6. Sie tratschen, ...
7. Sie tanzen, ...
8. Sie schlafen, ...

Teil A: Die Kinder stehen im Kreis. Auf den ersten Taktteil einen Fuss nach vorne strecken und mit der Ferse auf den Boden tupfen. Auf den zweiten Taktteil den Fuss wieder zurückziehen. Im nächsten Takt dasselbe mit dem andern Fuss.

Teil B: Die Kinder führen die entsprechenden Gebärden aus.
           - Kugel oder Ballspiel:

(Notenbeispiel: "Liebe Kugel rolle hin und her, hin und her, komme stets zurück, komme stets zurück.")

Hörerziehung

Zwei Kinder sitzen sich gegenüber

Sie singen das Lied und rollen einander auf den betonten Taktteilen die Kugel zu. (Gleiches Spiel auch einzeln durchführen: Kugel von einer Hand in die andere rollen.)

- Abstrakte Bilder verklanglichen:

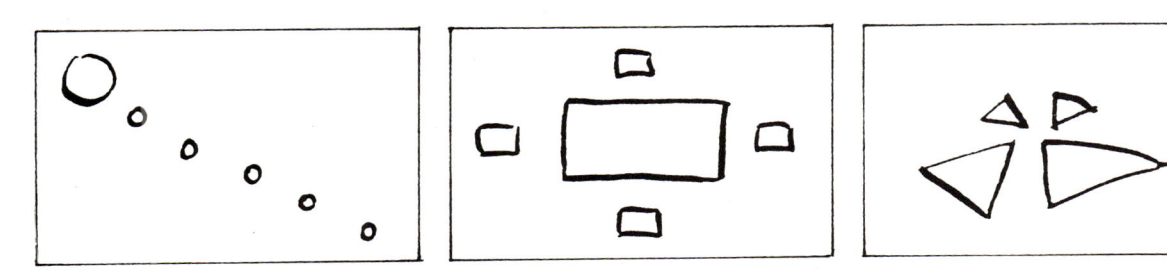

Die Kinder setzen die Bilder mit Instrumenten in Klang um. Die Musik der einzelnen Bilder wiederholt sich stets.

- Betonungsmuster legen: Bestimmtes Betonungsmuster spielen, die Kinder legen dieses mit Material z.B. Astholz, Knöpfe...

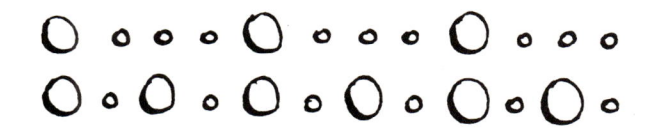

(weiterführende Übung: Material durch ♩ ersetzen und Betonungszeichen > setzen.
☞ Rhythmische Schulung S. 317

- Musikstücke mit verschiedenen Taktarten singen oder vorspielen. Die Kinder klatschen dazu. Schwerpunkte spüren und dazu klatschen.

- Musik in Bewegung umsetzen: sich zu geeignetem Musikstück (z.B. Menuett) mit Tüchern oder Bändern frei bewegen. Schwerpunkte spüren und mit den Tüchern sichtbar ausführen.

Hörerziehung

Klangfarben differenzieren

Vorübungen: allgemeine Sinneserfahrungen über Spüren, Greifen, Hören, Horchen, Sehen u. Schauen.

Literatur:
"Wie tönt Grün?" von Sabine Hoffmann Muischneek (Rhythmik als Wahrnehmungsförderung), Verlag des Schweiz. Vereins für Handarbeit und Schulreform.

- Spürsäcklein
  Material: ein Stoffsack mit verschiedenen Dingen (Holz, Metall, Papier, Plasik, Alufolie, Tannzapfen, Stein, Nuss, usw.) gefüllt. Ein Kind greift in den Sack, erspürt einen Gegenstand und beschreibt, was es spürt. Ertasteten Gegenstand eventuell anschliessend aus dem Gedächtnis zeichnen.
  Variante: Im Sack sind immer zwei gleiche Dinge. Das Kind sucht die entsprechenden Gegenstände und nimmt sie heraus.

- Partner suchen: Jedes Kind erhält einen kleinen Gegenstand und hält diesen in der geschlossenen Hand, ohne dass es zum voraus weiss, was es bekommen hat. Es erspürt den Gegenstand. Immer zwei Kinder haben den gleichen Gegenstand. Jedes Kind sucht seinen Partner, indem es seinen Gegenstand einem anderen Kind in die Hand gibt und umgekehrt. Somit spürt es, wenn es seinen Partner gefunden hat, andernfalls gibt es den Gegenstand zurück und sucht weiter (mögliche Gegenstände: Steinchen, Alubällchen, Hölzchen, Feder, Haselnuss, Watte usw.).

- Klangfarben erkennen: verschiedene Gegenstände fallenlassen, anschlagen oder auf andere Weise zum Tönen bringen und sich die einzelnen Klänge merken. Die Kinder schliessen nun die Augen. Jemand lässt einen Gegenstand fallen; die Kinder erraten, was es ist.

- Je zwei gleiche Klangfarben erkennen: Zündholzschachteln oder andere Döschen (z.B. leere Filmdosen) sind mit Material gefüllt. In zwei Schachteln ist jeweils das Gleiche eingefüllt: z.B. Teigwaren, Reis, Sand, Reissnägel. Die Schachteln liegen verteilt auf einem Tuch. Ein erstes Kind schüttelt zwei Schachteln hintereinander. Falls diese gleich tönen, darf es sie öffnen und kontrollieren. Wenn der Inhalt übereinstimmt, darf es die Schachteln vom Tuch nehmen, anderenfalls legt es diese wieder hin (Geräusch-Memoryspiel).

- Klänge von Percussionsinstrumenten erkennen: verschiedene Instrumente liegen am Boden verteilt. Jedes Kind sitzt bei einem Instrument und spielt damit. Auf ein abgemachtes Zeichen wechseln die Kinder ihre Plätze, bis die Kinder mit möglichst vielen Instrumenten gespielt haben. Am Schluss erklingt jedes Instrument noch als Solo, somit können sich die Kinder die Klangfarben gut merken. Die Kinder sitzen nun mit geschlossenen Augen am Rande des Raumes. Jemand geht leise durch den Instrumentenwald und spielt im Vorbeigehen auf drei Instrumenten. Die Kinder erraten, welche Instrumente es waren und in welcher Reihenfolge sie gespielt wurden.

- Gruppenimprovisation: Drei Instrumentengruppen bilden: Holz, Fell und Metall. Eine Gruppe spielt, die anderen hören zu. Wenn die erste Gruppe ein gemeinsames Ende gefunden hat, darf eine andere Gruppe spielen.

- Solo - Tuttispiel: z.B. Fell - Solo/Holz - Tutti. Solist und Gruppe spielen im Wechsel; der Solist darf jederzeit spielen. Sobald dieser zu spielen beginnt, muss die Guppe zuhören.

- Aus mehreren Klängen eine bestimmte Klangfarbe erkennen: 4 Kinder stehen verteilt im Raum. Jedes hat ein anderes Instrument (Handtrommel, Schellenkranz, Schlaghölzchen, Triangel). Die Gruppe steht mit verbundenen Augen im Raum; sie weiss nicht, wo die Instrumentalisten stehen. Die Instrumentalisten spielen alle miteinander.
  Die Gruppe muss ein bestimmtes Instrument heraushören (z.B. Schlaghölzchen) und dieses finden.
  (Wichtig: Der Raum muss genügend gross und möglichst ohne Hindernisse sein. Später die Anzahl der Instrumente erhöhen.)

Hörerziehung **A**

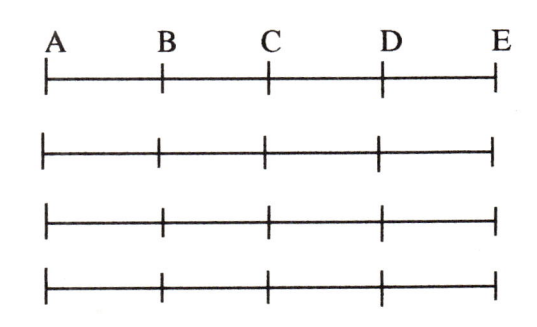

Polaritätsprofil   Mit dem Polaritätsprofil wird der Schüler angehalten, ein Werk vielseitig zu hören und differenziert seine Meinung zu fixieren. In einer gemeinsamen Auswertung sind die Punkte am interessantesten zu hinterfragen, welche die grösste Streuung aufweisen.

	A	B	C	D	E		
langsam						schnell	Werk:
gross						klein	————
warm						kalt	Komponist:
blass						farbig	————
hell						dunkel	

	A	B	C	D	E		
....						....	Werk:
....						....	————
....						....	Komponist:
....						....	————
....						....	

	A	B	C	D	E	F		
....							....	Werk:
....							....	————
....							....	Komponist:
....							....	————
....							....	
....							....	
....							....	
....							....	

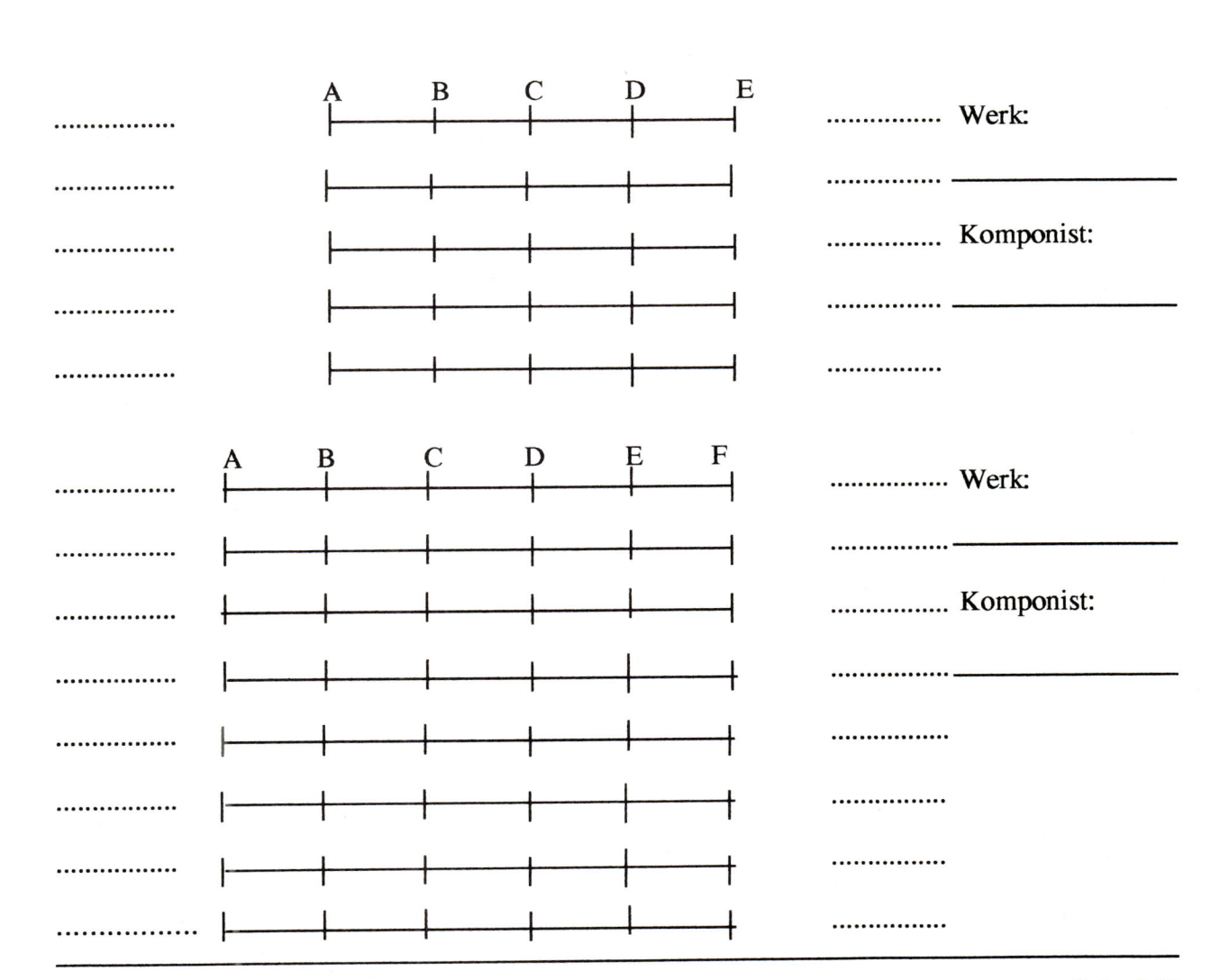

Seite 245

Hörerziehung

Auswertungsmöglichkeit eines Polaritätsprofils:

Vergleich von verschiedenen Instrumentationen

Komponist: Modest Moussorgsky (1839-1881)

Werk: Bilder einer Ausstellung : Ausschnitt aus Bild Nr. 10 "Das grosse Tor von Kiew"

1. Instrumentation: Orchesterfassung von M. Ravel

2. Instrumentation: Gitarrenfassung von Kazuhito Yamastrita (*1961)

Darstellung: Die Eindrücke der 1. Instrumentation werden blau (——————),
z.B. an der WT die der zweiten rot (- - - - - - -) ins Profil eingetragen.

Zusammenfassung der Resultate von 8 Schülern

| A | B | C | D | E | F | in Punkte umsetzen |
| (0) | (1) | (2) | (3) | (4) | (5) | |

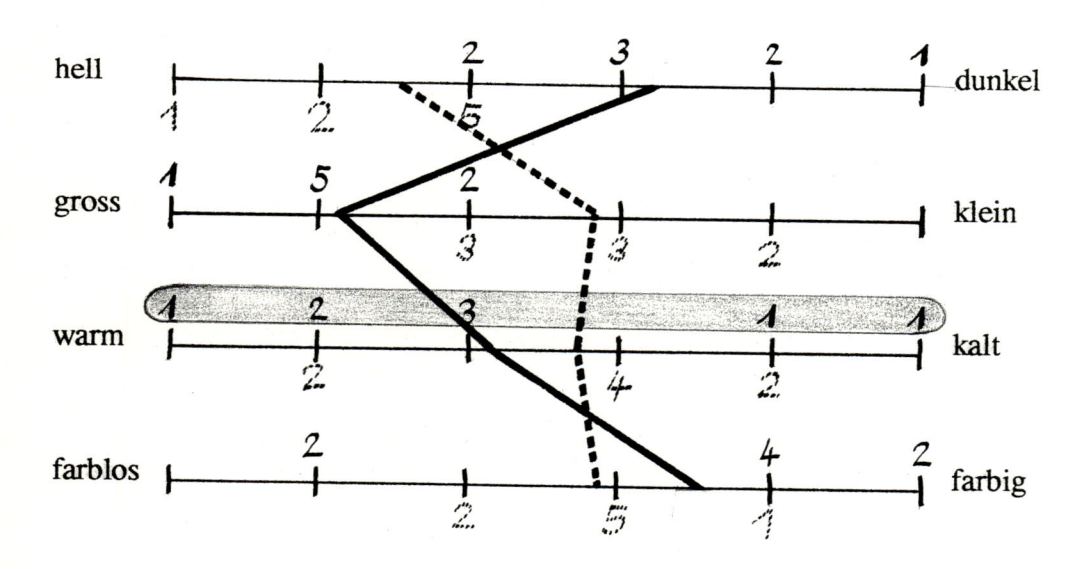

	A	B	C	D	E	F	
hell			2	3	2	1	dunkel
	1	2	5				
gross	1	5	2				klein
			3	3	2		
warm	1	2	3		1	1	kalt
		2		4	2		
farblos		2			4	2	farbig
			2	5	1		

- Über dem Strich: Die Schülervoten zur Orchesterfassung
- Unter dem Strich: Die Schülervoten zur Gitarrenfassung
- Eventuell breite Streuung der Meinungen markieren

Seite 246

Hörerziehung

Musik malen   s. auch "Musikstudio" 1, Oesterreichischer Bundesverlag, Wien

Grundsätzlich gibt es zwei verschiedene Formen, Musik graphisch umzusetzen:

Ablauf (oft nur ein Werkausschnitt)
(Quasi Partitur: Tonhöhe, Tonlänge, Betonungen, Dynamik werden ersichtlich)

Stimmung (oft ein ganzes Werk)
(Eigene Assoziationen werden gegenständlich oder abstrakt festgehalten)

Musik malen ist eine Form der individuellen Stellungnahme zur gehörten Musik. Der eigene Höreindruck wird nicht verbalisiert, sondern in Farben, Flächen, Strukturen und Linien umgesetzt.

Aus der Praxis

Aufgabe: Wie stelle ich Tonhöhe,
Tondauer,
Dynamik,
Klangfarben,
Klangdichte oder
die erlebte Stimmung dar?

Musik-Ablauf eines Werkausschnittes:

- Zuerst den kurzen Werkausschnitt mehrmals vorspielen, die Musik wirken lassen. Danach bewegungsmässig erfassen und in die Luft zeichnen, dann realisieren.

- Während des Zeichnens die Musik wieder vorspielen. Darauf achten, dass die Schüler mit der Musik zeichnen, von ihr geführt werden!

- Die Zeichnungen von unbeteiligten Schülern (z.B. einer anderen Klasse) verklanglichen lassen. Vergleichen des Ergebnisses mit dem Original. Kassettengerät einsetzen.

Musik-Ablauf mehrerer Werkausschnitte:

- Drei oder vier Ausschnitte von verschiedenen Werken mehrmals anhören.

- Jedes Kind wählt für sich ein Teilstück aus und stellt es zeichnerisch dar.

- Wir machen eine Ausstellung aller Zeichnungen. Gelingt das Zuordnen zur musikalischen Vorlage?

Hörerziehung

"Stimmung" (MS):

Was löst bestimmte Musik bei den Kindern aus ? Wie erleben sie Musik? Ihre eigenen Gemälde geben eine Antwort darauf.

R. Strauss   "Till reitet über den Marktplatz" aus Till Eulenspiegels lustige Streiche, op. 28.

Die Kinder hören den Werkausschnitt, ohne dass sie vorgängig inhaltliche Informationen erhalten haben. Sie hören diesen Ausschnitt mehrmals hintereinander und malen dazu.

Stellungnahmen zu ihren Gemälden:

"Auf der Jagd im Dschungel"
" Ein Gepard sitzt hinter einem Baum, er lauscht. Jetzt hört er eine Gazelle vorüberziehen. Langsam schleicht er sich an. Plötzlich gibt es einen Kampf. Uh, wie der Gepard schnurrt! Nach einer Weile lief der Gepard zufrieden nach Hause".   (Heidi, 4. Schuljahr)

"Der Orkan"
"Ein Orkan kommt auf. Es windet, blitzt und donnert. Plötzlich wird es wieder ruhig. Wieder kommt der Orkan, nach Stunden ist es vorbei".   (Stephan, 4. Schuljahr)

"Eine komische Figur", "Wenn mir die Musik nicht gefallen hat, hab ich es ganz schwarz gemalt. Wenn sie mir gefallen hat, hab ich zum Beispiel weiss oder gelb gemalt".   (Daniela 5. Schuljahr)

"In der Wüste"
"Ein Löwe sitzt hinter einem Baum und lauscht auf die Beute. Er rennt ihr nach, es ist eine Gazelle. Hinten kommt ein Zigeunerwagen".   (Priska, 4. Schuljahr)

Nach dieser ersten persönlichen Auseinandersetzung mit einem Werkausschnitt wollen die Kinder den genauen Inhalt kennen. Nach diesem Einstieg noch andere Szenen dieses Werkes anhören.

"Ablauf" (MS):

Die Kinder malen zu folgenden Ausschnitten des Werkes: A. Honegger "Pacific 231"
- Der Zug setzt sich in Bewegung.
- Der in voller Fahrt dahinrasende Zug verlangsamt allmählich sein Tempo, bis er zum Stillstehen kommt (Dampflokomotive — bewegungsmässig darstellen und/oder klanglich darstellen).

Hörerziehung

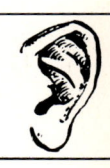

Ausweitung: Die Plattenhülle und ihr Inhalt (MS/OS)

Arbeitsgang 1 a: Wir hören Plattenausschnitte (aus der Lehrer- oder Schuldiskothek) und ordnen sie den aufgestellten Hüllen zu.
- Welche Hülle passt zu welcher Musik?
- Wie gross ist der Zusammenhang Hülle/Musik?
- Gespräch

und/oder

Arbeitsgang 1 b: Wir besprechen Plattenhüllen, deren Musik wir nicht kennen.
- Wie wird die Musik daraus wohl tönen?
- Was wird auf der Hülle vom Inhalt stark hervorgehoben?
- (Stimmung, Interpret, Art der Musik, Komponist, Gruppe, das wichtigste Instrument, Inhalt?)
- Wer soll wohl als Käuferschaft angesprochen werden, auf wen zielen die Verkaufsmanager? (Zielgruppe)
- Wie will die Platte wirken, welche Stimmung oder Reaktion auslösen? (Tendenz), Gespräch

Anschliessend anhören der Platte

- Wie gross ist der Zusammenhang Hülle/Musik? Gespräch

Arbeitsgang 2: Der Lehrer schneidet das folgende Arbeitsblatt (Hörerziehung S. 250) in Streifen.
Jeder Schüler zieht einen Streifen und entwirft und zeichnet gemäss den Angaben eine Plattenhülle. Oder: Der Lehrer lässt auswählen.
Achtung vor Kopien bereits bestehender Plattenhüllen, Lieblingsgruppen.

- Bei Arbeitsgang 1a und 1b: eventuell Texte verdecken.

- Ziel a: Querverbindung zum Zeichnen schaffen

- Ziel b: Konsumentenschutz, bewusst-machen der Marketing-Absichten

A — Hörerziehung

Wie würde ich eine solche Plattenhülle gestalten?

Titel/Inhalt: Welche Musiksorte?	Zielgruppe: Auf wen wird als Käufer gezielt?	Tendenz: Wie soll sie wirken?
"Echo vom Niesen" (Ländler)	Ältere, ländliche Bevölkerung	Fröhlich, unbeschwert, heile Welt
"Beim Änzian und Hanefuess" (Jodellied)	Ausländische Touristen	Käse-, Berg- und Alphornromantik
"Behalt dein Geld – ich will die Freiheit" (Protestsong)	Alle die sagen: "So kann's nicht weitergehen - jetzt handeln wir".	frech, arrogant, aggressiv, zielbewusst
"Eroica" (3. Sinf., L. v. Beethoven)	Geistesarbeiter (Intellektuelle)	ernst, anspruchsvoll
"Wenn ich einschlafe, denk' ich nur an Dich..."	Ganz Junge, ganz Verliebte	verliebt, träumerisch, schwärmerisch
"Mein Pferd – mein bester Freund"	a) Pferdenarren b) Westernromantiker	ländlich-hart, sentimental
"Ouvertüren" (Dir: Herbert von Karajan)	Leute, die besser sein wollen als andere (Snobs, Elite, elitär)	anspruchsvoll, exklusiv, nicht für gewöhnliche Leute
"Hits und Evergreens" (Unterhaltungsmusik)	Warenhäuser, Coiffeur-Salons, Tea-Rooms, Autobahn-WC	angenehm, unverbindlich, akustische Dusche
"Der fröhliche Wanderer" (Wander- und Heimatlieder)	a) Volkslied-Freunde b) Nostalgiker	fröhlich, heiter, unbeschwert
"Let's dance"	Discofreunde	ausgelassen, unternehmungslustig, aufgestellt
"And You'll cry: Why, why, why"	Hardrockfreunde	100'000-Volt-karätig, laut aggressiv
"Allein mit mir..." (Schlager)	Leute, die ihren Weg noch suchen...	Sehnsucht, Weltschmerz, Resignation

- Obiges Blatt in Streifen scheiden: Jeder Zeichnende zieht ein "Los".
- Bei "eigenen Vorschlägen" die Wirklichkeit aus dem Spiel lassen.
- Namen von Gruppen und Interpreten erfinden.
- Zeichnungspapier in Plattenhüllengrösse anbieten.

Hörerziehung

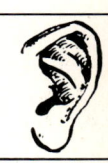

Beispiel zur Musikgeschichte

Vergleich Bild-Musik /Maler-Komponist
(Lektionenskizze)

1. Vorbereitung:

1.1. Tonband (Ausschnitte)
- Bach: Violinkonzert a-Moll, 1. Satz 1685-1750
- Beethoven: 7. Sinfonie, langsamer Satz 1770-1827
- Bartók: Musik für Streicher und Celesta 1881-1945

1.2. Bilder (Kunstkreis)
- Canaletto: Venedig, Hafen von San Marco 1697-1768
- Turner: Das Schlachtschiff "Téméraire" 1775-1851
- Klee: Burg und Sonne 1879-1945

2. Lektionenskizze:

2.1. Information:
Ihr hört nun je einen Ausschnitt aus dem Instrumentalwerk der drei grossen B's: Bach/Beethoven/Bartok.
Die Maler der drei Bilder, welche ihr vor euch seht, lebten zur gleichen Zeit wie die drei Komponisten. Da der "Zeitgeist" alle Künste beeinflusst, sind sicher Gemeinsamkeiten zwischen Musik und Bild festzustellen.

2.2. Betrachtet genau die drei Bilder.

2.3. Hinweis auf die graphische Darstellung an der WT (Zeitachse)

	Bach		Beethoven		Bartók	
1600	1700		1800		1900	2000

Seite 251

Hörerziehung

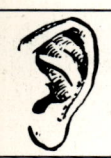

2.4. Wir hören die drei Musikwerke.
Aufgabe: Versucht herauszufinden, welcher Maler zur gleichen Zeit wie der jeweilige Komponist gelebt hat! Entdeckt ihr Gemeinsames?

2.5. Besprechung
Welches Bild wurde zur Zeit von Bach gemalt? Nochmals Musikausschnitt hören. Dann Vergleich: Musik-Bild (ev. Protokoll an der WT)

2.6. Analog: 2. und 3. Hörbeispiel

3. Methodische Hinweise:

Schüler vorerst im Stil eines Brain storming (ohne Einschränkung) über ihre Eindrücke berichten lassen. Achtung: Die Musik ist nie zu den Bildern entstanden, die Bilder wurden auch nicht unter dem Einfluss der Musik gemalt! Das Schwergewicht der Besprechung sollte deshalb bei den Kompositions- und Maltechniken liegen.

Vergleiche insbesondere:
- Rhythmen in Bild und Musik
- (Klang)-Farben in Bild und Musik
- Melodie-Linien in Bild und Musik
- Harmonien und Malstruktur (Linie/Fläche/Raum)

- Inwiefern unterschieden sich die Maltechniken untereinander?
- Was ändert von Komposition zu Komposition?

Eine gegenseitige Beeinflussung "Bild-Musik" ist stets festzustellen (Akustische, bzw. visuelle Manipulation!). Die Bilder sollen in erster Linie Hilfen für ein Gespräch über Musik sein.

In den folgenden Lektionen weitere Musikbeispiele analysieren

Ziel: Die Schüler sind fähig, Musikbeispiele aus Barock,
Klassik - Romantik und
Moderne

stilistisch zu erkennen und einzuordnen.

Literatur zu Bild und Musik

Fink Monika:	Musik nach Bildern. Programmbezogenes Komponieren im 19. und 20. Jahrhundert. Edition Helbling, Innsbruck 1988
Motte de la Helga:	Musik und Bildende Kunst. Laaber-Verlag 1990
Maur, von Karin (Herausg.):	Vom Klang der Bilder. Prestel Verlag, 1985
Salmen Walter:	Musikgeschichte in Bildern; Band IV: Tanz im 17. und 18. Jahrhundert. Deutscher Verlag für Musik, Leipzig, 1988
Schnebel Dieter:	Mo-No Music to Read. Du Mont Köln, 1969
Schröter Willy:	Das Geheimnis der Düfte, Farben, Töne. Verlag Herm. Bauer, Freiburg i.B. 1963
Sundermann Hans/Ernst Berta:	Klang, Farbe, Gebärde. Musikalische Graphik. Verlag Schroll, Wien, 1981

Hörerziehung

Ausweitung: Vergleich Bild-Musik-Text

Stufe Prim/Sek/Seminar
1. Antonio Canalotto 1697-1768
   Venedig, Hafen von San Marco, ca. 1730
   Johann Sebastian Bach, 1685-1750
   Violinkonzert a-Moll, zwischen 1717 und 1723
   Andreas Gryphius 1616-1664
   An die Sternen

Prim/Sek/Seminar
2. J. (Joseph) M. (Mallord) William Turner, 1775-1851
   Das Schlachtschiff Téméraire
   Ludwig van Beethoven, 1770-1827
   7. Symphonie, A-Dur, op. 92, langsamer Satz, 1811/12
   Joseph von Eichendorff, 1788-1857,
   aus: Das Marmorbild, 1826

Prim/Sek/Seminar
3. Paul Klee, 1879-1945 Burg und Sonne, 1928
   Béla Bartók, 1881-1945
   Musik für Saiteninstrumente, Schlagzeug und Celesta, 1936
   Paul Klee, 1879-1945
   -helft bauen-

Seminar
4. Wassily Kandinsky, 1866-1944 Schweres Rot, 1924
   Mauricio Kagel, *1931
   Match für 3 Instrumentalisten, 1964
   Hugo Ball, 1886-1927
   Wolken

Hörerziehung

Gryphius, "An die Sternen" An die Sternen (ca. 1660)

Ihr Lichter, die ich nicht auff Erden satt kan schauen,
Ihr Fackeln, die ihr Nacht und schwartze Wolcken trennt
Als Diamante spilt, und ohn Auffhören brennt;
Ihr Blumen, die ihr schmückt des grossen Himmels Auen:

Ihr Wächter, die als Gott die Welt auff-wolte-bauen;
Sein Wort die Weissheit selbst mit rechtem Namen nennt
Die Gott allein recht misst, die Gott allein recht kennt
(Wir blinden Sterblichen! was wollen wir uns trauen!)

Ihr Bürgen meiner Lust, wie manche schöne Nacht
Hab ich, in dem ich euch betrachtete, gewacht?
Herolden diser Zeit, wenn wird es doch geschene,

Dass ich, der euern nicht allhir vergessen kan,
Euch, derer Libe mir steckt Hertz und Geister an
Von andern Sorgen frey werd unter mir besehen?

Eichendorff, "Marmorbild"
Lange war er so herumgeirrt. Die Vögel schwiegen schon, der Kreis der Hügel wurde nach und nach immer stiller, die Strahlen der Mittagssonne schillerten sengend über der ganzen Gegend draussen, die wie unter einem Schleier von Schwüle zu schlummern und zu träumen schien. Da kam er unerwartet an ein Tor von Eisengittern, zwischen dessen zierlich vergoldeten Stäben hindurch man in einen weiten, prächtigen Lustgarten hineinsehen konnte: Ein Strom von Kühle und Duft wehte den Ermüdeten erquickend daraus an. Das Tor war nicht verschlossen, er öffnete es leise und trat hinein. Hohe Buchenhallen empfingen ihn da mit ihren feierlichen Schatten, zwischen denen goldene Vögel wie abgewehte Blüten hin und wieder flatterten, während grosse, seltsame Blumen, wie sie Floro niemals gesehen, traumhaft mit ihren gelben und roten Glocken in dem leisen Winde hin und her schwankten. Unzählige Springbrunnen plätscherten, mit vergoldeten Kugeln spielend, einförmig in der grossen Einsamkeit. Zwischen den Bäumen hindurch sah man in der Ferne einen prächtigen Palast mit hohen, schlanken Säulen hereinschimmern. Kein Mensch war ringsum zu sehen, tiefe Stille herrschte überall. Nur hin und wieder erwachte manchmal eine Nachtigall und sang wie im Schlummer fast schluchzend. Florio betrachtete verwundert Bäume, Brunnen und Blumen, denn es war ihm, als sei das alles lange versunken, und über ihm ginge der Strom der Tage mit leichten, klaren Wellen, und unten läge nur der Garten gebunden und verzaubert und träumte von dem vergangenen Leben.

Paul Klee   - helft bauen -

Vogel der singest
Reh das springest
Blume am Fels
im See der Wels
im Boden der Wurm
zu gott helft bauen
den Turm

echo: "zu Gott"

Karawane
jolifanto bambla ô bambla
grossiga m'pfa habla horem
égiga goramen
higo bloiko russula huju
hollaka hollala
anlogo bung
blago bung
blago bung
bosso fataka
ü üü ü
schmpa wulla wussa òloba
hei taita gôrem
eschige zunbada
wulubu ssubudu ssubuda
tumba ba- umf
kusagauma
ba - umf   (Hugo Ball, 1914)

Hörerziehung

Grafische Notation als Hörhilfe

Hinweis für den Lehrer: Eine Fuge besteht aus Durchführungen, in welchen die Themen erscheinen, und Zwischenspielen.

Mögliche grafische Darstellungen:

- Durchführung

- Zwischenspiel

- ergibt

Lektionsskizze: Fuga IX, J. S. Bach

1. Mit Schülern (evtl. ab WT) Thema singen: DO RE FA MI RE DO

2. Fuge vorspielen (evtl. Mozart-Fassung für Orchester verwenden)
   Wie oft hört ihr das Thema? (22 mal)

3. Detektiv-Arbeit: Partitur verteilen (Arbeitsblätter 1A, 1B, S.256/257).
   In Gruppen versuchen, möglichst viele Themen in der Partitur zu finden und deren Beginn zu markieren (↓).

4. Themen in Durchführungen [   ] zusammenfassen.

5. Resultate grafisch vereinfacht auf Arbeitsblatt 2, S. 260 übertragen. Eine graphische Partitur erstellen (Lösungsblatt 2, S. 261).

6. Fuge mit Unterstützung der grafischen Partitur durchhören.

Beispiel: Joh.Seb.Bach, E-Dur Fuge aus Band II des Wohltemperierten Klaviers.

A *Hörerziehung*

Arbeitsblatt 1A

Fuga IX
a 4 Voci

Seite 256

Hörerziehung

A

Arbeittsblatt 1B

Hörerziehung

Lösungsblatt 1A

Fuga IX
a 4 Voci

Hörerziehung

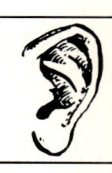

Lösungsblatt 1B

A *Hörerziehung*

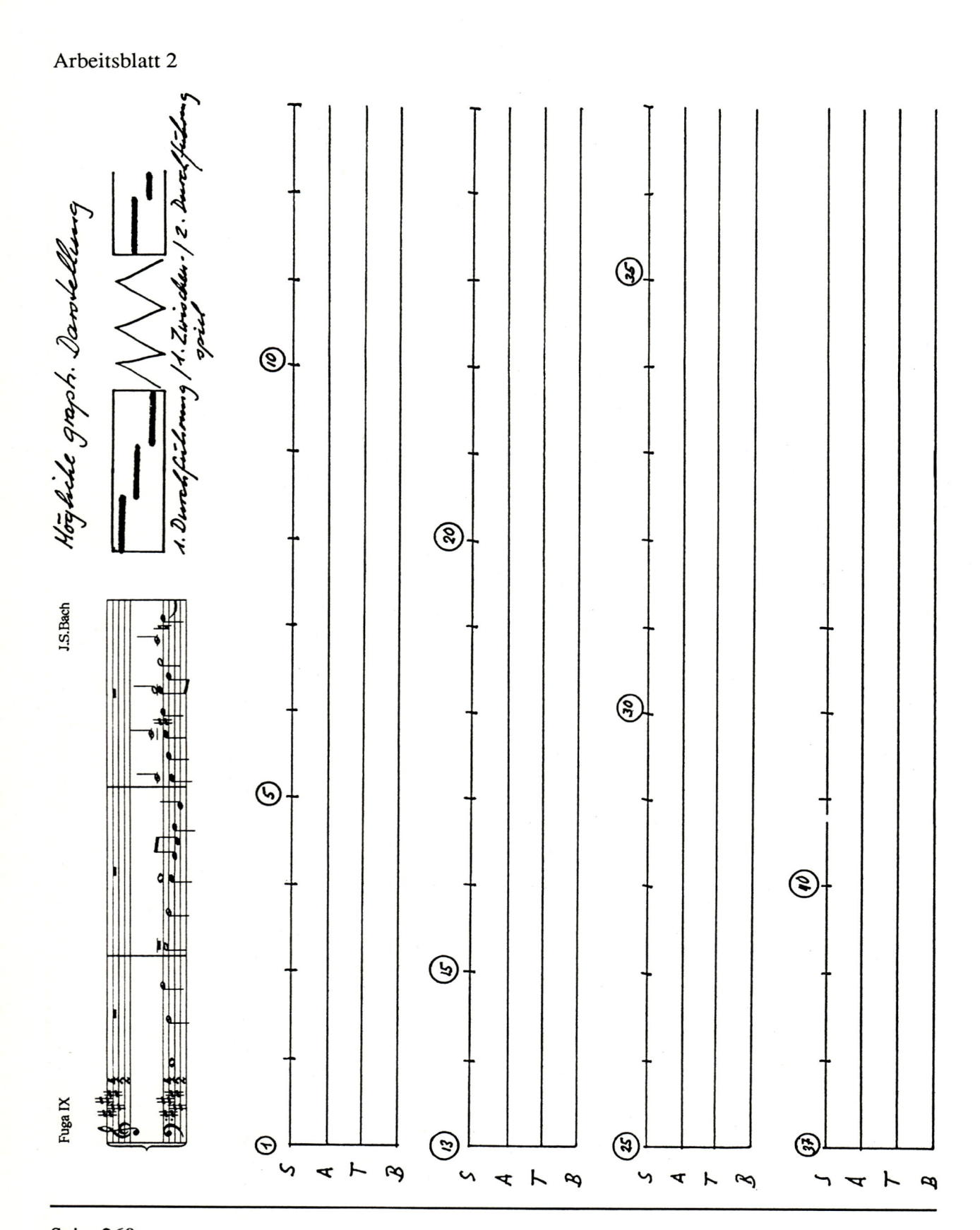

Arbeitsblatt 2

Seite 260

Hörerziehung

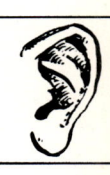

Lösungsblatt

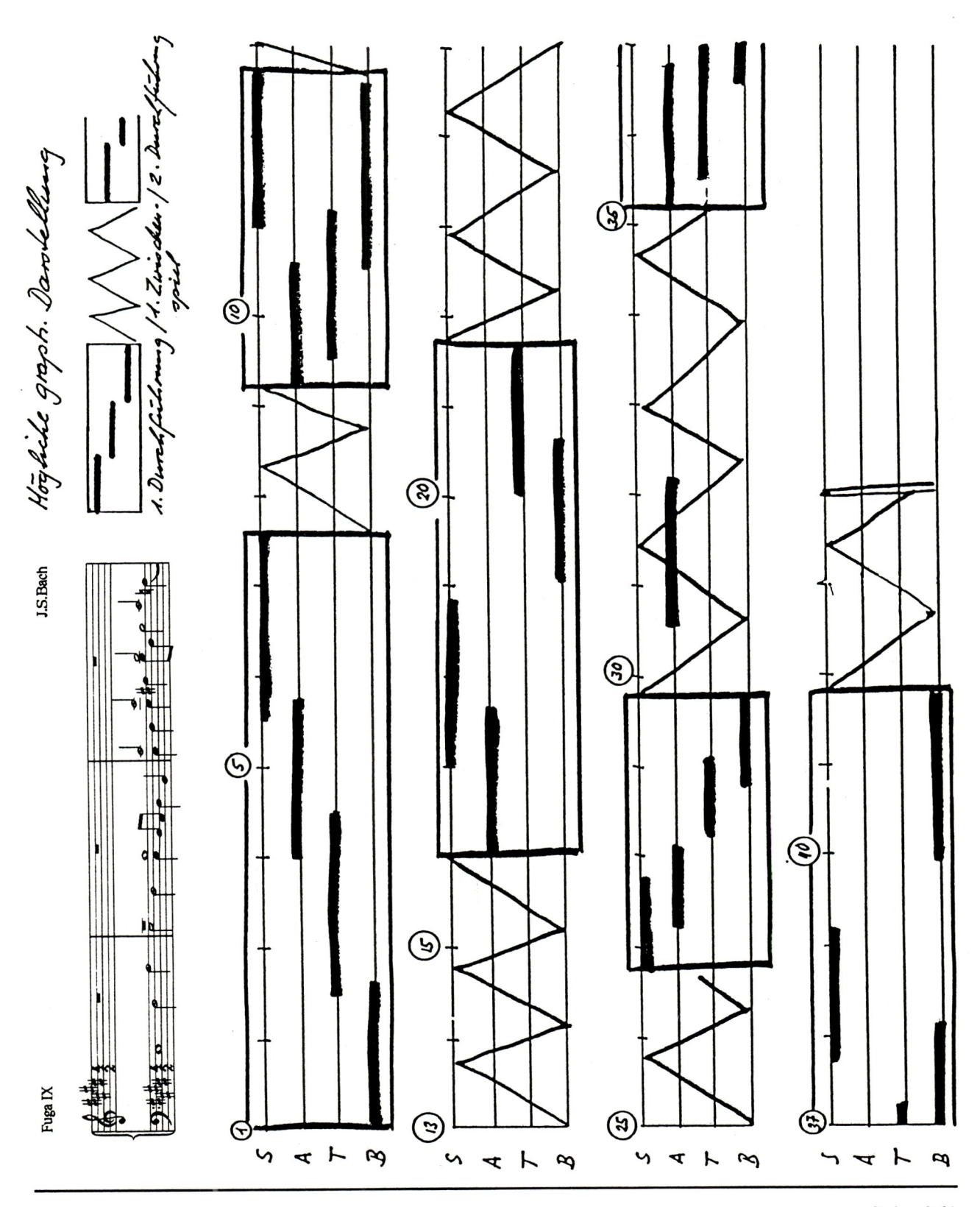

Seite 261

Hörerziehung

Der Zauberlehrling (J.-W. Goethe/Paul Dukas)

Ziel:
- Vergleich der Ballade von J.W. Goethe mit der Sinfonischen Dichtung
- Miterleben der Handlung in der Musik
- Erkennen der vom Komponisten eingesetzten Mittel
  (Dynamik, Tempi, Instrumentation, Motive)

Mögliches Vorgehen:

1. Voraussetzung: Das Gedicht sollte behandelt sein (ev. auswendig gelernt, aufgeführt)

2. Drehbuch zum "Film" verfassen: Gruppenarbeit: Schüler beschreiben die einzelnen Szenen, zum Beispiel Szene 1:"Kamera erfasst Wald, Fluss, Haus des Zauberers. Das Haus wird immer grösser. Der Zauberer verlässt es. Wir treten ein..."

3. Musik zum "Film": Paul Dukas (1865-1935) hat um die Jahrhundertwende eine Sinfonische Dichtung nach der Ballade von J.W. Goethe komponiert. Anhören des Werkes, mit gleichzeitigem Kommentar des Lehrers.

4. Das ganze Werk ohne Kommentar anhören (12 Minuten).

5. Vergleich: Gedicht - Drehbuch - Musik

(Das Besenmotiv)

Johann Wolfgang Geothe

Der Zauberlehrling

Hat der alte Hexenmeister
Sich doch einmal wegbegeben!
Und nun sollen seine Geister
Auch nach meinem Willen leben.
Seine Wort' und Werke
Merkt ich und den Brauch,
Und mit Geistesstärke
Tu ich Wunder auch.

Walle! walle
Manche Strecke,
Dass, zum Zwecke,
Wasser fliesse
Und mit reichem, vollem Schwalle
Zu dem Bade sich ergiesse.

Und nun komm, du alter Besen!
Nimm die schlechten Lumpenhüllen;
Bist schon lange Knecht gewesen;
Nun erfülle meinen Willen!
Auf zwei Beinen stehe,
Oben sei ein Kopf,
Eile nun und gehe
Mit dem Wassertopf!

Walle! walle
Manche Strecke,
Dass, zum Zwecke,
Wasser fliesse
Und mit reichem, vollem Schwalle
Zu dem Bade sich ergiesse.

Seht, er läuft zum Ufer nieder
Wahrlich! ist schon an dem Flusse,
Und mit Blitzesschnelle wieder
Ist er hier mit raschem Gusse.

Schon zum zweiten Male!
Wie das Becken schwillt!
Wie sich jede Schale
Voll mit Wasser füllt!
Stehe! Stehe!
Denn wir haben
Deiner Gaben
Vollgemessen!
Ach, ich merk es! Wehe! whe!
Hab ich doch das Wort vergessen!

Ach, das Wort, worauf am Ende
Er das wird, was er gewesen!
Ach er läuft und bringt behende!
Wärst du doch der alte Besen!
Immer neue Güsse
Bringt er schnell herein,
Ach! und hundert Flüsse
Stürzen auf mich ein.

Nein, nicht länger
Kann ich's lassen;
Will ihn fassen.
Das ist Tücke!
Ach! nun wird mir immer bänger!
Welche Miene! welche Blicke!

Oh, du Ausgeburt der Hölle!
Soll das ganze Haus ersaufen?
Seh ich über jede Schwelle
doch schon Wasserströme laufen.
Ein verruchter Besen,
Der nicht hören will!
Stock, der du gewesen,
Steh doch wieder still!
Willst's am Ende
Gar nicht lassen?

Will dich fassen,
Will dich halten
Und das alte Holz behende
Mit dem scharfen Beile spalten.

Seht, da kommt er schleppend wieder!
Wie ich mich nur auf dich werfe,
Gleich, o Kobold liegst du nieder;
Krachend trifft die glatte Schärfe.
Wahrlich, brav getroffen!
Seht, er ist entzwei!
Und nun kann ich hoffen,
Und ich atme frei!

Wehe wehe!
Beide Teile
Stehn in Eile
Schon als Knechte
Völlig fertig in die Höhe!
Helft mir, ach! ihr hohen Mächte!

Und sie laufen! Nass und nässer
Wird's im Saal und auf den Stufen.
Welch entsetzliches Gewässer!
Herr und Meister! hör mich rufen!-
Ach, da kommt der Meister!
Herr, die Not ist gross!
Die ich rief, die Geister
Werd ich nun nicht los.

"In die Ecke,
Besen! Besen!
Seid's gewesen.
Denn als Geister
Ruft euch nur, zu diesem Zwecke,
Erst hervor der alte Meister."

Hörerziehung

A

Der Zauberlehrling (P. Dukas / J.W. Goethe)

	1. Stro.	Refr.	2.	3. R.	R.	4. R.	5.	R.	6. R.	R.	7.	R.
Stichwort	"Hat der alte..."						"O, du Ausgeburt..."					"In die Ecke..."
Funktion				"Falsche Formel"								
Spannungskurve												
Zeichne d. Hauptmot.	Lauf des Besens			Wasserschwall			Steigendes Wasser	Hilferuf				

Seite 263

Hörerziehung

Der Zauberlehrling (P. Dukas / J.W. Goethe) — Lösungsblatt

	1. Stro.	Refr.	2.	R.	3.	R.	4.	R.	5.	R.	6.	R.	7.	R.
Stichwort	"Hat der Sich..."	"Walle, walle..."	"Und nun komm"	"Walle, walle"	"Seht, er läuft"	"Siehe, Siehe"	"Ach, das Wort"	"Nein, nicht länger"	"O, du Ausgeburt..."	"Willst's am Ende"	"Seht, da kommt"	"Wehe, Wehe"	"Und sie laufen"	"In die Ecke..."
Funktion	Einleitung	Die Zauberformel	Der Befehl	Die Zauberformel	Erfolg! Es klappt	Falsche Formel	Unheil! Angst!	Panik!	Wut und Verzweiflung	Entschluss zur Gewalt	Beil-Lösung: Entspannung	Doppel-Unheil!	Doppel-Wasserschwall Hilfe!	Der Meister beruhigt
Spannungskurve														
Zeichne d. Hauptm.	Lauf des Besens					Wasserschwall			Steigendes Wasser				Hilferuf	

Hörerziehung

Klangpartitur: G. F. Händel, "Feuerwerksmusik"

Holz
Blech
Pauke
Streicher

Seite 265

Hörerziehung

Lösungsblatt

Holz
Blech
Pauke
Streicher

Seite 266

Hörerziehung

Klangpartitur: G. F. Händel, "Wassermusik", (Hornpipe, 11D)

Trompeten
Hörner
Orchester

Seite 267

Hörerziehung

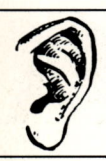

Lösungsblatt

Hörerziehung A

Vom Zeichen zum Klang

(Übungen zum Umsetzen von Notentexten in Klangerwartungen)

"Der Lehrer muss sich allerdings vor Augen halten, dass es bei der reduzierten Zielsetzung des Mit-Noten-Hörens nicht um exakte Klangvorstellungen geht, welche die Schüler bilden sollen, sondern um das Ablesen von auffälligen Merkmalen einer Komposition und eine ungefähre Vorwegnahme des klanglichen Verlaufs dieser Stellen". (Aus Dankmar Venus, Unterweisung im Musikhören)

- Einfach beginnen! (z.B. mit dem langsamen Satz aus der kleinen Nachtmusik)
- Wenige Takte intensiv besprechen, bevor Musik erklingt.
- Erst später schwierige Partituren vornehmen, wie sie auf den folgenden Schüler-Blättern zu finden sind.

- Vorgehen a) Orientierung (Instrumente, Taktanzahl, zeigt 3. Takt der Pauke)
    b) Führen zu einer präziseren Klangerwartung (Dynamik, Tempo, rhythm. und melodischer Ablauf, Zusammenklänge, Charakter)
    c) Stilles Überdenken (Klangvorstellung)
    d) Hörerlebnis (Tonband, Platte vorspielen)
    e) Höraufgaben (z.B. nur Bratsche verfolgen)
    f) Ganzes Werk hören

Diese Übungen lassen sich beliebig ersetzen oder erweitern durch Beispiele aus der Lehrer- oder Schuldiskothek.

Lektionenskizze

Edvard Grieg:"Åses Tod" aus der Peer Gynt Suite Nr. 1

1. Die Partitur erzählt: Was könnt ihr alles herauslesen?(Tonart, Taktart, instrumentale Besetzung, Gestalt der Melodien, Tempo, Dynamik, im Charakter verschiedene Teile, Form) Ziel: Möglichst eine klare Klangerwartung schaffen.

2. Die Musik erzählt: Wir hören das Werk. Musik mit der Partitur verfolgen.
Information: Grieg schrieb dieses Werk zu einem Schauspiel (Henrik Ibsen "Peer Gynt").

3. Die Schüler berichten: Was geschieht wohl auf der Bühne? Stimmung?

4. Der Lehrer berichtet: Peer kehrt von einem seiner Ausflüge heim, findet seine Mutter Åse schwer krank vor. Zu ihrer Erleichterung phantasiert und fabuliert er über Vergangenes und Zukünftiges. (Die Steigerung seiner Erzählung vollzieht der Komponist bis Takt 24 mit). Bestürzt stellt Peer fest, (ab Takt 25) dass seine Mutter während seinen Phantastereien gestorben ist.

5. Die Partitur als Hörhilfe: Nochmals das ganze Werk hören: Können wir nicht nur die Randstimmen (Melodie, Bass), sondern auch z. B. die Bratschen, die 2. Violinen oder die Celli heraushören?

Hörerziehung

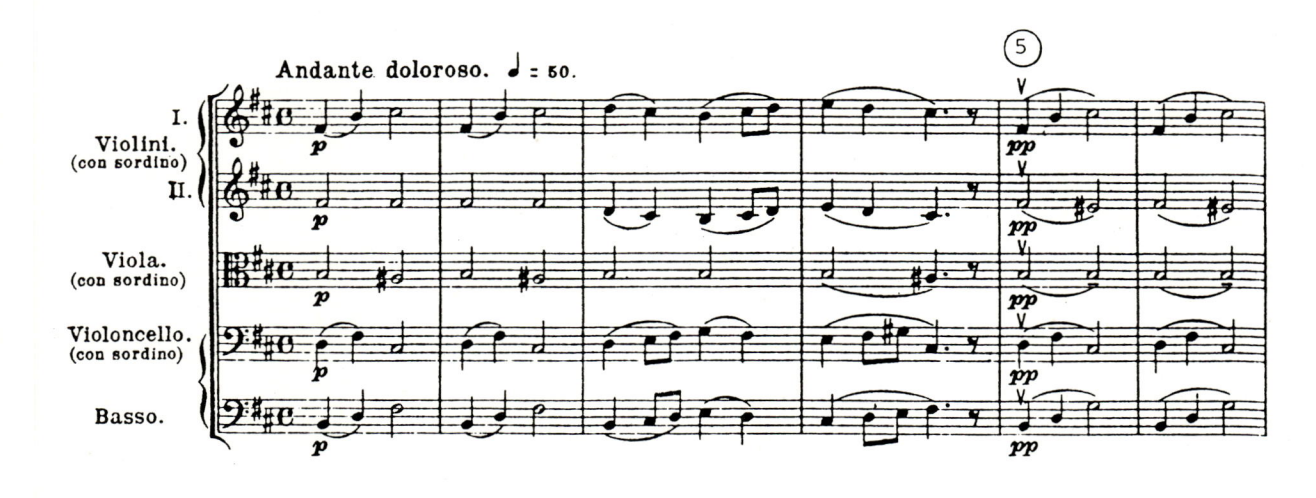

Hörerziehung

Seite 271

Hörerziehung

Mit der Partitur zu einer präzisen Klangerwartung

Fragenkatalog zur Jupiter-Sinfonie von W.A. Mozart (Nach D. Venus)

1. Wie viele verschiedene Instrumente werden von Mozart eingesetzt? (11)
2. Zwei Instrumente spielen zunächst eine Stimme! (Cello und Kontrabass)
3. Welche Holzblasinstrumente wirken mit? (Flöte, Oboe, Fagott)
4. Häufig werden in Musikstücken vier Holzbläser verwendet! (Klarinette fehlt!)
5. Welche Blechblasinstrumente sind vorgeschrieben? (Hörner, Trompeten)
6. Welche fehlen? (z.B. Posaune, Tuba)
7. Wo ist die Stimme für die 1. Violine notiert, für das Fagott, die Flöten, die Pauke usw.? (Jeweils zeigen lassen!)
8. Wieviele Takte haben wir vor uns? (6)
9. Zeigt den 1. Takt, den 5. Takt usw.! (Jeweils durch alle Systeme zeigen lassen!)
10. Wer zeigt den 3. Takt der Fagottstimme, den 2. Takt der Violastimme usw.?
11. Welche Instrumente spielen im ersten Takt? (nur Violinen)
12. Man kann sich den Anfang ungefähr vorstellen, zumindest von der Lautstärke her! (p)
13. Welche Instrumente würde man bei diesen Takten spielen wollen, wenn man ein "fauler Musiker "wäre?(Flöte, Oboe, Fagott, sie pausieren)
14. Wieviele verschiedene Pausenzeichen sind zu erkennen? (3)
15. Welche Instrumente spielen nur zwei Töne? (z.B. Pauke, Viola, Cello)
16. Die gleichen Töne? (Verschiedene)
17. Verschiedene Töne? Genauer bestimmen! (Der zweite Ton ist tiefer)
18. Wenn man die ersten beiden Takte der Violinstimmen betrachtet und den weiteren Verlauf des Stückes, dann müsste etwas auffallen! (Takt 5 und 6 ähneln Takt 1 und 2)
19. Auf Blasinstrumenten kann man nicht gleichzeitig zwei Töne spielen! (Es müssen also 2 Hörner und 2 Trompeten mitwirken)
20. Vergleiche erstes Horn und erste Violine in Takt 3-4! (Beide Stimmen sind bis auf einen Ton identisch)
21. Zeigt, an welcher Stelle die Stimmen voneinander abweichen! (3. Takt, 2. Viertel)
22. Lässt sich die Abweichung genauer angeben? (Die Violine hat einen Schritt, das Horn einen Sprung auszuführen)
23. Gibt es eine Stelle, bei der nur ein Instrument zu hören ist? (Letzter Achtel, 4. Takt, nur 2. Violine)
24. Die zweite Violinstimme fällt auf! (Durchgehende Achtelbewegung)
25. Mir fällt noch mehr daran auf 2.4.6...Ton. (Ständige Wiederholung von g')
26. Wie würde sich das geklopft anhören? (Versuchen lassen)
27. Vergleicht alle Töne, welche die erste Violine zu spielen hat, besonders Takt 1,2,3 und 4! (Rhythmisch gleiche Werte, die Tonfolge des 6. Taktes ist auch im 1. und 2. Takt nachweisbar)
28. Welche dieser Melodiekurven ist dafür passend? (die erste)

29. Ich zähle die 6 Takte aus; wenn der Kontrabass zu spielen hat, klatscht ihr in die Hände! Gebt dem Kontrabass, wenn das Menuett vorgespielt wird, einen Einsatz im Takt 3!
30. Noten, über denen Punkte stehen, sollen kurz gespielt werden! (1.Viol., 3./4., Horn, 4. Takt)
31. Mir fällt noch mehr auf! (z.B. unterschiedliche Länge der Legatobögen in der 2. Violine usw.)

Hörerziehung

W. A. Mozart: Jupiter-Sinfonie, KV 551

Menuetto allegretto

A *Hörerziehung*

Musikgeschichte

Wie kann ich vom Gehör die wichtigsten Zeitstile in der "Klassischen Musik" unterscheiden?

Barock ca. 1700-1750
Bach, Händel
- Musikstück entwickelt sich oft aus einem Thema
- Motorische Rhythmen (Bach Beat!)
- Terrassendynamik

piano	forte	piano
(Einzelinstrumente)	(Ganzes Orchester)	

- Oft polyphon oder polyphone Stellen: (Jede Stimme ist gleichwertig wie bei Kanon und Fuge)
  1. Stimme   Thema ——————————— Thema ——
  2. Stimme   Thema —— Thema ———————

Werke:
(selber ausfüllen)

— — — — — — — — — — — — — — — —

— — — — — — — — — — — — — — — —

— — — — — — — — — — — — — — — —

Klassik ca. 1750-1800
Haydn, Mozart, Beethoven
- Mehrthemig, gegensätzliche Themen
- Trennung in Melodie- und Begleitstimmen
- Die Melodieinstrumente dominieren
- Harmonisch wie auch formal werden die Musikwerke einfacher, durchsichtiger und deutlicher gegliedert als im Barock
- Keine Extreme: Musik ist in allen Teilen ausgeglichen
- Neu: Klavier
- (Klassisch bedeutet: ausgeglichen, wertbeständig, keine Schnörkel. Vergleiche Autos mit "klassischer Carrosserie": Rolls Royce, Mercedes)

Werke:
(selber ausfüllen)

— — — — — — — — — — — — — — — —

— — — — — — — — — — — — — — — —

— — — — — — — — — — — — — — — —

— — — — — — — — — — — — — — — —

— — — — — — — — — — — — — — — —

— — — — — — — — — — — — — — — —

Hörerziehung A

Romantik ca. 1800-1900	- Farbigere Klänge (Halbtonschritte nehmen an Bedeutung zu) - Grosse Gegensätze: Einzelinstrumente - riesige Orchester ppp - fff
Schubert	Kleinwerke - abendfüllende Werke
Schumann Chopin	- Subjektiver, persönlicher (Meister der Klassik sind viel schwieriger voneinander zu unterscheiden als Romantiker)
Brahms Wagner	- Neu: Tuba, Kontrafagott, Saxophon (ab Mitte 19. Jahundert) - Malerei: Wie in der Musik, fliessen die (Klang-) Farben ineinander - Zeit der Virtuosen (Liszt)

Werke: _____

_____

_____

_____

Moderne ca. ab 1900 Debussy/Ravel	- ab 1920: Musikalische Klangmalerei, gleitende, verwischte Klänge, Ganztonleitern (musikalischer Impressionismus)
Schönberg	- ab 1940: Zwölftonmusik, Dissonanzen (musikalischer Expressionismus)
Strawinsky, Bartok, R. Strauss, Hindemith Honegger	- Neobarock, Neoklassik, Neoromantik (Rückbesinnung auf frühere Stilrichtungen), Einfluss des Volksliedgutes
Stockhausen Ligeti Kagel Berio	- Avantgarde ab ca. 1960 Elektronische Musik, Geräusche werden verwendet, Klänge verfremdet Grafische Notationen

Werke: _____

_____

_____

_____

_____

Hörerziehung

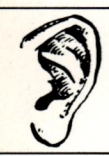

Vom Hören zur Bewegung

Gerade bei kleineren Kindern eignet sich die Bewegung ausgezeichnet, um Teile eines Werkes kennenzulernen. Sie bewegen sich sehr frei und spontan, so dass die erste Begegnung mit einem Werk zum Erlebnis wird.

M. Mussorgsky	"Die Hütte der Baba Yaga" aus Bilder einer Ausstellung.
 Zum Inhalt: die Form A B A ist leicht erkennbar:
 - Hexenritt
 - das Haus der Baba Yaga (geheimnisvolles, unheimliches Hexenhaus.
   Was macht die Hexe wohl im Haus?)
 - Hexenritt

Die Musik des Hexenrittes hat einen vorwärtsdrängenden (handlungsbetonten) Charakter. Die Musik des Hexenhauses dagegen ist langsam, versucht die unheimliche Atmosphäre des Hexenhauses darzustellen.

Jedes Kind besitzt einen imaginären Hexenbesen und sein Hexenhaus (am Boden ausgebreitetes Rhythmiktuch). Die Kinder steigen auf den Besen und reiten durch den möglichst grossen Raum. Bei Teil B setzen sie sich in ihre Häuser und zeigen durch Bewegungen, was die Hexe machen könnte. Das Motiv der Achtelkettchen aus aufwärtsdrängenden Quartsprüngen ist das Signal, auf das die Kinder sich wieder für den Hexenritt bereitmachen.

Hörerziehung

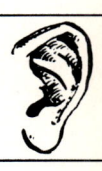

C. M. v. Weber "Wolfsschluchtszene" (1. Teil) aus der Oper: Der Freischütz.
Das Thema Geister/Gespenster fasziniert die Kinder stets wieder von neuem. Mögliche Einstiege in dieses Thema:

- Gespenster spielen, verklanglichen mit der Stimme, mit Materialien und Instrumenten.
- Gespenster bewegungsmässig darstellen: jedes Kind hüllt sich in ein grosses Leintuch ein und bewegt sich wie ein Gespenst (geeignete Musik dazu: S. Rachmaninow "Die Toteninsel" Sinfonische Dichtung).

- Geisterstunde spielen: die Gespenster schlafen (die Kinder liegen unter ihren Leintüchern). Nach dem Zwölf-Uhr-Schlag beginnt die Geisterstunde.
In der Wolfsschluchtszene (2. Akt Nr. 10) hört man den Chor der Geister auf drohendes Unheil hinweisen (nachzulesen in "Musikunterricht Grundschule", Lehrerband S. 122, Schott Verlag). Die Kinder verharren liegend oder kniend unter den Leintüchern. Jedesmal, wenn der Chor der Geister "uhu" ruft, verstärken sie den mahnenden Gesang durch Bewegung: reflexartiges Erheben und Öffnen der Tücher.

Hörerziehung

Durch ruhige Bewegung zu Musik finden die Kinder zu Stille und Harmonie. Somit wird ihnen ein vertieftes Erleben der Musik ermöglicht.
Beispiel aus der Barockmusik: J. S. Bach "Air" aus der Suite für Orchester Nr. 3
Die Kinder halten ein Rhythmiktuch (Symbol für die Sonnenscheibe) in den Händen. Sie vollziehen damit den Sonnenlauf zu der langsamen und ruhigen Musik: die Sonne geht auf - sie wandert - sie geht unter.

Die Lautstärke der Musik variieren: Die Sonne geht auf, sie wandert: forte, sie geht unter: piano. Die Kinder stellen gemeinsam eine Sonne dar.

Die Sonne geht auf: alle Kinder kauern auf dem Boden, die Tücher liegen in Falten auf dem Boden. Langsam stehen sie gemeinsam auf, bis sich die Tücher entfaltet haben. Die Sonne dreht sich: gemeinsam bewegen sich die Kinder seitwärts im grossen Kreis.

Weitere geeignete Musikbeispiele: A. Vivaldi: "Largo" aus dem Konzert für Violine und Orchester op. 8 Nr. 4 in D
A. Vivaldi "Largo" aus dem Flötenkonzert in C, RV 443
J.S. Bach "Adagio" aus dem Violinkonzert in E, BWV 1042

Mit Hilfe von Materialien (Gymnastikbändern, Foulards, Stoff- oder Kreppbändern) bestimmte Formen wie dreiteilige Form, Rondoform, tutti-solo oder bestimmte Instrumente, langsame/schnelle Teile, Legato-/Staccato-Teile usw. erkennen.

Da es eine Fülle von geeigneten Musikbeispielen gibt, wird hier auf Angaben verzichtet. Mögliche Aufgabenstellung z.B. Thema tutti-solo: die Kinder in zwei Gruppen aufteilen; 1. Gruppe = tutti, 2. Gruppe = solo. Jedes Kind hat ein Gymnastikband. Während dem Musikverlauf improvisiert die entsprechende Gruppe mit ihren Gymnasikbändern. Die passive Gruppe hört zu und erkennt, wann sie wieder an der Reihe ist.

Rhythmische Schulung

Zur rhythmischen Schulung

Grundsatz:
Rhythmus erleben,
nicht zerreden!

Methodische Hinweise

"Im Anfang war der Rhythmus" (von Bülow)

Beim Singen und Musizieren können wir die Richtigkeit einzelner Töne und Melodieverläufe stets mit einem Instrument überprüfen. Beim Lernen von Rhythmen gibt es (mit Ausnahme des Computers) keine Hilfsmittel zur Kontrolle. So sind wir beim Erarbeiten einer rhythmischen Folge auf Hilfe Dritter angewiesen. Die rhythmische Schulung hat deshalb bei der Planung der Musikstunden eine besonders grosse Bedeutung.

Die rhythmische Schulung darf sich nicht auf die für jedes Unterrichtsjahr festgelegten Ziele beschränken. Im Singen, Sprechen, Spielen und Bewegen sollen auch andere rhythmische Bausteine verwendet werden: das Erleben der rhythmischen und melodischen Elemente soll dem Bewusstmachen und dem Ueben oft um Jahre vorausgehen.

Aufbau	siehe Lehrplan und Planungshilfe Singen/Musik Seite 416
Hilfsmittel	Rhythmussprache Rhythmuskärtchen Klanggesten / Körperinstrumente kleines Schlagwerk und Perkussionsinstrumente
Rhythmische Schulung mit	Bewegung und Tanz Sprache und Rhythmus Improvisation

Rhythmische Schulung

Metrum und Tempo

Definition
In der Musik verstehen wir unter Metrum einen gleichmässigen, pulsierenden Grundschlag (BEAT)

Leitidee
Das Erspüren und Verfeinern des metrischen Empfindens ist Ausgangspunkt für die rhythmische Schulung. Das Kind erlebt verschiedene Tempi. Es lernt, ein eigenes Tempo zu halten, Tempi zu erkennen, sich diesen anzupassen und sie einzuhalten.

Eigenen Pulsschlag suchen
Wir klopfen ihn mit dem Finger leise auf das Pult.

Puls der Lieder spüren
Die Klasse singt bekannte Lieder und klatscht oder klopft mit einem Finger das Metrum.

Gemeinsames Metrum finden
Jeder Schüler geht in "seinem Tempo". Auf ein Zeichen übernehmen alle das Tempo eines bestimmten Kindes oder finden ohne Absprache ein gemeinsames Tempo.

Metrumübungen zu Musik
- Zu Musik mit 2 verschiedenen Teilen (z.B. ABABA-Form) bewegen sich die Kinder zu Teil A frei. Bei Teil B gehen sie im Metrum.
- Die Schüler klopfen das Metrum (mit geschlossenen Augen). Nun wird die Musik unterbrochen, indem die Lautstärke auf 0 zurückgedreht wird. Nach einiger Zeit ist die Musik wieder hörbar. Konnte das Metrum beibehalten werden?
- gleiche Übung mit "Gehen im Schritt".
- Polonaisen
- Klanggestenspiele

Ausbrechen - anpassen
Jemand spielt ein Metrum, welches von der Gruppe übernommen wird. Plötzlich bricht ein Schüler aus und nimmt ein anderes Tempo. Die Gruppe passt sich an.

Radiospiel
Wir singen ein Lied, vielleicht gar einen Kanon. Mit einem Zeichen wird "das Radio abgeschaltet". Die Klasse singt "innerlich" weiter. Beim "Einschalten" des Radios hören wir, ob das Metrum beibehalten werden konnte.

Was ist schnell?
Schüler erhalten den Auftrag, "schnell", "langsam", "eher langsam" usw. herumzugehen. Beobachtung: Nicht jeder empfindet ein Tempo gleich langsam / schnell.

Rhythmische Schulung

Verschiedene Tempi verschiedene Charaktere	Umhergehen wie Kinder, Urgrossväter, Soldaten, Geschäftsfrauen in Eile, beschauliche Spaziergänger, Mütter mit Kinderwagen, traurig, stolz, übermütig, ängstlich.
Tempobezeichnungen und Metronom	Die italienischen Tempobezeichnungen sind relative Tempoangaben. Sie sagen oft auch etwas über den Charakter eines Stückes aus. Auf Anregung Beethovens konstruierte der Wiener Erfinder Mälzel das Metronom. Die Anzahl der Metrumsschläge pro Minute bestimmt das genaue Tempo. ☞ MuOS S. 238
Richtiges Tempo	Wir experimentieren mit verschiedenen Tempi, indem wir Lieder für unser Empfinden zu langsam /zu schnell singen. Musiker müssen beim Musizieren ein angemessenes Grundtempo finden. Im Orchester oder Chor gibt es der Dirigent an, bei kleinen Besetzungen dient der Blickkontakt als Kontrolle, kann es vorgezählt oder mit dem Fuss markiert werden.
messen	Wir messen die Tempi mit dem Metronom od. der Uhr
schätzen	Verschiedene Metronomeinstellungen erraten und/ oder mit der Uhr schätzen
sprechen	Texte werden nach dem Metronom gesprochen. Was ist langsam/schnell? Tempo nach jeder Zeile wechseln.
Tempo verändern	Begriffe ritardando/accelerando (Agogik) - Gehen, beschleunigen, verlangsamen, überholen, bremsen - Der Dirigent wechselt das Tempo laufend - Musik vor- oder abspielen. Ändert das Tempo?
Wandernde Metrumsschläge	Aufstellen im Kreis. Das Metrum wandert von einem Schüler zum andern im Kreis herum. Jeder Schüler hat nur einen Schlag (1 x klatschen) - zwei oder mehr Schläge in Umlauf schicken - Richtungswechsel: Der Wechsel wird durch eine deutlich hinwendende Geste in die neue Richtung angezeigt. - Kreuz und quer im Kreis zuspielen (langsames Tempo wählen)
Wegweiser	Jemand verlässt das Zimmer. Die andern beschliessen, welchen Weg der Ausgewählte gehen soll (geradeaus, von links um den Notenständer herum, zurück zur Tür).

Rhythmische Schulung

Klatschen alle im gleichen Metrum, bewegt sich der Geführte auf dem richtigen Weg. Sobald er sich in eine falsche Richtung wendet, klatscht jeder Schüler ein eigenes Tempo - die "Klatschklangwolke" zeigt die falsche Richtung an.

Fliessbandspiel

Die Schüler stellen sich "am Fliessband" auf und führen zu Metren Arbeitsbewegungen aus. Z.B. Autoproduktion: Hebel und Knöpfe betätigen, Schrauben anziehen, Türen anhängen, farbig spritzen...

Maschinenspiel

Ein Schüler stellt einen sich bewegenden Maschinenteil dar. Er beugt und streckt z.B. einen Arm - liegend - sitzend auf einem Stuhl - stehend u.s.w.
Weitere Schüler kommen als Maschinenteile mit erfundenen Bewegungsabläufen dazu, im gleichen Tempo, halb oder doppelt so schnell,
- Die Maschine wird abgestellt - angeschaltet
- Die Maschine läuft zu Begleitmusik
- Jedem "Maschinenschüler" ist ein Schüler zugeteilt, der zur Bewegung ein Geräusch mit dem Mund, dem Körper oder dem Schlagwerk ausführt.

Hörstrahl Konzentrationsübung

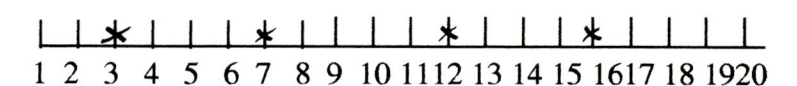

Auf bestimmte Metrumsschläge finden Schallereignisse statt, welche die Schüler ankreuzen, z.B. Triangel auf Schlag 3, 7, 12, 16...

schwieriger: Gleichzeitig auf mehreren Strahlen die Schallereignisse notieren:

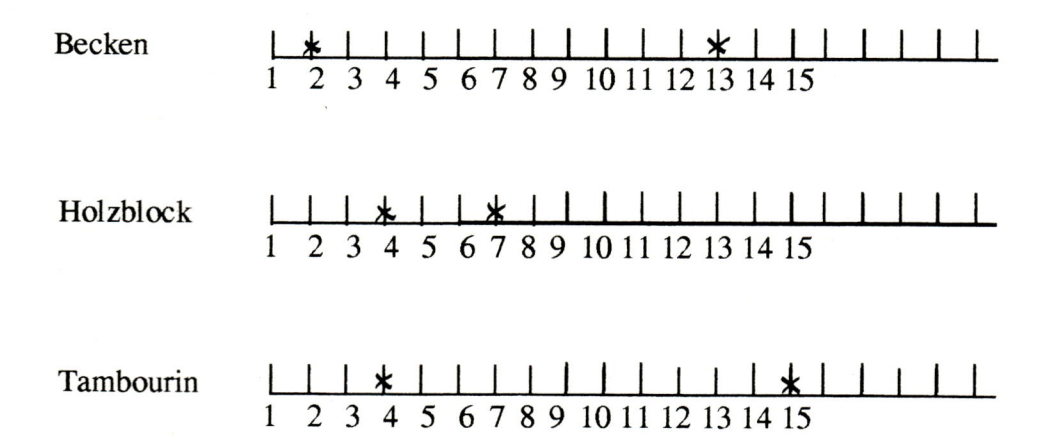

Becken

Holzblock

Tambourin

Rhythmische Schulung

Spiele zum Thema "Innen lebt der Ahornbaum" (Leselehrgang)

Verschiedene Tempi verschiedene Charaktere	Kinder, Eltern, Tante, Zügelleute. Wie bewegen sie sich? Wie bewegt sich Simi, wenn er traurig, ängstlich, fröhlich ist? Zu Begleitmusik bewegen sich die Kinder wie Simi auf dem Land (z.B. Fidulafon 1194).
Gemeinsames Tempo finden	Erster Schultag: Kinder strömen aus den Häusern, treffen sich, gehen gemeinsam zur Schule (Simi - Lena) Kinder gehen mit TanteTherese einkaufen.
Langsam - schnell	Die Kinder rennen und sammeln Holz fürs Bräteln. Simi klettert auf den Ahornbaum (langsam).
Maschinenspiel	Simi sieht zum ersten Mal einen Mähdrescher. Was sich da alles bewegt!
Störspiel	Simi und Michi am Sandkasten. Gruppe A spielt ein Metrum, Gruppe B versucht zu stören.
Nachahmspiel	Simi erzählt, Michi ahmt nach. Simi imitiert die Bewegungsarten der Hundefamilie.
Liedbegleitung im Metrum	Neben dem Haus der Tante weidet ein Pferd Liedbeispiel:

Komm, mein Pferdchen Siegfried Lehmann

1. Komm mein Pferdchen, munter traben sollst du unter meiner Hand! Über Hekke Bach und Graben, geht es fröhlich durch das Land. *Refrain:* Hoch das Köpfchen heb, wenn ich dir die Sporen geb! Leg die Ohren an, und dann vorwärts frisch voran! frisch voran!

Schellenkranz   Röhrenholztrommel, Triangel

Rhythmische Schulung

2. Komm, mein Pferdchen, darfst nicht stocken,
   denn uns winkt ein schönes Ziel.
   Oder willst du wirklich bocken?
   Das nützt bei mir gar nicht viel
   Hoch das ...

3. Komm, mein Pferdchen, lass die Mähne
   beim Galopp im Winde sehn,
   zeige wiehernd deine Zähne,
   denn das wird dir herrlich stehn!
   Hoch das ...

Klatschspiel

E mi- a en- za pren- za schi- ra schi- ra schi- ra schi- ra plapp plapp plapp que- sta to- re mi- a to- re mi a to- re plapp!

Im Kreis stehen, Blick zur Kreismitte. Jeder legt seine rechte Hand (innere Handfläche nach oben) auf die linke Handfläche seines rechten Nachbarn. Lied singen und Metrumsschläge im Uhrzeigersinn als Kettenspiel weiter geben: der Reihe nach klatscht jeder mit seiner rechten Hand auf die rechte Hand seines linken Nachbarn. Beim letzten "plapp" muss derjenige, zu dem der Handschlag kommen würde, seine rechte Hand wegziehen. Zieht er sie zu spät weg, muss er ausscheiden. Zieht er seine Hand zur rechten Zeit weg, muss derjenige ausscheiden, der ihm den Handschlag weitergeben wollte. Die Ausgeschiedenen bilden einen eigenen Kreis und spielen weiter. Tempo steigern.

Rhythmische Bausteine

Rhythmus erleben	Das Kind erlebt Rhythmus primär durch seine Bewegung, d.h. es denkt mit seinem ganzen Körper, bevor es durch die Sprache zur Abstraktion fähig wird.
grosse/lange und kleine/kurze Schritte	Wie bewegt sich die Tante, wie Michi? Ausprobieren! Klangquelle übernimmt Tempo und führt.
Schrittarten darstellen	Tante Therese, Michi, Simi
	Mit verschiedenen Materialien legen: Steine, Knöpfe, Herbstblätter, Früchte, Ahornsamen. Mit Fingerfarben malen.

Rhythmische Schulung

Rhythmussprache und Bewegung Herumgehen und dazu "Schritt" oder "loufe" sprechen.

Instrument spielt während einer Weile ♩ oder ♫ und führt die Kinder. Wie schnell wird auf den Wechsel reagiert?

Wollknäuelspiel Tante Therese kauft auf dem Markt Wolle. Knäuel auf dem Boden von einer Hand in die andere rollen und dazu "Schritt" oder "loufe" sprechen. (Koordination Sprache und Bewegung).

Mehrstimmigkeit Zwei Schüler bilden zwei Klangquellen

Tante ♩   Michi ♫

Jeder Klangquelle ist eine Bewegungsgruppe zugeordnet. Zuerst spielen die Instrumente im Wechsel, die entsprechende Gruppe bewegt sich. Dann ertönen sie auch gleichzeitig.

Echoklatschen

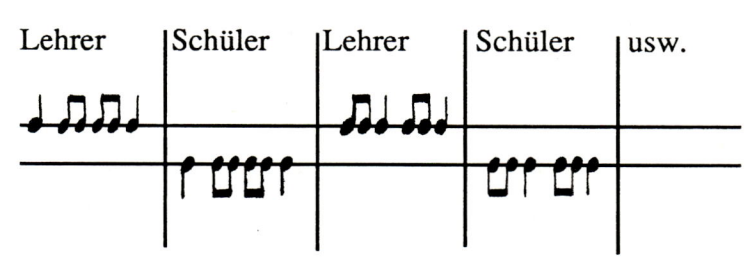

Lehrer	Schüler	Lehrer	Schüler	usw.

Motiv-Kette Länge bestimmen! (1-2 Takte)

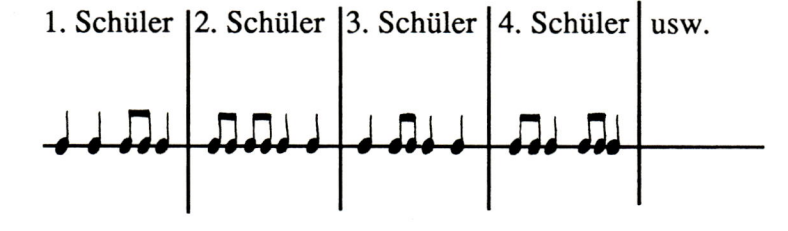

1. Schüler	2. Schüler	3. Schüler	4. Schüler	usw.

Wortrhythmen

Musikalische Grunderfahrung lang-kurz siehe Hörschulung S. 238

Rhythmische Motive sind abstrakte Formen, deren Notenbilder für sieben- bis achtjährige Kinder wenig aussagen, schlecht fassbar sind. Wenn wir Sprachbausteine oder Wortrhythmen als Hilfsmittel gebrauchen, sind Anfang und Ende genau festlegbar. Rhythmen können somit eindeutig nachvollzogen und aus der Abstraktion herausgeholt werden.

Rhythmische Schulung

Wortrhythmen bilden

Simi erhält zum Geburtstag Geschenke: Kuchen, Kerzen, Lego, Playmobil, Mütze, Handschuhe, Kinderbuch, Schneeschaufel. Zu den gezeichneten Geschenken (Bildkärtchen) werden die entsprechenden Rhythmus (motiv) kärtchen gelegt.

Der Ahornbaum

Rhythmuskärtchen (S. 288) ausschneiden und beim Ahornbaum (S. 287) an die richtige Stelle kleben. Falls die Schüler schon lesen können, Wörter den richtigen Rhythmen zuordnen.

Lotto

Die Bildkärtchen des Arbeitsblattes (S. 289) ausschneiden. Die Kinder legen diese beim Arbeitsblatt (S. 290) auf die richtigen Felder. Bildkärtchen: Segelschiff, Vogelkäfig, Fadenspule, Drache, Elefant, Wollknäuel, Briefmarke, Farbstifte, Wecker, Armbanduhr, Blumenvase, Maikäfer, Schultasche, Telefon, Einkaufskorb, Brille, Radio, Eichhörnchen, Schere, Einkaufstasche, Zwiebel, Igel, Krokodil, Regenschirme.

Memory

Für das Memory alle Kärtchen der Arbeitsblätter (S. 289 und 290) ausschneiden. Die Kärtchen liegen umgedreht und durcheinander auf dem Boden. Memory spielen: entsprechende Kärtchen suchen.

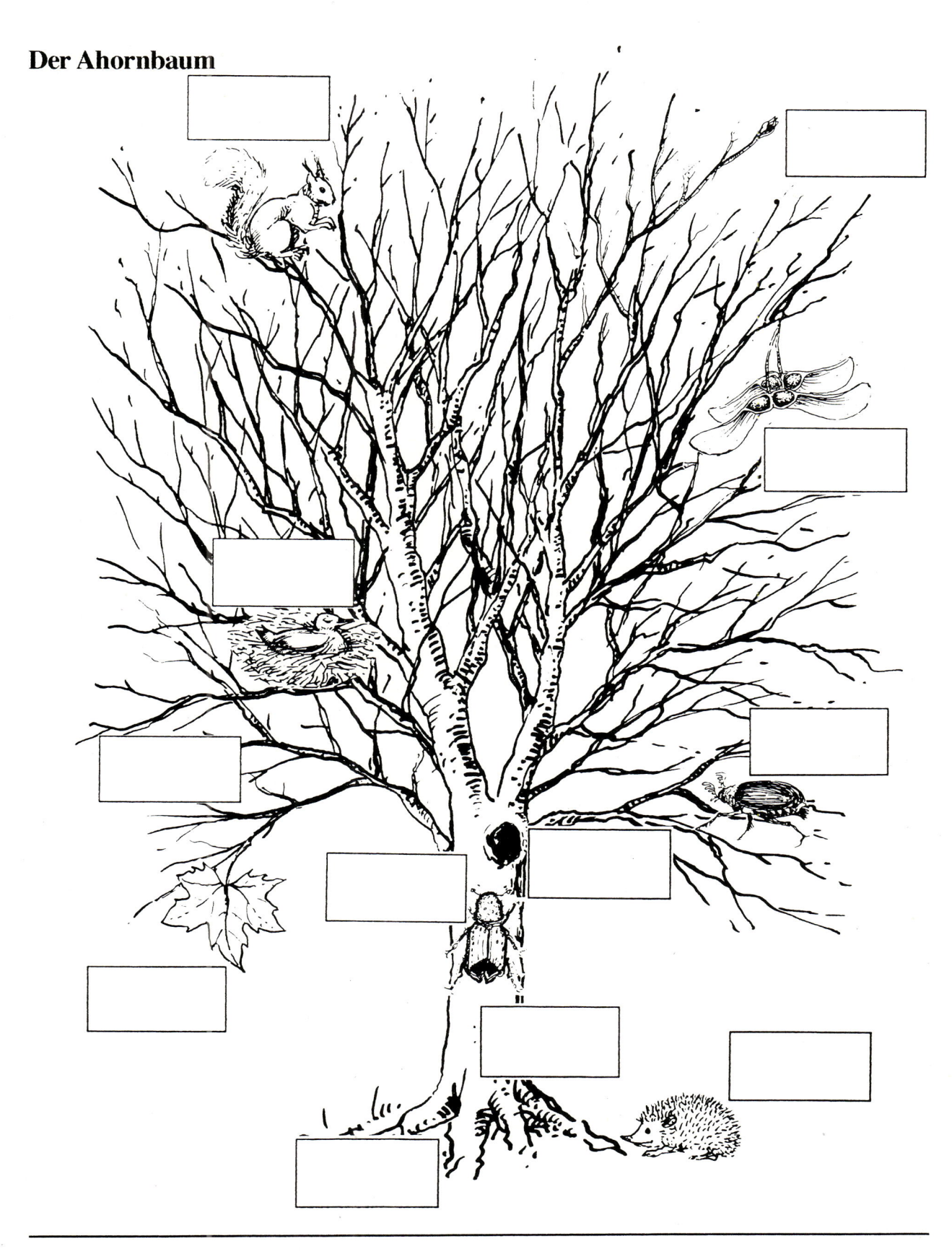

Rhythmische Schulung   A

Der Ahornbaum

Seite 287

A — *Rhythmische Schulung*

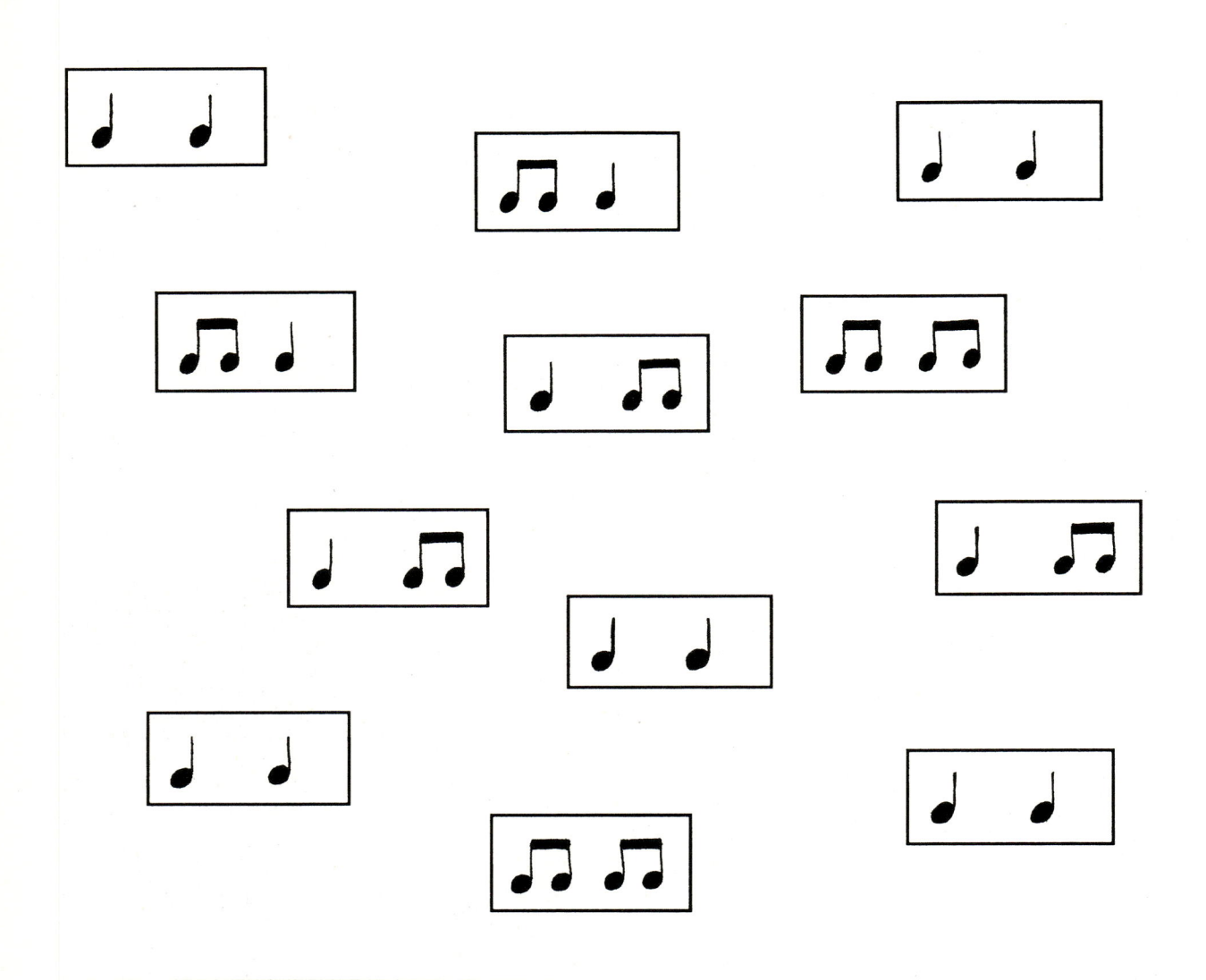

Knospe
Eichhörnchen
Vogelnest
Astgabel
Ahornsamen
Maikäfer

Spechtloch
Borkenkäfer
Ahornblatt
Wurzel
Baumstamm
Igel

Rhythmische Schulung

A

Seite 289

A Rhythmische Schulung

Seite 290

Rhythmische Schulung

Versrhythmen

Wir erarbeiten und üben rhythmische Bausteine anhand von Versen und Liedern.

Verse rhythmisieren: (zu Themen Jahrmarkt, Herbst, Winter)

Falle, falle	♫ ♫	Rabenschwarzer Rabe,	♫ ♫ ♩ ♩
gelbes Blatt,	♫ ♩	guckst du, was ich habe?	♫ ♫ ♩ ♩
rotes Blatt,	♫ ♩	Einen Topf auf dem Kopf,	♫ ♩ ♫ ♩
bis der Baum kein	♫ ♫	einen schwarzen Augenknopf.	♫ ♫ ♫ ♩
Blatt mehr hat	♫ ♩		
weggeflogen	♫ ♫	Sanfter Wind,	♩ ♩ ♩ ♪
alle.	♩ ♩	himmlisches Kind.	♩ ♫ ♩ ♪
		Mache, dass das Rad sich dreht	♫ ♫ ♫ ♩
		und nicht stille steht.	♫ ♫ ♩ ♪
Schlafe wohl, du Ahornbaum,	♫ ♫ ♫ ♩		
denn der Winter dauert.	♫ ♫ ♩ ♩	Sausewind, Brausewind	♫ ♩ ♫ ♩
Auf dem Feld am Waldessaum	♫ ♫ ♫ ♩	dort und hier,	♩ ♩ ♩ ♪
steht der Frost und lauert.	♫ ♫ ♩ ♩	deine Heimat sage mir.	♫ ♫ ♫ ♩

Rhythmische Schulung

Einsteigen, einsteigen, gleich geht's los.

Abfahren, abfahren, das wird famos.

Immer im Kreise, immer rundum,

immer noch schneller geht's mit Tschingbum.

Fiedelhänschen geig einmal,

unser Kind will tanzen,

hat ein buntes Röcklein an,

rundherum mit Fransen.

Ideen für Arbeitsblätter:

Verse	"Nussknacker heiss ich" "Ännchen lauf" "Mi ma mei"	Textkärtchen und entsprechendes Rhythmuskärtchen mit gleicher Farbe übermalen
Vers	"Mik mak mulinak"	Text- und Rhythmuskärtchen ausschneiden, im 4er Takt eigenen Vers zusammensetzen.

Rhythmische Schulung

A

Nussknacker heiss ich	♫ ♫ ♫ ♫
Walnüsse beiss ich	♫ ♫ ♩ ♩
Knacke, knacke macht die Backe,	♫ ♫ ♩ ♩
aus den Schalen werden Stücke	♩ ♫ ♩ ♩
Esst die süssen Kerne	♫ ♫ ♫ ♫
ich bedien euch gerne	♩ ♫ ♩ ♩

- ☐ Ännchen lauf, Ännchen lauf, ☐ ♫ ♫ ♫ ♩
- ☐ Ännchen, halt dein Schürzchen auf. ☐ ♫ ♩ ♫ ♩
- ☐ An dem Bäumchen will ich rütteln, ☐ ♫ ♫ ♫ ♩
- ☐ und ins Schürzlein fallen rein ☐ ♫ ♫ ♫ ♫
- ☐ runde rote Äpfelein. ☐ ♫ ♫ ♫ ♩

Seite 293

A Rhythmische Schulung

Mi ma mei	♫ ♫ 𝅗𝅥
bulle balle bei	♫ ♫ ♫ ♩
bulle balle likaka	♩ ♩ 𝅗𝅥
bulle balle rika	♫ ♫ 𝅗𝅥
bulle balle bei	♫ ♫ ♩ ♩

mik mak	mik mak	♩ ♩	♩ 𝄾
mik mak	mik mak	♫ ♩	♩ ♩
mulinak	knack knack	♩ ♩	♫ ♩
knack	knack	♩ ♩	♩ ♩
mik mak	mulinak	♩ 𝄾	♫ ♩
mulinak	knack	♩ ♩	♩ 𝄾

Seite 294

Rhythmische Schulung

Rhythmussprache und Rhythmuskärtchen   Zwei unentbehrliche Hilfsmittel

Als Einführung hat sich die Rhythmussprache in Verbindung mit den Rhythmuskärtchen bestens bewährt. Wir gehen aus vom Viertel als Grundschlag (Metrum, Beat) und unterteilen ihn mit (berndeutschen) Bewegungswörtern. Alle rhythmischen Grundmuster werden also zunächst vom Viertel aus erarbeitet. Jedem Grundmuster entspricht ein Wort und ein Rhythmuskärtchen. Für die Pausen benützen wir dasselbe Wort, entweder gedacht oder geflüstert. Die berndeutschen Rhythmuswörter lassen sich auch durch solche anderer Dialekte oder der Schriftsprache ersetzen.

Empfehlung für die Unterstufe: Kartonkärtchen werden von der Lehrerin nach Notenwerten sortiert aufbewahrt. So können nur die gewünschten Rhythmuselemente an die Schüler ausgeteilt werden. Auf der Mittel- und Oberstufe besitzt jeder Schüler einen Satz Rhythmuskärtchen. Mit Vorteil werden sie sortiert aufbewahrt. Beim Anblick des Kärtchens "erscheint im Kopf des Schülers das Rhythmuswort" und damit das Klangbild. Sehr bald wird auch der umgekehrte Weg möglich: aus dem Klangbild wird über das Wort das Notenbild assoziiert.

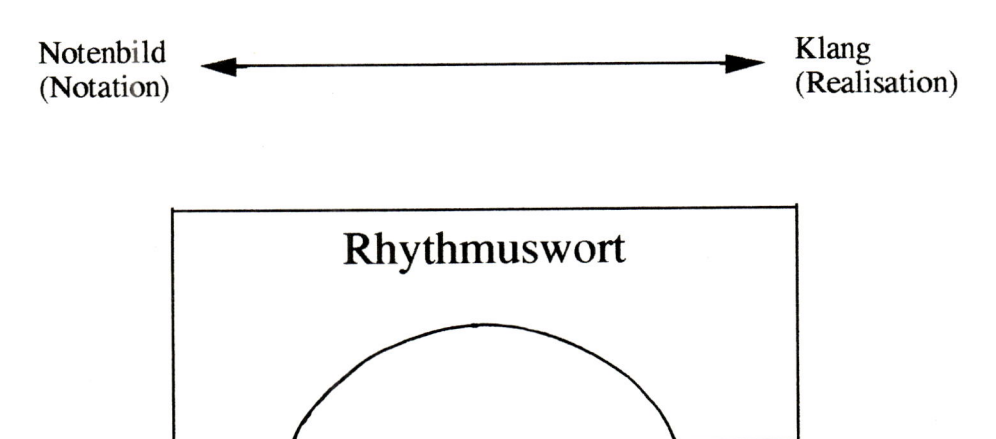

Notenbild (Notation) ←——————→ Klang (Realisation)

Rhythmuswort

Das Rhythmuswort dient also vor allem dem Anfänger als Mittler zwischen dem Notenbild und dem Klang. Später kann auf die Rhythmussprache problemlos verzichtet werden, denn die Erfahrung lehrt, dass nach intensivem Umgehen mit den Grundfiguren dem Schüler die Prinzipien des Aufteilens und Zusammenfassens geläufig sind und es ihm keine Mühe macht, "neue" rhythmische Notenbilder zu erfassen. (Weitere Methode siehe Silbensprache MuOS S. 241)

Rhythmische Schulung

Rhythmussprache

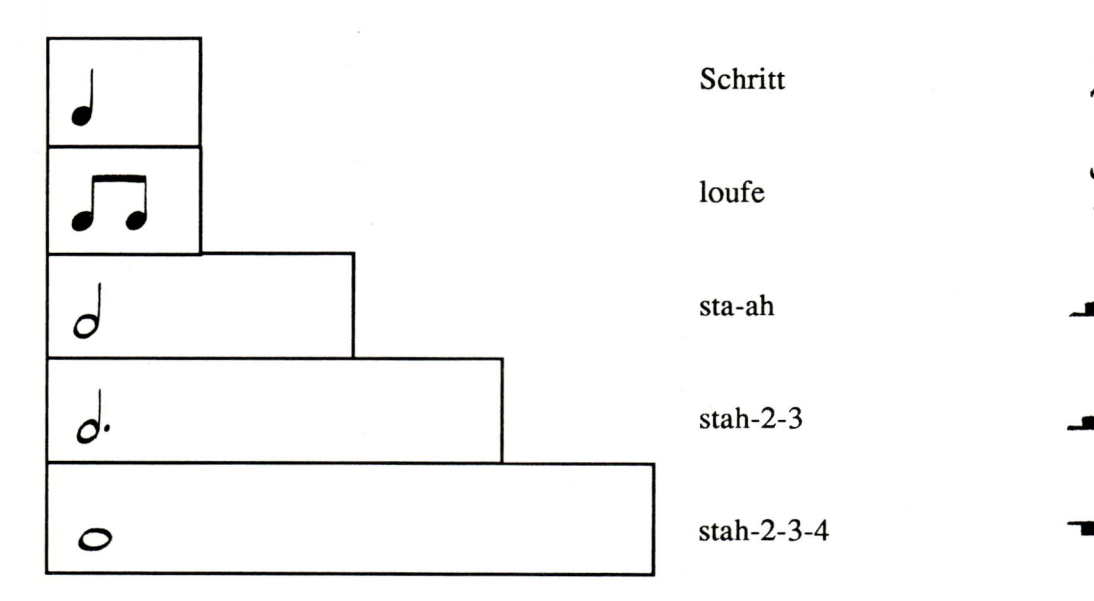

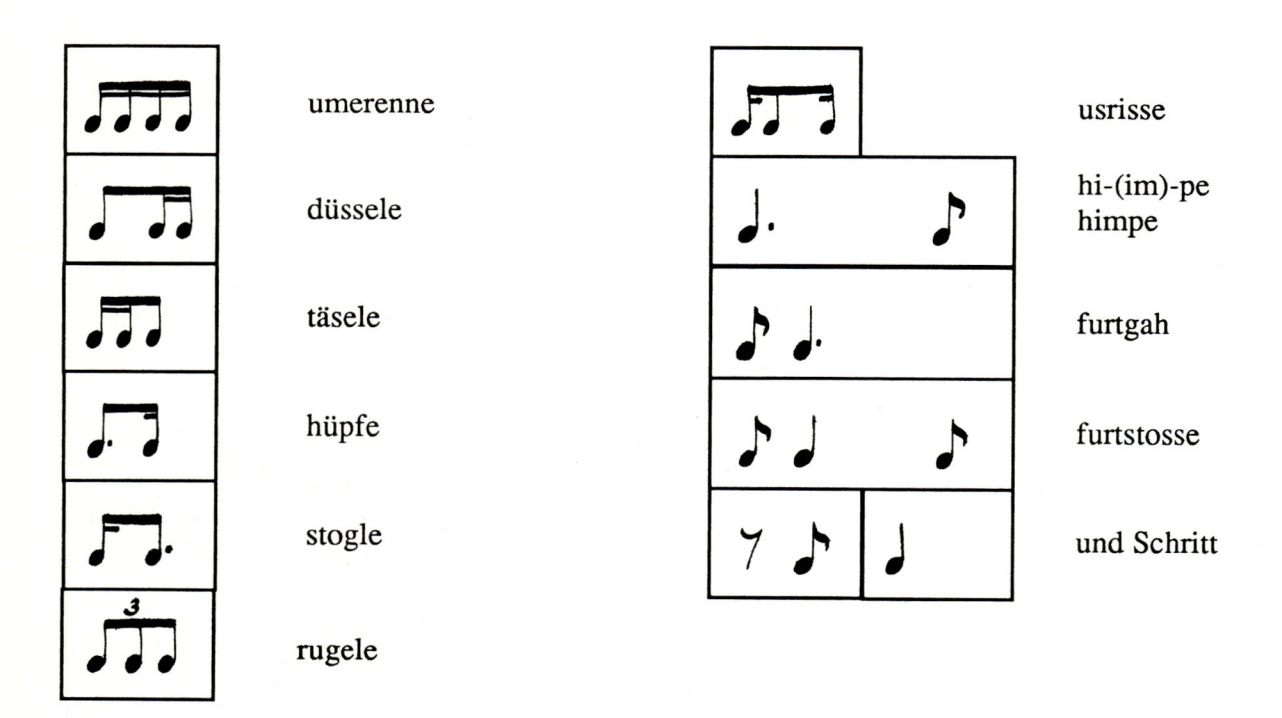

Note	Silbe	Zeichen	
♩		Schritt	𝄽
♫		loufe	𝄾 louf
♩ (halbe)		sta-ah	—
♩. (punktiert halbe)		stah-2-3	—.
𝅝		stah-2-3-4	=

Note	Silbe
♬♬	umerenne
♫♫	düssele
♬♩	täsele
♩.♪	hüpfe
♪♩.	stogle
³♫ (Triole)	rugele

Note	Silbe
♫♫	usrisse
♩. ♪	hi-(im)-pe / himpe
♪ ♩.	furtgah
♪♪ ♪	furtstosse
𝄾 ♪ ♩	und Schritt

Während der Einführung in die Notation sind folgende Begriffe zu erarbeiten:
- die Einteilung in Takte: 2-, 3-, 4- Takt
- Taktstriche, Auftakt, Volltakt
- Wiederholungszeichen, 1. und 2. Schluss

Rhythmische Schulung

Einüben neuer Rhythmus-Elemente

Merke! - Zähleinheit ist die Viertelnote

- Die Rhythmussprache ist immer mit hörbaren oder gedachten Metrumsschlägen anzuwenden

- Pausen werden geflüstert oder "gedacht"

- Beim Klatschen sollen Pausen durch "Schlag in die Luft" angezeigt werden

- Lange Notenwerte und Überbindungen werden "nachgedrückt". (Hände zusammenhalten / sprechen ohne zu klatschen)

Übungsformen

- Sprechen und Klatschen
- in Gruppen zu bekannten Elementen sprechen

z.B.
1. Gruppe ♩ ♩ ♩ ♩
   Schritt Schritt Schritt Schritt

2. Gruppe ♫ ♫ ♫ ♫
   lou-fe lou-fe lou-fe lou-fe

3. Gruppe ♬ ♬ ♬ ♬
   düssele düssele düssele düssele

Neues Element: Lehrer klopft neues Element im Wechsel mit bekannten. Die Schüler "blinken", wenn sie ein neues Element erkennen.
z.B.

♫♫♫ ♬♬♬♬
     blinken

Mischform. Erkennungssignale abmachen.

z.B. ♫♬ = rechte Hand blinkt

♫ = beide Hände blinken

♬ = aufstehen

Wichtig ist, dass die einzelnen Elemente mehrmals wiederholt werden!

Seite 297

Rhythmische Schulung

Übungsformen mit Rhythmuskärtchen

Wichtig! Rhythmuselemente bestimmen, z.B. düssele, Schritt, hüpfe. Bereitstellen lassen und Tempo festlegen. Länge der Motive am Anfang nur auf 3 bis 4 Kärtchen (Zählzeiten) beschränken! Evtl. Schlusswert bestimmen.

Ab Moltonwand 1. sprechen, 2. sprechen und klatschen, 3. nur klatschen

Eigene Motive Die Schüler legen eigene Motive, üben und klatschen/spielen den Rhythmus vor. (Notenwerte auch mit Finger zeigen und in Rhythmussprache mitsprechen. Koordination Sprache und Feinmotorik ist bei vielen Kindern am Anfang nicht vorhanden.)

Fehler finden Lehrer oder Schüler klatscht in einer Rhythmusfolge ein Kärtchen falsch. (Liederbuch, Tafel, Arbeitsblatt)

Einfügen Einfügen des fehlenden Kärtchens.

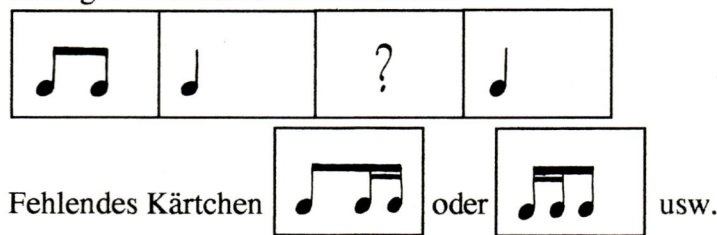

Fehlendes Kärtchen ♫♫ oder ♫♫ usw.

Aufgabenstellung auch durch Schüler!

Motiv erkennen Verschiedene Motive im Raum verteilt (Boden, Molton, Pult...). Jemand spielt ein Motiv. Die Gruppe findet das gespielte Kärtchen heraus.

Kombinieren Wieviele mögliche Rhythmen kann man aus einer Anzahl Kärtchen zusammenstellen, wenn immer alle Kärtchen verwendet werden sollen?

Misch-Masch Die Schüler haben z.B. 4 Kärtchen zur Auswahl. In welcher Reihenfolge werden sie geklatscht?

Diktatformen
- Elemente in Rhythmussprache vorsprechen, Schüler sprechen nach und legen den Rhythmus.
- Mehrmals vorklopfen (klatschen), Schüler klatschen nach und legen den Rhythmus.
- Rhythmisierte Melodie vorsingen oder vorspielen. Schüler singen nach und legen den Rhythmus.

Mastermind Die Schüler legen einen vorgeklatschten Rhythmus. Die Korrektur erfolgt wie im Mastermind-Spiel mit schwarz-weiss.
Beispiel:

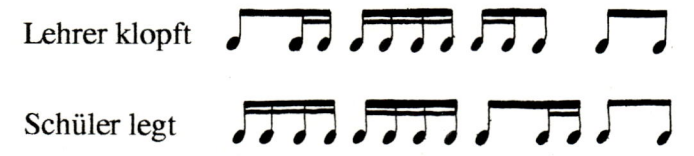

Lehrer klopft

Schüler legt

Korrektur: 2 schwarze Stifte (d.h. am richtigen Ort)
1 weisser Stift (1 Kärtchen richtig ausgelesen, aber am falschen Platz)

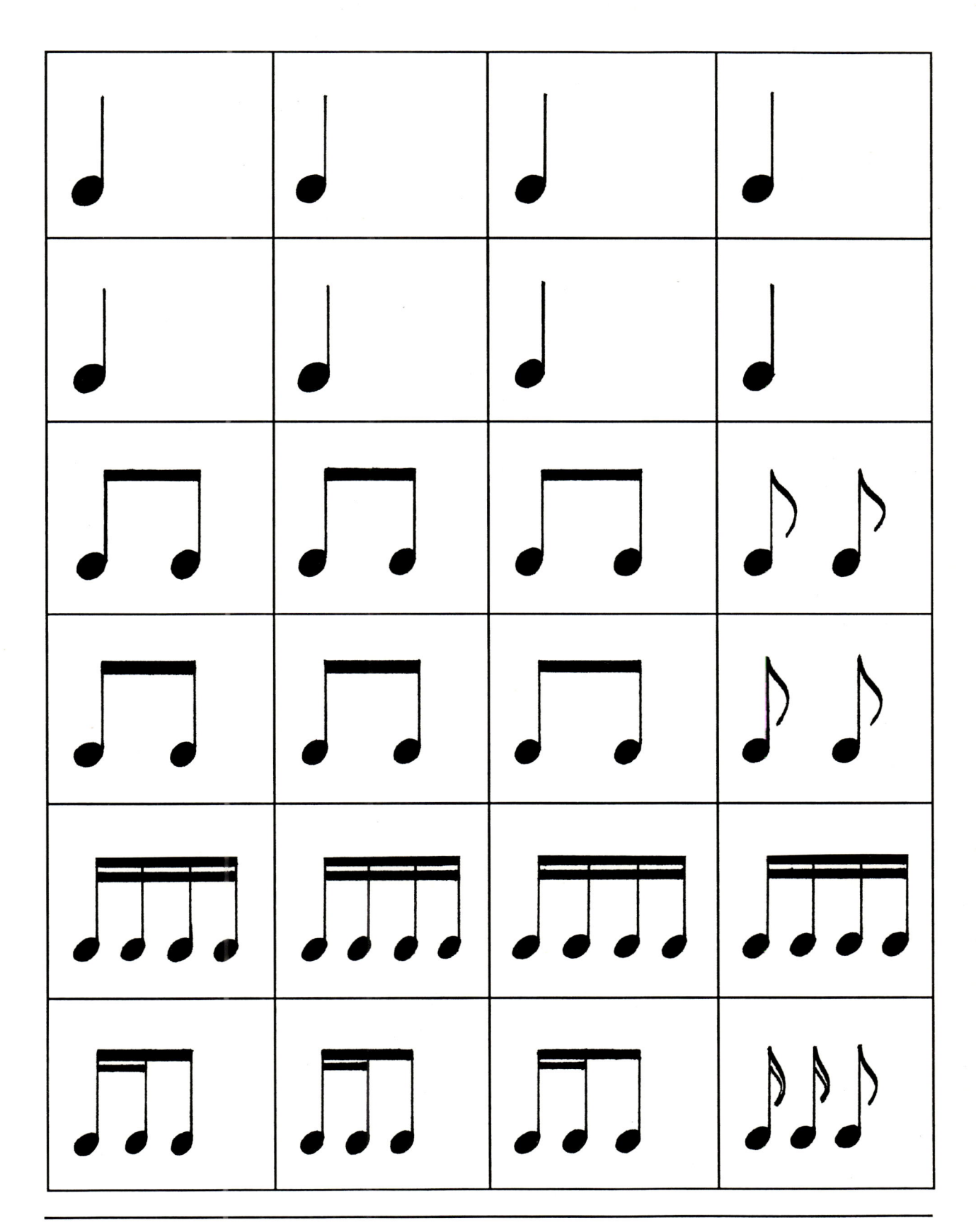

Rhythmische Schulung

A

Seite 299

A Rhythmische Schulung

Seite 300

Rhythmische Schulung

A

Seite 301

Rhythmische Schulung

Bewährte Übungs- und Spielformen

Die aufgeführten Übungen stellen Modelle dar, die auf verschiedenen Schulstufen angewendet werden können. Der Schwierigkeitsgrad muss dem Können der Schüler angepasst werden. Der Weg vom Einfachen zum Schwierigen ist auch hier der erfolgversprechendste.

Echoklatschen mit Pausen

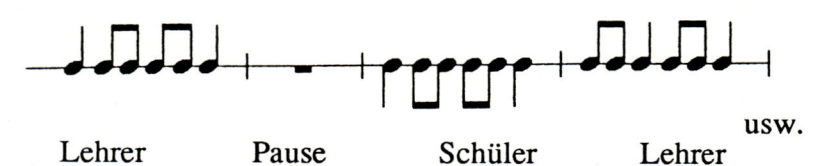

Lehrer — Pause — Schüler — Lehrer — usw.

Kanonklatschen (schwierig)

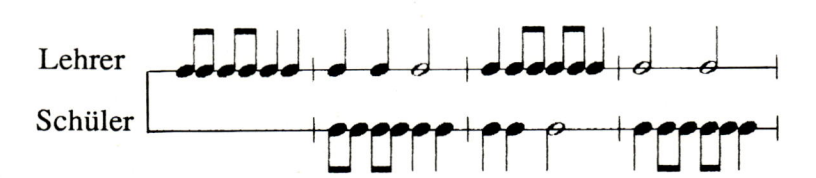

Lehrer / Schüler

Tutti-Solo
- Klasse klopft pp ein Ostinato
  Einzelne Schüler improvisieren Gegenstimme

- Tutti vereinbart   Solo impr.
  Klasse   1./2./3. Solist

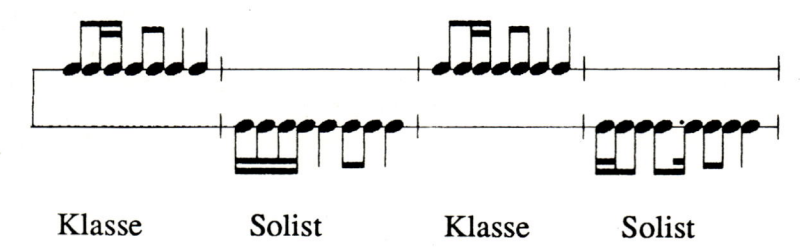

Klasse — Solist — Klasse — Solist

Die Teile können sich auch über 2, 3 oder 4 Takte erstrecken, müssen sich aber in der Länge entsprechen.

Rhythmisches Rondo

wie "Solo-Tutti", aber nach vorbestimmter Form. Bei der Rondoform A-B-A-C-A-D-A wird der A-Teil zum Beispiel von der ganzen Klasse realisiert, während die B,C,D-Teile von Gruppen erfunden, eingeübt und vorgespielt werden.

Rhythmischer Kanon

Wir führen einen Kanon rhythmisch aus und setzen verschiedene Klangfarben ein: 1. Gruppe klatscht, 2. Gruppe klopft, 3. Gruppe spielt Schlaghölzer.
Einen Rhythmus auch von der Wandtafel, vom Arbeitsblatt, von der Moltonwand, von Kärtchen kanonisch realisieren.

Ratespiele

Liedanfänge,
schwieriger: Liedausschnitte aus 1-3 Liedern oder Sprichwörter/Redensarten aus dem Rhythmus erkennen.

Tunnelsingen

Die "Tunnelstrecke" wird nur geklatscht.

Rhythmische Schulung

Rhythmen würfeln Auf alle Seiten von Kartonwürfeln Rhythmuselemente kleben. Viermal würfeln, den ausgewürfelten Rhythmus legen, klatschen, sprechen.

Rhythmustelefon Kolonne oder Kreis:
Ein auf den Rücken geklopfter Rhythmus wird ebenso weitergegeben.

Rhythmusschlange Kreis. Der erste Schüler erfindet einen Rhythmus (Länge: 2 Rhythmuselemente). Der nächste Schüler wiederholt ihn und fügt seinen Rhythmus dazu. Alle vorausgegangenen Rhythmen werden also wiederholt, bevor etwas Neues dazugefügt wird. (Auch als Gedächtniswettkampf zwischen Gruppen).

Rhythmustelefonnummern Vier oder fünf einfache Rhythmen werden an die Tafel geschrieben und mit Nummern versehen.

Nun erhält jedes Kind einen Zettel mit einer vier- oder fünfstelligen Zahl, seine "Telefonnummer" z.B. 1432

Nun können sich die Kinder gegenseitig anrufen. Ein Kind wählt eine willkürliche Zahl, d.h. es spielt den Rhythmus in dieser bestimmten Reihenfolge. Das Kind, das seine "eigene" Telefonnummer erkennt, reagiert. Anschliessend "wählt" es seinerseits eine neue Nummer.

A Rhythmische Schulung

Übungsmaterial mit o 𝅗𝅥 ♩ ♫ ♬ 𝄾

1.

2.

3.

4.

5.

6. zweistimmig

7.

Gleicher Rhythmus (im doppelten Tempo notiert) dazu

Seite 304

Rhythmische Schulung   A

8

Gleicher Rhythmus (im Krebs notiert) dazu:

Auch Übungen 1-7 im Krebs klatschen.

Übungsmaterial mit

9

10

11

12

13

14

15

Seite 305

Rhythmische Schulung

Übungsmaterial mit ♩ ♫ ♬ ♩.♪ ♫ ♬³

Seite 306

Rhythmische Schulung

"Ratatouille"

26–30 (sheet music exercises)

Übungsmaterial mit ♩ ♪ ♫ ♬ ♬ ♪♪ 𝄾 𝄿

31–34 (sheet music exercises)

Seite 307

A Rhythmische Schulung

35

Die folgenden drei Übungen sollten genau gleich tönen. In 36b und 36c ist aber je ein Fehler versteckt. Findest du sie?

36a

36b

36c

37

38

39

Zuletzt noch eine Knacknuss

40

Seite 308

Rhythmische Schulung　　A

12 x vom Einfachen zum Schwierigen

Die Übungen a–d lassen sich mit verschiedenen Klangfarben auch gleichzeitig ausführen

1 a

b

c

d

2 a

b

c

d

3 a

b

Seite 309

A Rhythmische Schulung

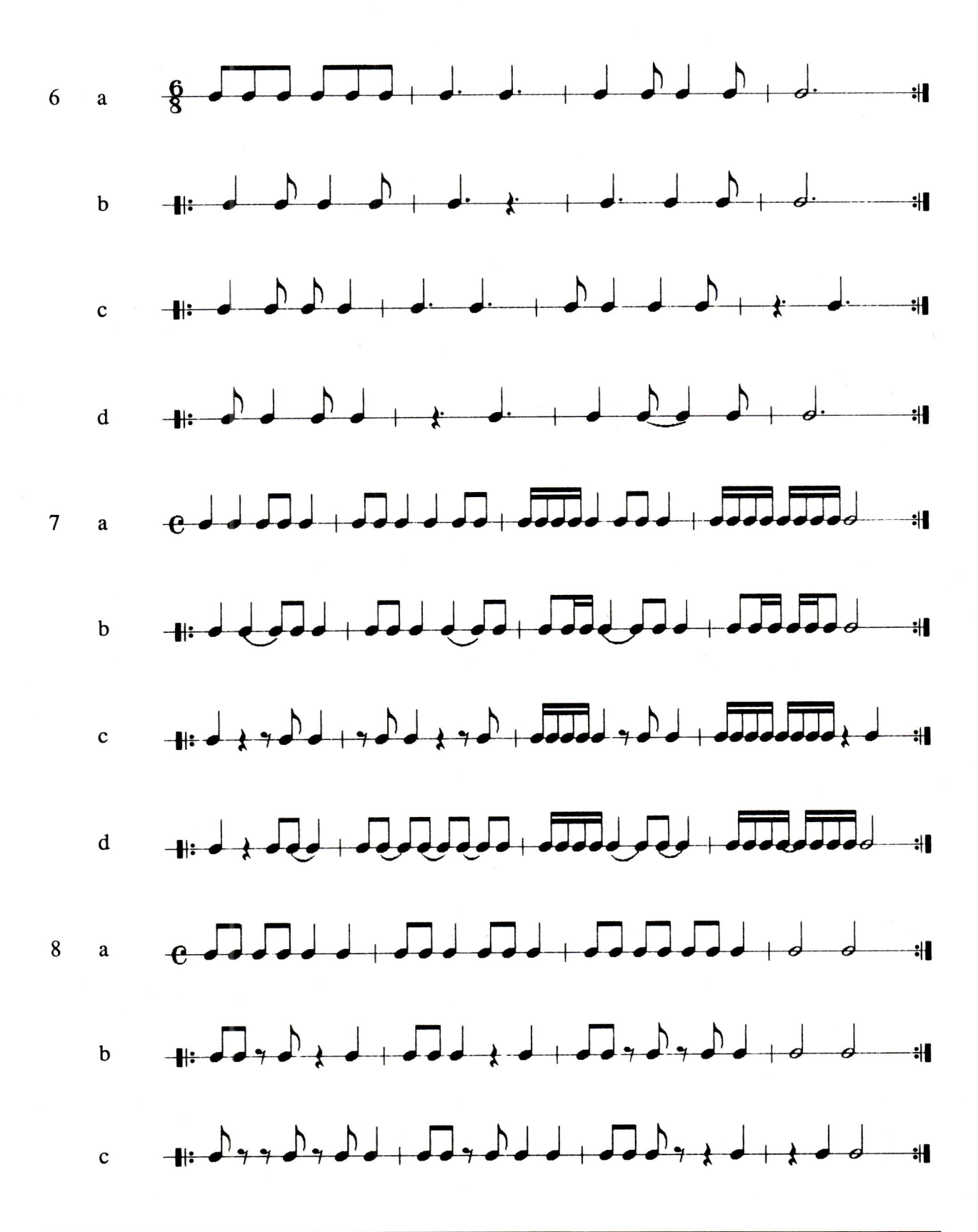

Rhythmische Schulung

A

A Rhythmische Schulung

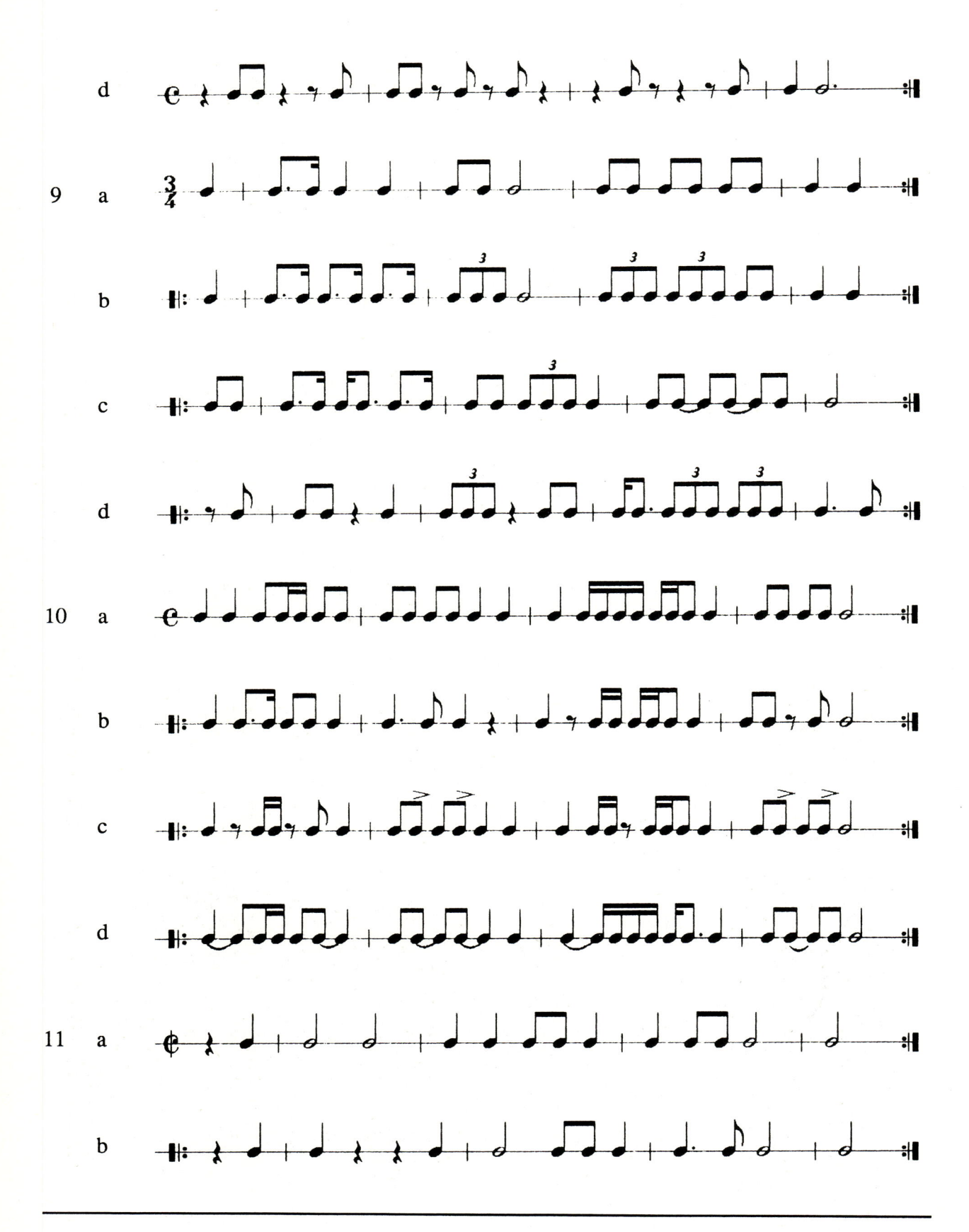

Rhythmische Schulung

A

c

d

12 a

b

c

d

Seite 313

Rhythmische Schulung

Ein Grundrhythmus mit Veränderungen

Diese Übungen sind geeignet zur inneren Differenzierung und für Mehrklassenschulen!

als Kanon   a)   1.   2.

               b)   1.   2.   3.   4.

               c)   1.   2.

Mit Akzenten

Mit Haltebogen

Mit Pausen

Seite 314

Rhythmische Schulung

Mit dynamischen Angaben

oder

oder

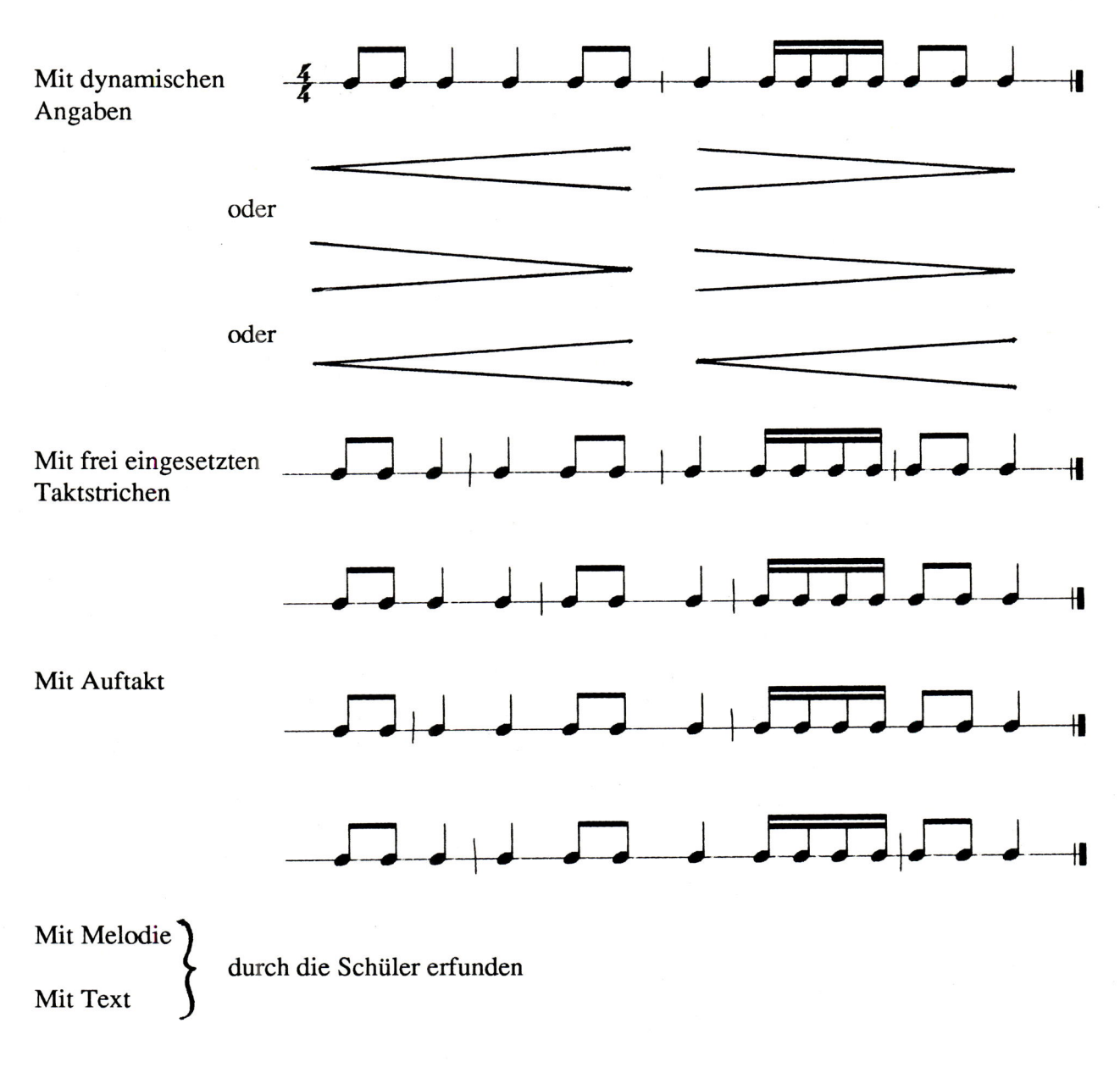

Mit frei eingesetzten Taktstrichen

Mit Auftakt

Mit Melodie
Mit Text } durch die Schüler erfunden

Siehe MuOS Lehrerheft 2, Seite 53

Rhythmische Schulung

Erarbeiten von Rhythmen mit Haltebogen

In der Rhythmussprache sprechen; Haltebogen nicht beachten.
Die angebundenen Noten (*) nicht klatschen.

Schwierige Rhythmen mit Pausen

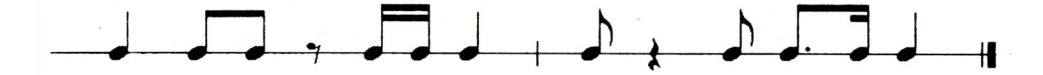

Die Schüler erkennen die Rhythmuselemente besser, wenn wir die Pausen vorerst durch entsprechende Notenwerte ersetzen.

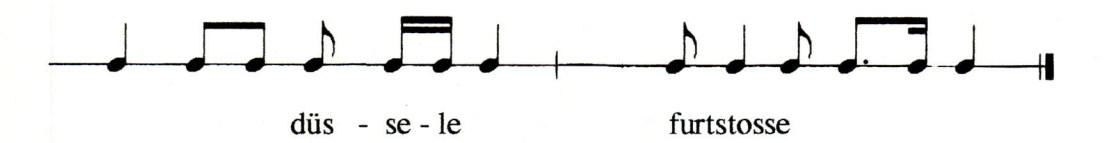

düs - se - le   furtstosse

Nun werden die Pausenwerte in die Luft geschlagen

Schwierige Rhythmen mit Zählzeiten erarbeiten
(siehe auch "Rhythmische Übungen für Hände und Füsse")

Wenn man zu einem Rhythmusmotiv kein Rhythmuswort findet, ist es durchaus angebracht, neben der "Papageien-Methode" (vormachen - nachmachen) den Zählzeitenraster zu Hilfe zu nehmen.

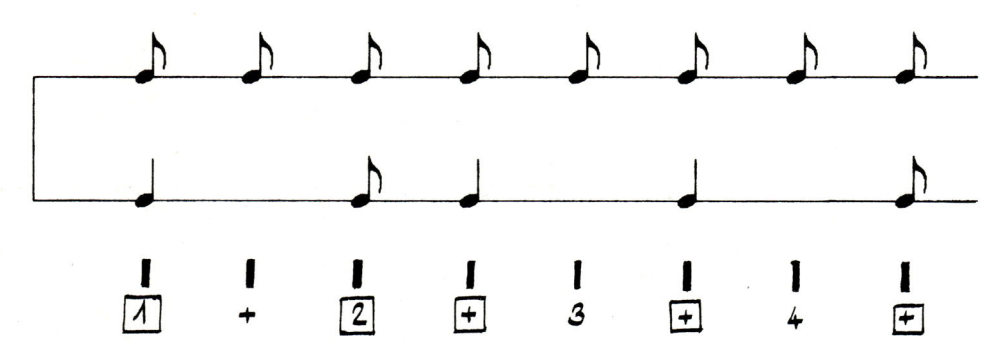

Rhythmische Schulung

Betonte/unbetonte Schläge: Takte

Definition:	Takte entstehen durch den regelmässigen Wechsel von betonten und unbetonten Gleichschlägen. Die erste Zählzeit im Takt erhält eine Betonung. Achtung: Andere Betonungsmuster bei Rock und Jazz! Eine sich wiederholende Betonung bringt "Ordnung in die Bewegung" (Plato).

Metrum

3er Takt

4er Takt

Beliebige Betonung	in gemeinsamem Tempo gehen, jedes betont nach eigenem Gutdünken durch Stampfen, Klatschen o.a. Gleiches Spiel mit Instrumenten.
Betonungsmuster	Durch regelmässige Betonung entsteht ein "Betonungsmuster", eine Taktart. Bei jedem Muster ist die Betonung auf "Eins". Jedes Kind betont z.B. auf einem Klangstab die 1 seines Musters. Wir starten miteinander. So entsteht eine sich dauernd leicht verändernde Betonungsmelodie.
Kettenspiel	s. "Wandernde Metrumsschläge" bei "Metrum und Tempo" Seite 280. Diesmal werden aber Taktmuster geklatscht : betont - unbetont (auch mit verschiedenen Klanggesten). Auch Schläge auslassen. Das Auslassen von Schlägen bedeutet nicht einfach ein Fehlen oder Wegfallen derselben, sondern ist das Gegenstück zur Betonung. Ausgelassene Schläge sind nicht hörbar, weil sie nur innerlich gespielt werden.
Betonung durch Bewegung	Spiellied. Im Teil A: Ferse-Spitze-Ferse-Spitze (Ferse auf Betonung). Im Teil B entsprechende Gebärden dazu machen

        Teil A   Zeigt <u>her</u> eure <u>Fü</u>sse
                   zeigt <u>her</u> eure <u>Schuh</u>
                   und <u>se</u>het den <u>fleis</u>sigen
                   <u>Waschfrauen zu:</u>

        Teil B: //: Sie waschen, sie waschen
                      den lieben langen Tag://

Rhythmische Schulung

Taktarten

Taktarten aufnehmen, wechseln
Lehrer und Schüler gehen zu einem Metrum. Der Lehrer bildet Takte durch Betonen einzelner Schläge. Die Schüler nehmen die Taktart auf - (klatschen, stampfen, Gesten). Lehrer oder Schüler verändert die Betonung.

Taktart als Form legen
z.B. mit Rhythmiktüchern Taktarten legen.

☐ 4er   △ 3er   ⬠ 5er

Taktarten auch aus Papier ausschneiden. Gelegte Taktarten nachzeigen und dazu spielen (Dirigent und Instrumentalisten)

Taktarten legen
mit Astholz, Steinen, Knöpfen u.s.w.

Taktart mit Betonungszeichen kennzeichnen

Taktart mit Takthäusern kennzeichnen

Taktart mit Taktstrichen kennzeichnen

Takthäuser bauen
mit Rhythmuskärtchen 2er-, 3er-, 4er-Takthäuser bauen, jedes Stockwerk anders.
Stockwerke eines Hauses nebeneinander reihen, mit Taktstrichen abtrennen.

Arbeitsblätter S. 319/320
Auf beiden Arbeitsblättern Stockwerke analog bauen, auf Blatt 320 ausschneiden und auf vorbereitetem Blatt 319 nebeneinander kleben. Taktstriche setzen.

Zu Liedern und/oder Begleitmusik
- linke Hand schlägt Metrum, rechte Hand schlägt betonte Eins
- die Schüler taktieren mit den elementaren Taktbewegungen (siehe MuOS S. 37)
- siehe auch Blätter Klanggesten und rhythmische Liedbegleitungen
- Wechsel von Taktarten spüren: Liedbeisp. US Nr. 223/217/194/192/188/47. Taktwechsel bewegungsmässig darstellen.

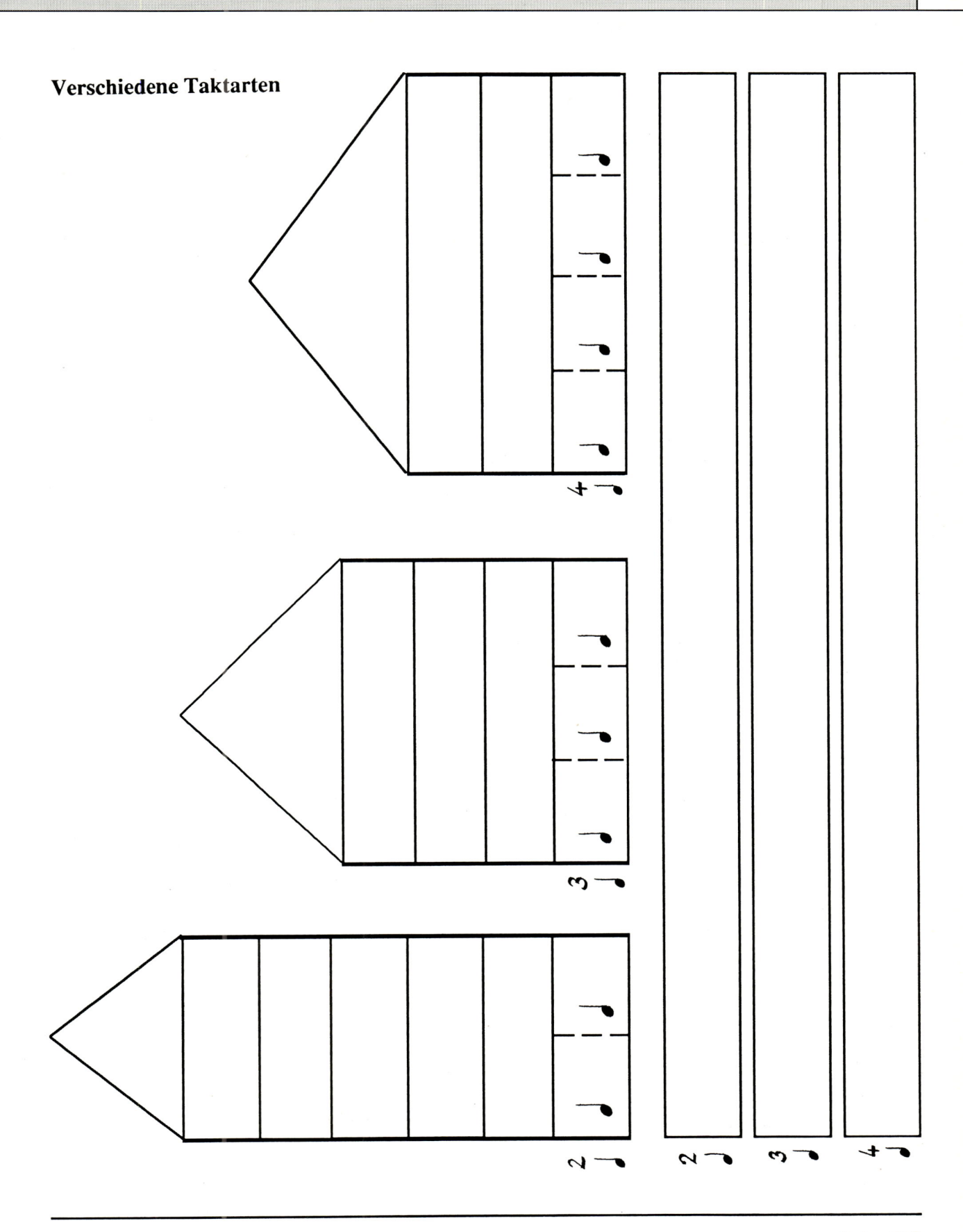

Rhythmische Schulung A

Verschiedene Taktarten

Seite 319

A Rhythmische Schulung

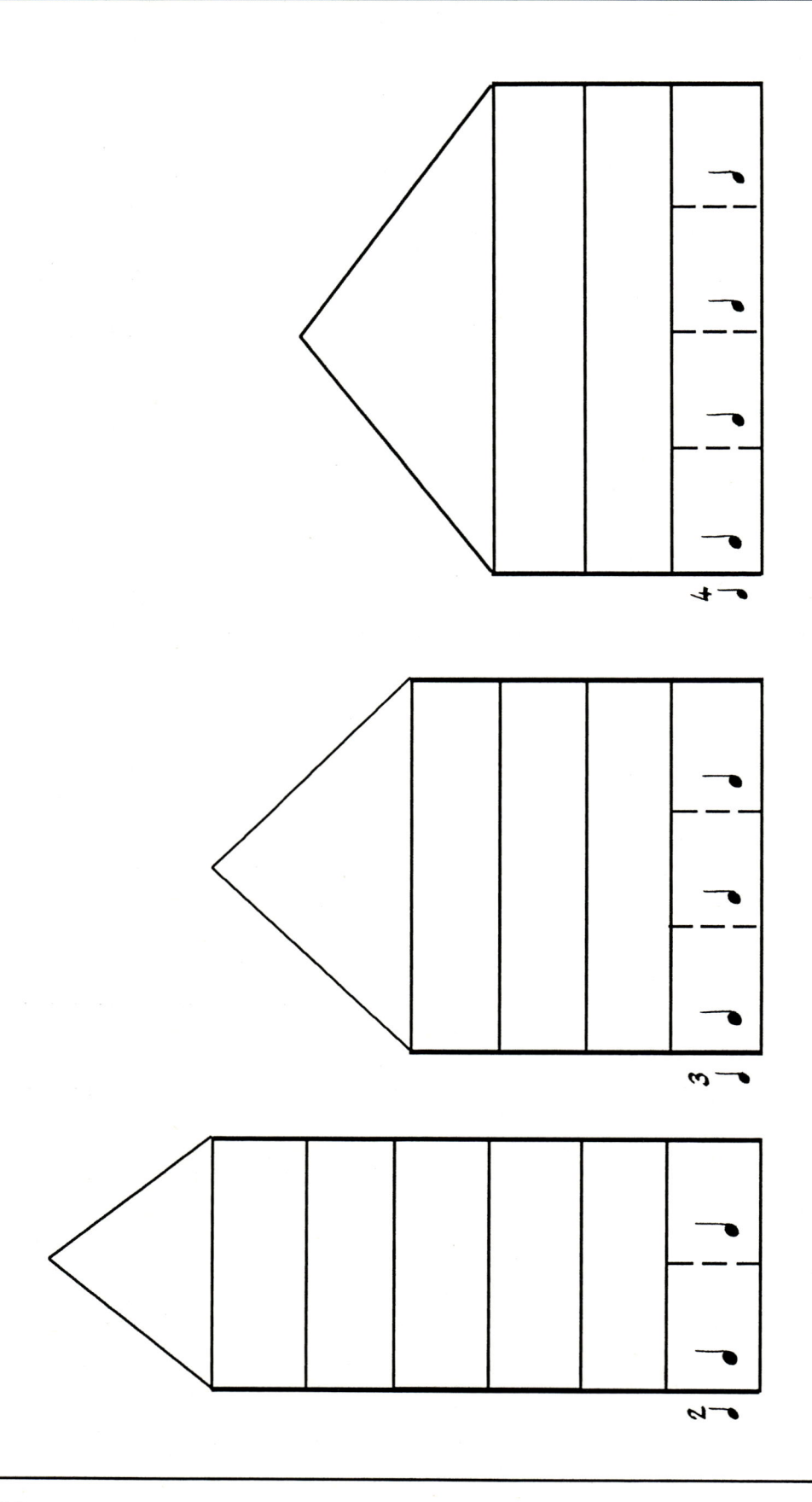

Seite 320

Rhythmische Schulung

A

Taktstriche setzen/Takte vervollständigen:

Setze die Taktstriche

Vervollständige die Takte

Der folgende Rhythmus kann in verschiedenen Taktarten geschrieben werden. Dazu müssen aber an einigen Stellen Noten abgeändert werden.

Seite 321

Rhythmische Schulung

Taktgliederung und Sprache

Auch bei Wörtern unterscheiden wir betonte und unbetonte Silben.

Wir suchen 2/3/4 Takt Wörter:　　**On** kel **On** kel **On** kel **On** kel

El fen bein **El** fen bein **El** fen bein

Schul ar bei ten **Schul** ar bei ten

Oft ist nicht die erste Wortsilbe betont. Die Wörter beginnen also mit Auftakt:

(em **por** / ver **beu** gen / er **le** di gen / E **li** sa beth / Er **geb** nis)

Bei Gedichten und Liedern, bei allem, was in Versen geschrieben ist, spielt der Wechsel von betont und unbetont eine besondere Rolle (siehe Versfüsse).

Wir setzen Liedtexte oder Verse unter eine Folge von gleichmässigen Schlägen. Metrum

Betonte Silben unterstreichen.
Vor den betonten Silben Taktstriche eintragen.
Taktart bestimmen (Zeichen der Taktangabe)

<u>Heis</u> - sa, Kath - | <u>rei</u> - ner - le, | <u>schnür</u> dir die | <u>Schuh</u>

　　　　　　　　- Gliederung in Dreiertakte (volltaktig)

Der | Bel - -lo | von der | Lei - ne | stiebt, weil | er ge - | worf - ne | Stei - ne | liebt

- Gliederung in Zweiertakte

- Taktbeginn mit unbetonter Silbe: Auftakt

- Auftakt + Schlusstakt ergänzen sich zu einem ganzen Takt.

Rhythmische Schulung

A

Akzentverschiebung in einer Achtelkette:

Auf die Betonung kommt es an!

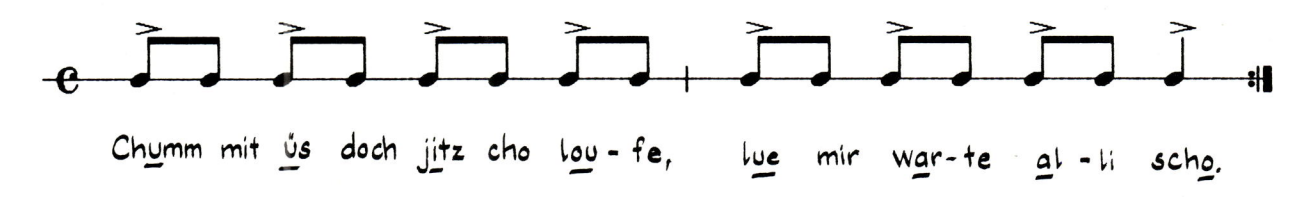

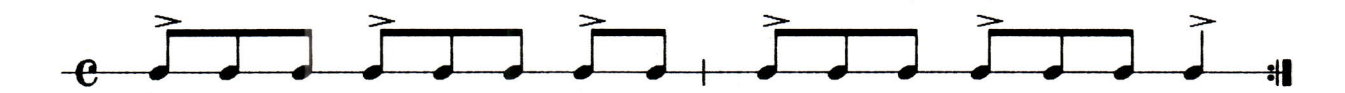

Chumm mit üs doch jitz cho lou-fe, lue mir war-te al-li scho.

Chumm doch jitz, chumm doch jitz änd-lech! Chumm doch jitz, lahn is nid stah.

Chumm doch jitz, chumm doch änd-lech. Chumm doch jitz wei mir gah.

Erste und zweite Zeile lassen sich taktweise austauschen und kombinieren.

Beispiel mit Namen von Ortschaften:

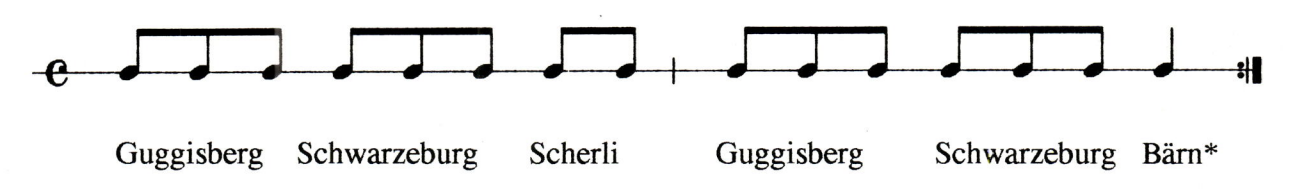

Guggisberg Schwarzeburg Scherli Guggisberg Schwarzeburg Bärn*

* Achtung! Nicht zu lang!

Suche in deiner Gegend passende Ortsnamen!

Für lateinamerikanische Musik vielleicht eher:

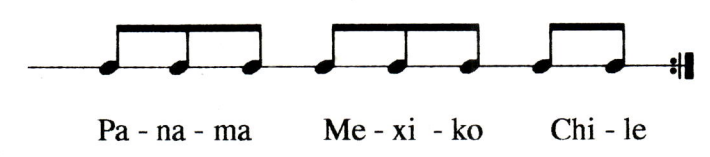

Pa-na-ma Me-xi-ko Chi-le

Seite 323

Rhythmische Schulung

Achtel als Zählzeit

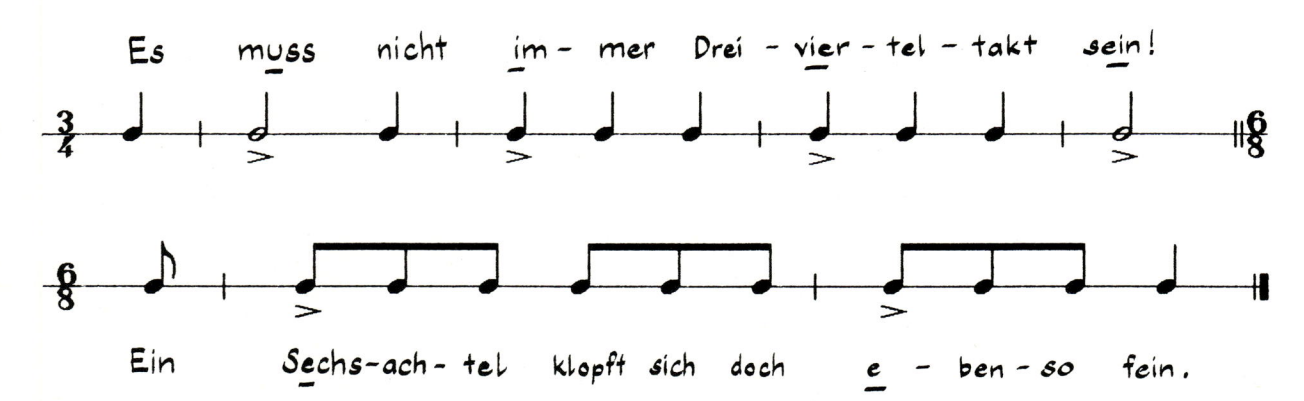

Es muss nicht immer Dreivierteltakt sein!

Ein Sechsachtel klopft sich doch ebenso fein.

Zählzeit:

Seite 324

Rhythmische Schulung

Ungewohnte Taktarten

☞ MuOS 4.33; 4.36; 5.32; 4.68

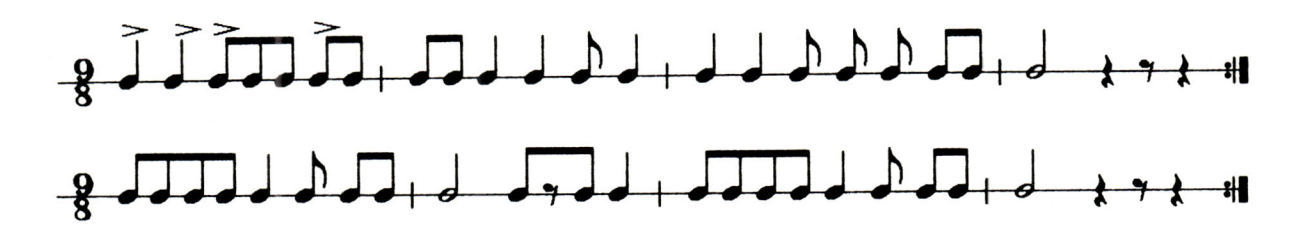

☞ MuOS 4.35; 4.22

A   Rhythmische Schulung

Taktwechsel

B. Bartók

Mädchen: Willst du denn nicht mit mir tan-zen, kommst du nicht, kommst du nicht?

klatschen

patschen

Knaben: Ha-be kei-ne Lust am Tan-zen, kom-me nicht, kom-me nicht!

Aus: Uebung für Schlagwerk (Handtrommel) Ed. Schott Nr. 3552a

Hans Bergese

Pfeifen/Summen

Trommel r. H.

Trommel l. H.

Seite 326

Rhythmische Schulung

Körpereigene Instrumente/Klang-Gesten

Klatschen	im Raum (links, rechts, hinter Rücken), auf Handrücken
Patschen	auf Oberschenkel (links, rechts, beidhändig)
Schnippen	mit den Fingern
Schnalzen	mit dem Mund
Stampfen	mit den Füssen (links, rechts, beidfüssig)
Klopfen	mit den Fingern, mit den Händen (auf Pult und Gegenstände)
Herumgehen	Tanzschritte

Geräuschlose rhythmische Bewegungen
siehe auch Tanzchuchi

Kopf	nicken, drehen
Schultern	auf- und abbewegen, rollen
Arme	strecken, beugen, nur Unterarme bewegen
Hände	Hände öffnen, schliessen, drehen
Oberkörper	beugen, seitwärts, drehen
Beine	schwingen, heben, beugen

Beispiele

Metrum/Takt	schnippen / klatschen / patschen / stampfen
Taktwechsel / Taktwechsellieder	klatschen / stampfen
Rhythmische Ostinati	klatschen / patschen l/r / stampfen
On/off-Beats	klatschen / stampfen
Akzente	klatschen / klopfen (Pult)

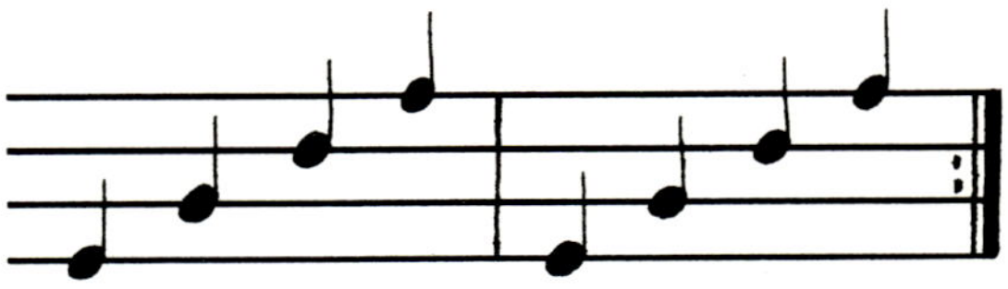

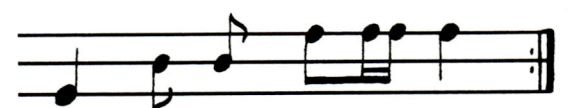

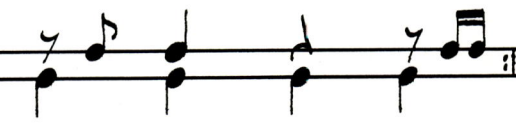

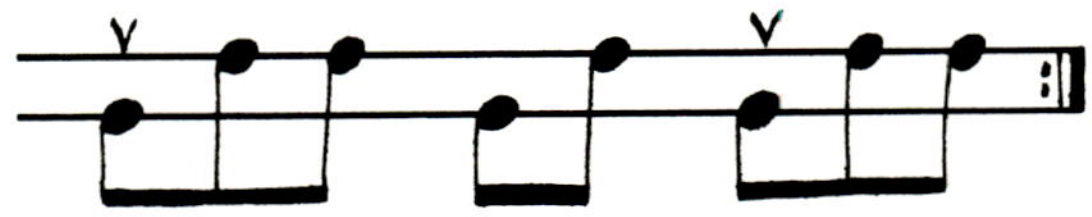

Rhythmische Schulung

Rhythmische Liedbegleitung

Simi jadech aus Israel

Si - mi ja-dech be - ja - - di a - ni sche - lach we at sche - li

Hej, hej, Ga - li - ja, bat ha - rim je - fei - fi - a.

la ....

Möglichkeiten US bis OS

			Instrumentierung
Motiv aus Melodierhythmus			Handtrommel
Metrum/Takt	klatschen patschen stampfen		Hi-Hat Snare Grosse Trommel
On-/Off-Beat	off-beat on-beat		Röhrentrommel Bongos
Ostinato 1			Becken
Ostinato 2			Guiro
Akzente setzen	oder nur		Congas Holzblock
freie Improvisation	z. B.		Schlaghölzer

Vorerst können alle Schüler die rhythmische Begleitung mit Klatschen/Klopfen/Körperinstrumenten/lernen/üben. Später: Schlagwerkgruppe - Gesangsgruppe - Bewegungsgruppe.
Der Lehrer trifft eine Auswahl der Begleitmöglichkeiten nach Stufe und Können der Schüler.

Rhythmische Schulung

Beispiel Unterstufe

US Nr. 157. Ding, dong

1. Ding, dong di-gi-di-gi-dong, di-gi-di-gi-dong, die Katz ist krank. di-gi-di-gi-ding dang dong. Sie liegt im Garten draussen und mag nicht gerne mausen. Ding, dong, di-gi-di-gi-dong, di-gi-di-gi-ding dang dong.

2. Ding, dong ... der Hund ist krank. Er bellt nicht mehr sein wu-wu-wu und lässt heut alle Leut in Ruh.

Rhythmische Ostinati aus dem Textrhythmus des Liedes abgeleitet:

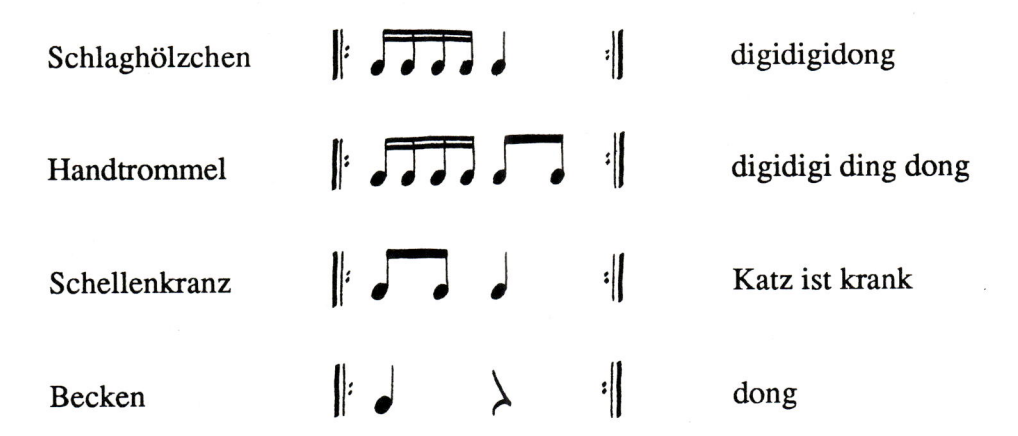

Schlaghölzchen	𝄆 ♫♫♩ 𝄇	digidigidong
Handtrommel	𝄆 ♫♫♫ 𝄇	digidigi ding dong
Schellenkranz	𝄆 ♫ ♩ 𝄇	Katz ist krank
Becken	𝄆 ♩ 𝄾 𝄇	dong

Wenn die Schüler einzelne oder mehrere Ostinati spielen können, sind verschiedene Aufführungsmöglichkeiten denkbar, z.B.

1. Melodie des Liedes mit Flöte spielen
2. Lied singen
3. Singen und 1. Ostinato
4. Singen und 1. und 2. Ostinato
5. Singen und 1., 2. und 3. Ostinato
6. Singen und 1., 2., 3. und 4. Ostinato
7. Als Zwischenspiel nur alle Ostinati miteinander
8. Singen und Flöte und alle Ostinati

Rhythmische Schulung

Rhythmische Übungen für Hände und Füsse

Linke und rechte Hand klopfen auf linken und rechten Oberschenkel

Rechter oder linker Fuss

Man kann mit der rechten oder mit der linken Hand beginnen

Akzente setzen

auf 1 und 3
auf 2 und 4+
auf 1,2+, 3,4+ u.s.w.

auf 2 und 4

auf 2+ und 4

Veränderung der Fussrhythmen

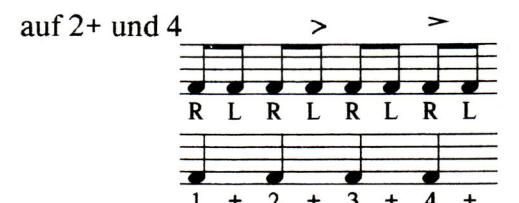

schwierig, wenn Rhythmen im Fuss und Akzente in den Händen kombiniert werden.

nach Schlagzeugerart

rechte Hand auf rechtem Schenkel

linke Hand auf linkem Schenkel

rechter Fuss

auf dem Schlagzeug gespielt

Hi-Hat oder Becken

Snare Drum

Bass-Drum (Fusstrommel)

Discorhythmus

rechte Hand

linke Hand

rechter Fuss

rechte Hand = Rhythmus

linke Hand = Akzente

Füsse = Beat

auf dem Schlagzeug wie oben gespielt. Als Übung auch mal den linken statt den rechten Fuss nehmen; die l + r Hand tauschen.

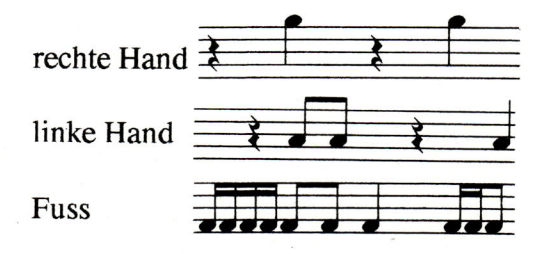

rechte Hand

linke Hand

Fuss

Seite 330

Rhythmische Schulung

Percussion

Percussionsinstrumente haben in allen Ebenen der Musikerziehung grosse Bedeutung, da sie elementare Musikalität ermöglichen, wirklich aktuell in der musikalischen Praxis sind und eine grosse Faszination ausüben (K. Diewald).

Übersicht über die Percussionsinstrumente:

Membranophone: Resonanzkörper (Kessel, Zylinder, Rahmen u.s.w.) mit ein oder zwei Fellen bespannt, Anschlag mit Schlegel, Trommelstock, oder mit der Hand.

Idiophone: Holz- oder Metallidiophone. Diese Instrumente werden geschüttelt, gegeneinander geschlagen oder gerieben.

Effektinstrumente: Hier lässt sich fast jeder Gegenstand verwenden: Schreibmaschine, Flaschen, Kochtopf, Löffel u.s.w.

Notation der Percussionsinstrumente

Es werden graphische Symbole verwendet, um sofort erkennen zu können, um welches Instrument es sich handelt. Der Schreibarten sind viele! Jede Percussionsschule verwendet andere Zeichen. Für die Schule ist es wichtig, einmal verwendete Zeichen beizubehalten, seien es nun kopierte oder selber erfundene. Die Schüler werden sich an diese gewöhnen und sie leichter lesen. (Siehe S. 333)

Membranophone:

Tom Tom   je nach Anzahl (hier 4 Stück)   Handtrommel und Schellentrommel

Congas

Pauken

Bongos

Idiophone - Holz

Tempelblöcke

Holzblocktrommel

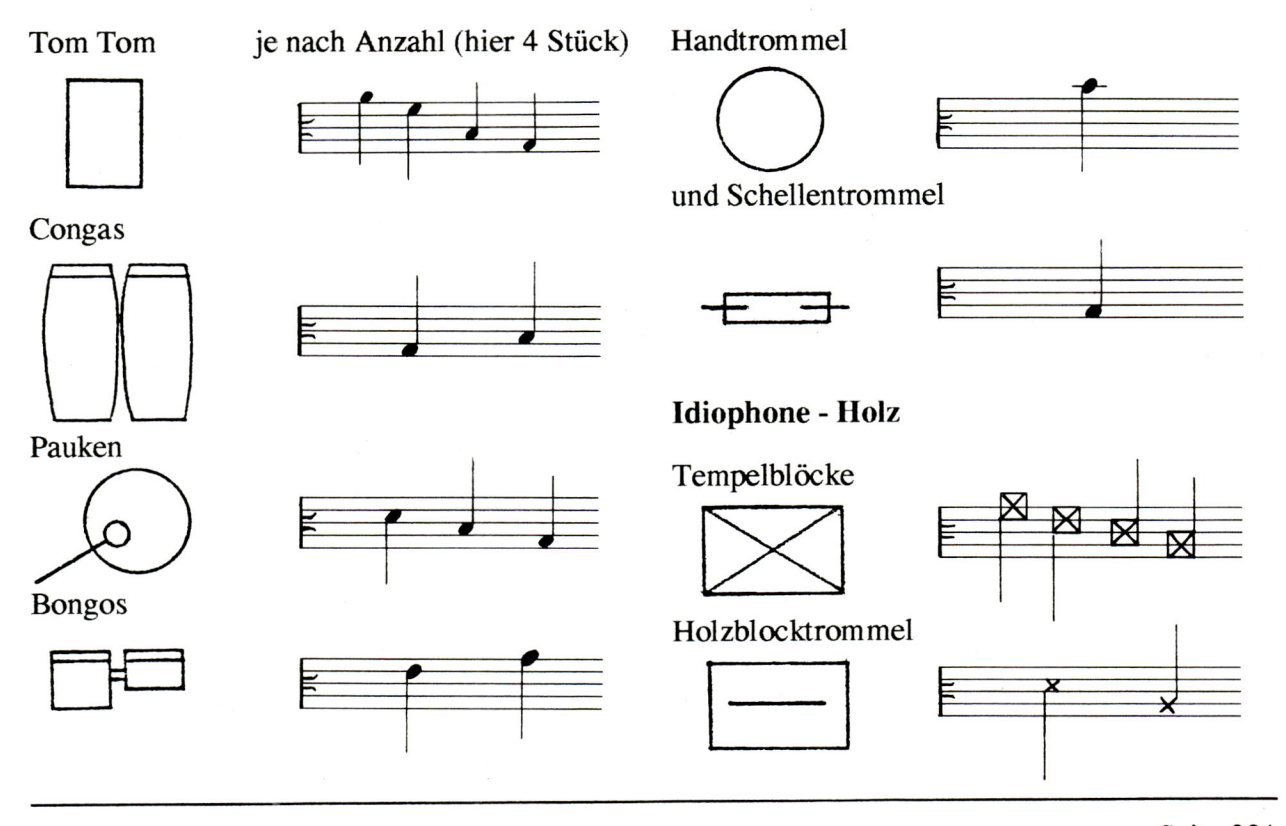

Rhythmische Schulung

Guiro (Gurke, Fisch, Reco-Reco)

Tubo (Schüttelrohr)

Holztomtom

Claves (Schlagstäbe, Klanghölzer)

Wooden-Agogo (Doppelglocke aus Holz)

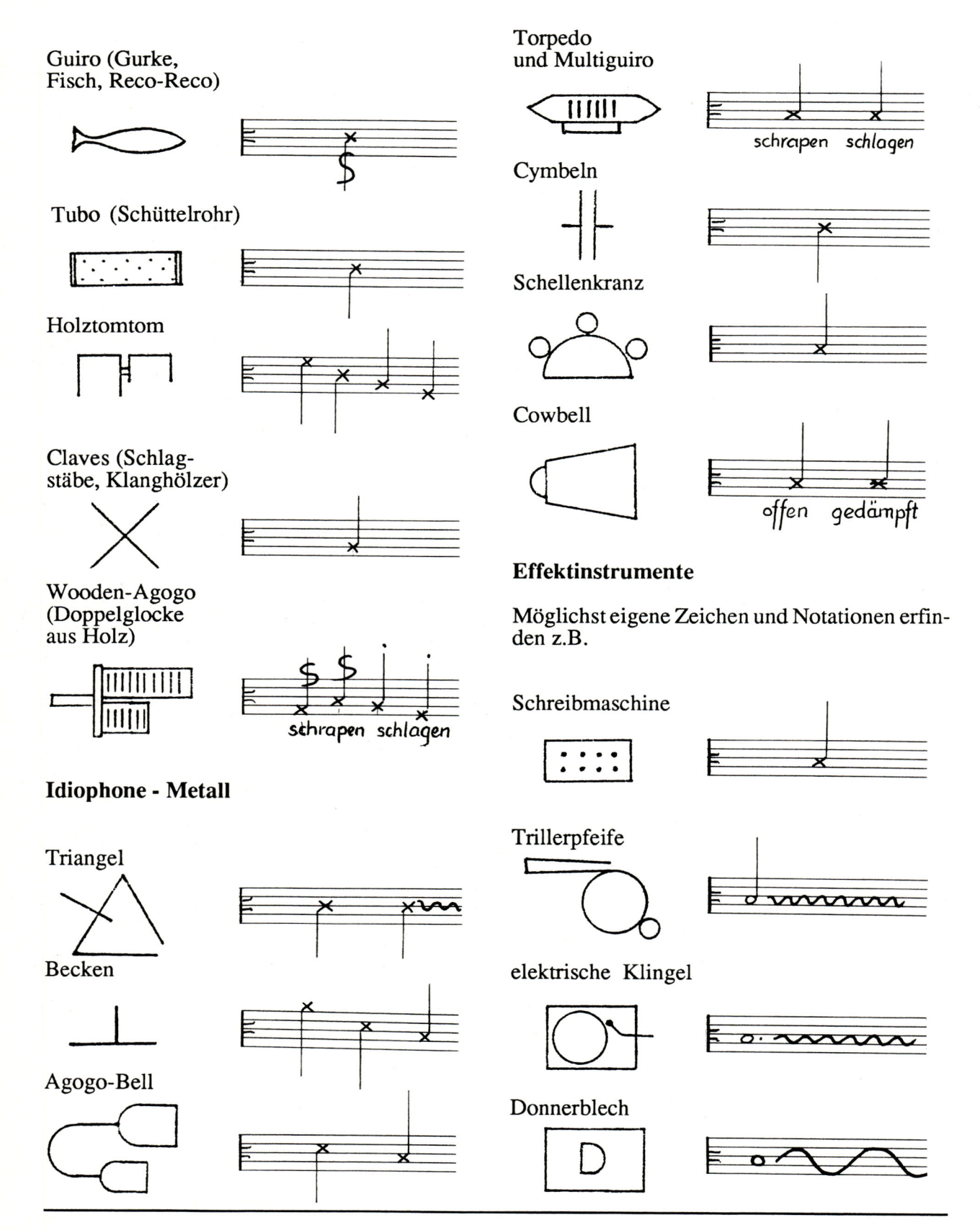

schrapen schlagen

Idiophone - Metall

Triangel

Becken

Agogo-Bell

Torpedo und Multiguiro

schrapen schlagen

Cymbeln

Schellenkranz

Cowbell

offen gedämpft

Effektinstrumente

Möglichst eigene Zeichen und Notationen erfinden z.B.

Schreibmaschine

Trillerpfeife

elektrische Klingel

Donnerblech

Rhythmische Schulung

Für die Schule empfiehlt es sich, für jedes Percussionsinstrument ein eigenes Notenliniensystem zu verwenden (zwei Instrumente pro System sind möglich, wenn eines hoch, das andere tief notiert werden kann).

Beispiel:

Auswahl der Instrumente

Es ist darauf zu achten, möglichst verschiedene Klangfarben zu mischen. Daher sollten Instrumente aus beiden Familien der Membranophone und Idiophone (Holz und Metall) verwendet werden. Auf die Klangdauer der einzelnen Instrumente ist ebenfalls zu achten:

Für Kurzklinger (Schlaghölzer, Holzblocktrommel, Holztomtom) können schnelle Notenwerte gesetzt werden, für Langklinger (Triangel, Becken, Cimbeln) eher lange.

A Rhythmische Schulung

Modelle rhythmischer Liedbegleitungen
(Beispiel aus: MuOS)

4.33 Die Hochzeitsgäste schön

Freie Improvisation (2- 3 Schüler)

2.15 Und jetzo kommt die Nacht herein

Sopran-Glockenspiel

4.31 Mädel hast du hier Verdruss

Seite 334

Rhythmische Schulung

A

Rumba-Rhythmus-Workshop

Mögliche Instrumentierung

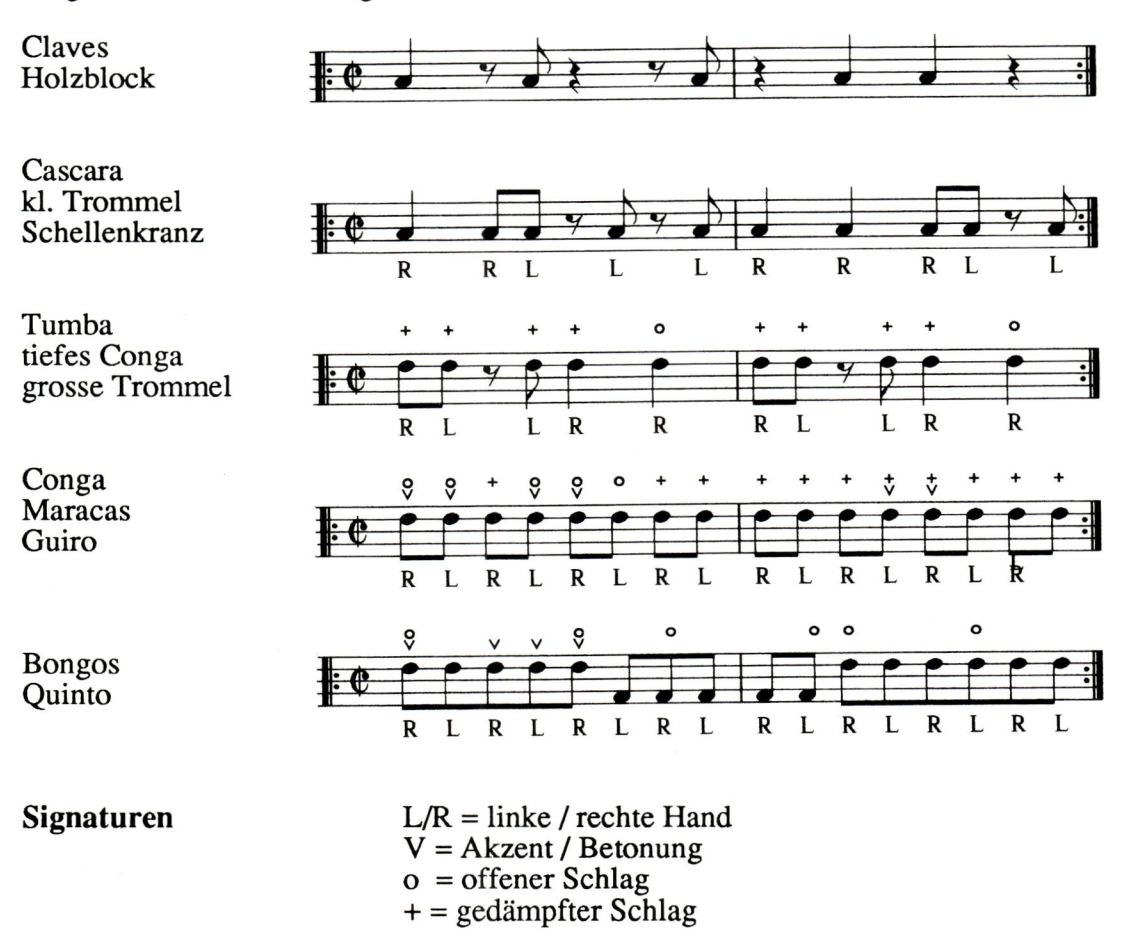

Claves
Holzblock

Cascara
kl. Trommel
Schellenkranz

Tumba
tiefes Conga
grosse Trommel

Conga
Maracas
Guiro

Bongos
Quinto

Signaturen   L/R = linke / rechte Hand
V = Akzent / Betonung
o = offener Schlag
+ = gedämpfter Schlag

Die Rhythmen werden zuerst ohne Akzente und Schlagtechnik geübt. Für fortgeschrittene Schüler lässt sich der Schwierigkeitsgrad dann differenziert steigern.

Ungewohnt ist für viele Schüler das Schlagen mit beiden Händen. Hierzu ein paar zusätzliche Übungen, diesmal mit dem 16tel-Teppich: Siehe auch Blatt "Übungen für Hände und Füsse".

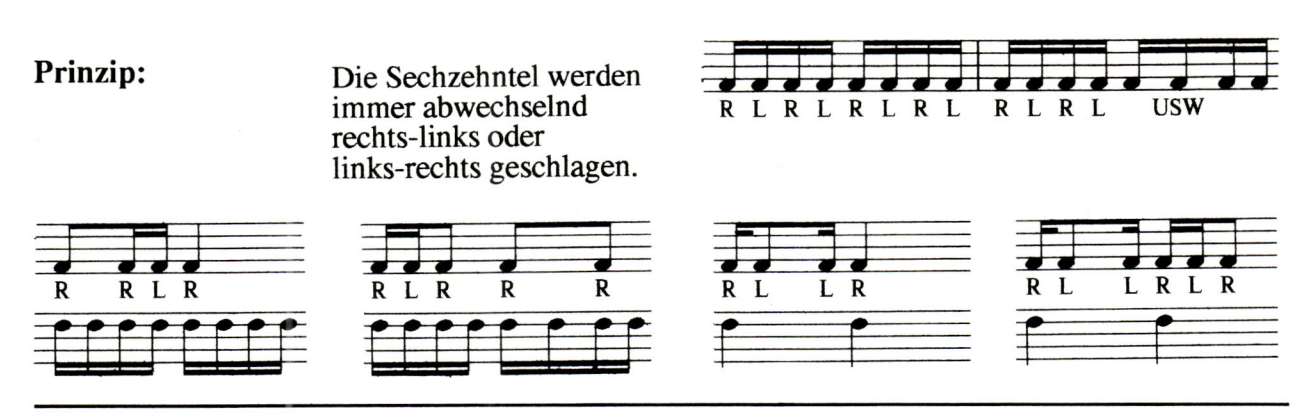

Prinzip: Die Sechzehntel werden
immer abwechselnd
rechts-links oder
links-rechts geschlagen.

Seite 335

A Rhythmische Schulung

Rumba: Übungsformen für Gruppen- oder Klassenarbeit

Klangdichte

Nach jeweils 4 Takten kommt ein Spieler dazu, bzw. spielt einer weniger mit.

Dynamik

genau beachten

Solisten

Jeder Spieler spielt einmal seinen Rhythmus (forte). Alle anderen begleiten (p).

Improvisation

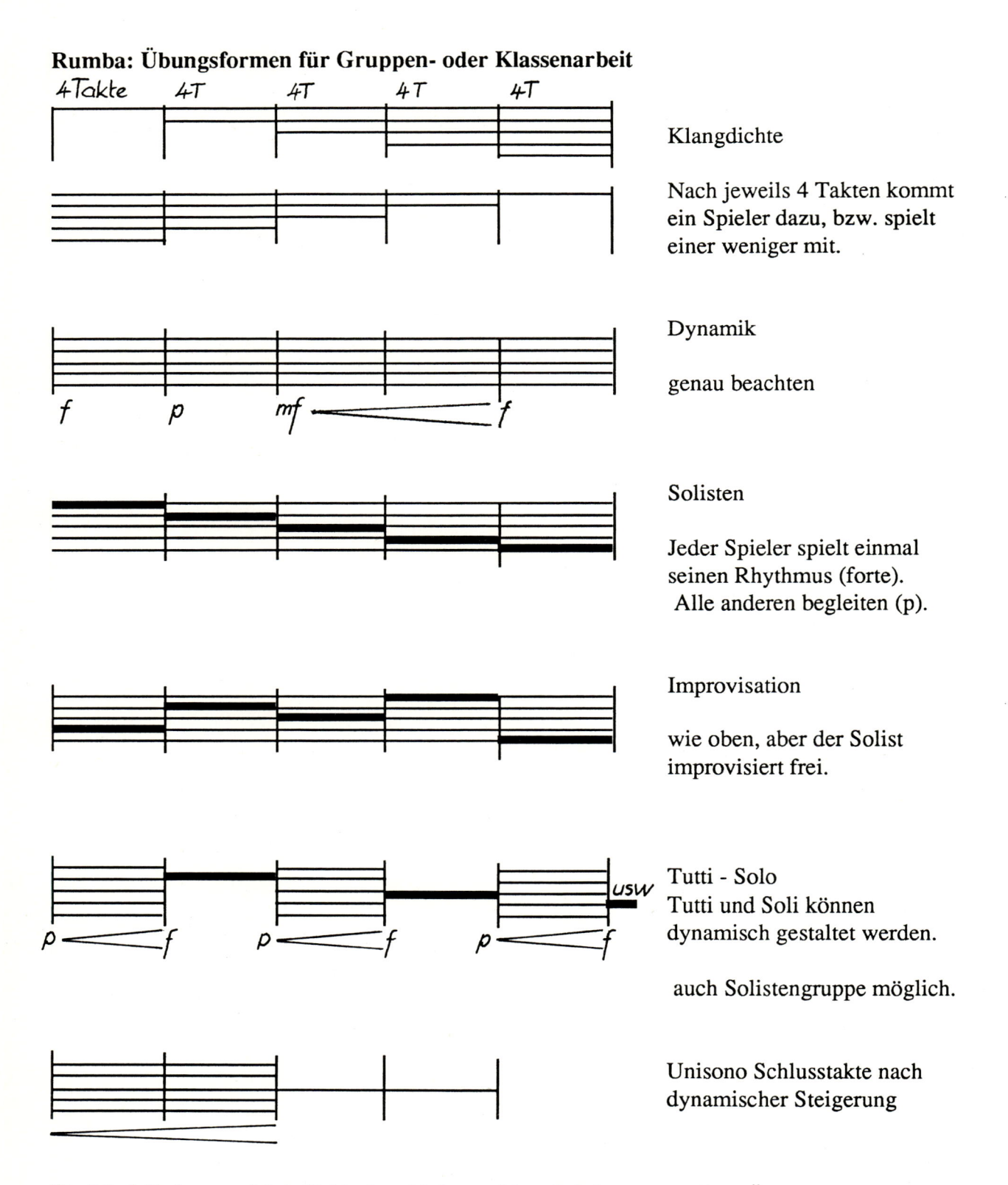

wie oben, aber der Solist improvisiert frei.

Tutti - Solo
Tutti und Soli können dynamisch gestaltet werden.

auch Solistengruppe möglich.

Unisono Schlusstakte nach dynamischer Steigerung

Die Modelle lassen sich beliebig kombinieren. Natürlich kann man diese Übungsformen auch bei "gewöhnlichen Rhythmen" mit dem Kleinen Schlagwerk anwenden.

Rhythmische Schulung

Tanzrhythmen
Cha-Cha-Cha

Seite 337

Rhythmische Schulung

Samba

Cachita — Südamerikanische Volksweise

Rhythmische Schulung

Rhythmische Schulung

Rhythmen zum Samba Cachita

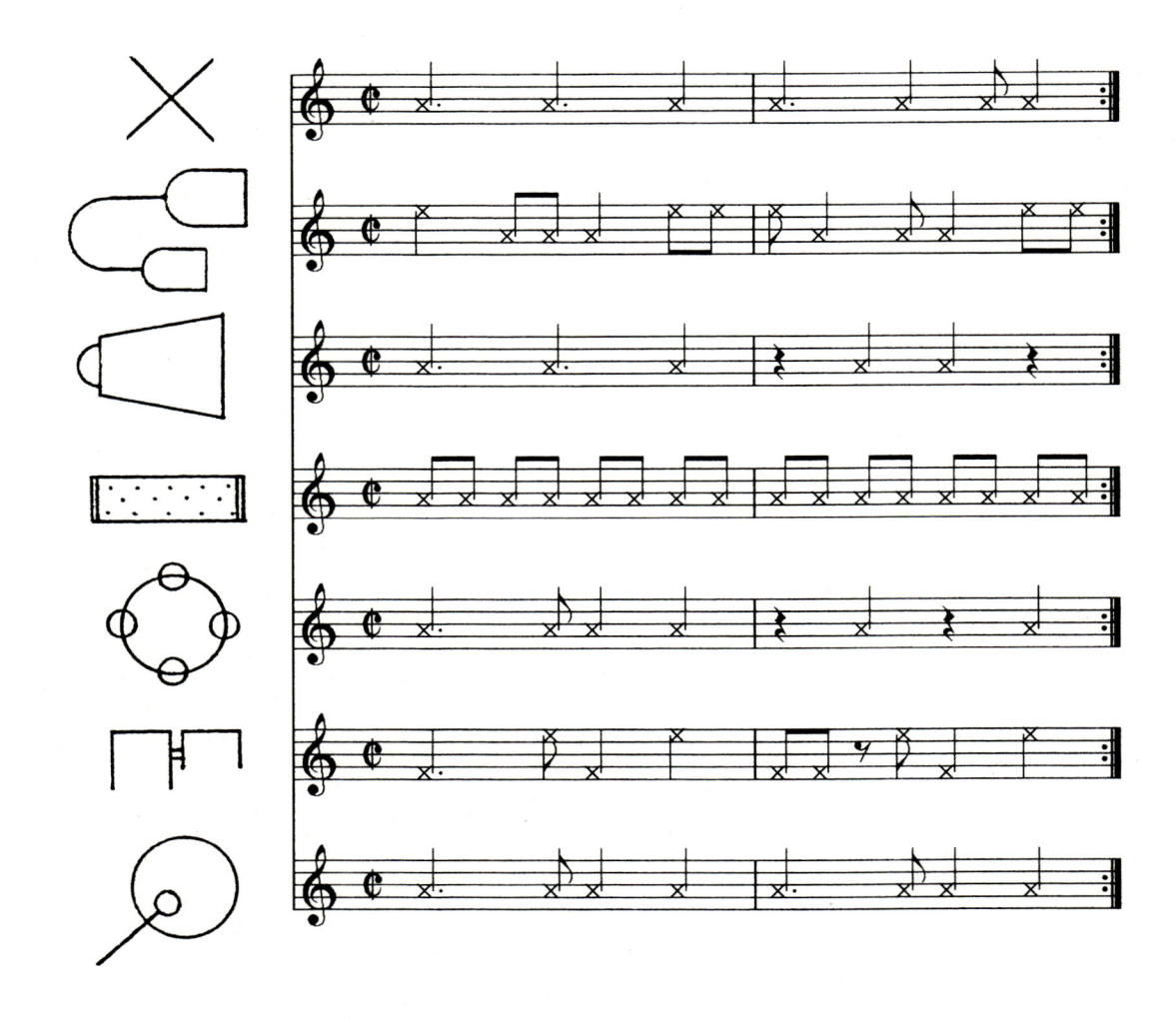

Rhythmische Schulung

Melodische Schulung

Grundsätzliches

- Sinnvolles Umgehen mit einem konventionellen oder grafischen Notenbild lässt sich vergleichen mit dem Gebrauch einer Landkarte: Der Anfänger im Kartenlesen hält sich an groben Strukturen fest. Ein geübter Orientierungsläufer kann mit der Erfahrung eine genaue und plastische Vorstellung erreichen.

- Im Musizieren sollten die Schüler von einer diffusen zu einer präziseren Klangerwartung und Notation geführt werden.

- Töne, Klänge, Geräusche, Motive und Melodien sollen in ihren Eigenschaften, Wirkungen, Spannungen und in ihrer Dynamik vielseitig erlebt, differenziert wahrgenommen, realisiert und gestaltet werden.

- Melodische Schulung ist in hohem Masse Hörerziehung, richtet sich aber auch an den ganzen Menschen:

emotional	z.B. eine Melodie erleben
kognitiv	z.B. Schulung des Melodiegedächtnisses
motorisch	z.B. Tonfolge in Bewegung umsetzen

  Notation ⟵⟶ Klang

Hilfsmittel
z. B. Solmisation

Die Solmisations-Methode kann mit Erfolg auch in der Stimmpflege (Vokalisen), Schulung der Intonation eingesetzt werden

- Melodische Schulung erschöpft sich nie im "Intervall-Rechnen". Stufen- und planmässiger Umgang mit dem Notenbild soll nicht nur in Musiklehre, sondern vor allem im praktischen Musizieren angewandt werden (vom-Blatt-Singen und -Spielen).

Zur Methodenwahl

- Ausgehend von den Grunderfahrungen hoch-tief wird mit Hilfe der Solmisation planmässig der Siebentonraum erarbeitet.

- Wenn die Schüler den Umgang mit Halb- und Ganztonschritten beherrschen, können anschliessend in spielerischer Weise weitere Tonräume erarbeitet werden, z.B. Kirchen- und Molltonarten.

- Im Unterricht hat sich die Solmisation bewährt, da das Notenbild von einem Instrumentalisten bzw. einem Sänger unterschiedlich umgesetzt wird:

Instrumentalist:	Sänger:
Notenbild	Notenbild
↓	↓
Griff, Taste	innere Vorstellung
↓	↓
Absolute Notation	Solmisation
c, d, e, ...	DO, RE, MI, FA ...
➡ Spielnoten	➡ Singnoten

Die Solmisation hat gegenüber dem Singen mit absoluten Tonnamen grosse Vorteile:

- mit den 7 Silben DO RE MI FA SO LA TI und den beiden zusätzlichen FI SI in Moll lassen sich fast alle gebräuchlichen Lieder singen.
- Ein Lied behält durch alle Tonarten hindurch die gleichen Tonnamen.

Nur vielseitige spielerische Uebungen und der Einsatz von verschiedenen Hilfsmitteln führen, zusammen mit einem planmässigen Aufbau und stetem Ueben, zum Erfolg!

Melodische Schulung

KG/US	Grunderfahrungen (hoch - tief, laut - leise . . .) Klangfarben differenzieren unterschiedliche Klangereignisse	
1. Schuljahr	Vom Zwei- zum Viertonraum SO-MI, LA- SO-MI, DO	vom Zwei- zum Sieben-Ton-raum
2. Schuljahr	Pentatonik DO - RE - MI - SO - LA . . .	
3. Schuljahr	DO- und LA-Pentatonik MI - FA/TI - DO DO-Leiter (Diatonik)	
4. Schuljahr	Absolute Tonnamen, Violinschlüssel, LA-Leiter, Grunddreiklänge	Vertiefen und ausweiten des Siebentonraumes
5. Schuljahr	Repetition aller bisher erarbeiteten Elemente	
6. Schuljahr	Ganz- und Halbtonschritte, Versetzungszeichen, Aufbau von Dur- und reinen Molleitern bis 6 Vorzeichen Melodien im Raume der RE-, MI-, FA-, SO-Leiter Grafische Notation, Intervalle	
7. Schuljahr	Repetition 6. Schuljahr, Bass-Schlüssel, Melodisch und harmonisch Moll	
8. Schuljahr	Neue Tonklänge (Chromatik, Klangverfremdungen)	
9. Schuljahr	Arbeiten mit Kadenzdreiklängen	

Melodische Schulung

Planmässiger Aufbau

	hoch - tief räumlich tonal erleben	hoch - tief darstellen mit Gegenständen	Wellen	Wellen Notation absingen	
1. Schuljahr					
	SO - MI im Lied	SO - MI benennen Handzeichen	SO - MI	SO - MI spielen	SO - MI üben
	SO - LA - MI Kinderleier im Lied	SO - LA - MI benennen Handzeichen	SO - LA - MI	SO - LA - MI spielen	SO - LA - MI üben
	Dreiklang als Klangfarbe im Lied	SO - MI - DO benennen Handzeichen	SO - MI - DO	SO - MI - DO Notation	SO - MI - DO Notation abspielen
2. Schuljahr	DO - RE - MI im Lied	DO - RE - MI benennen Handzeichen	DO - RE - MI	Do - RE - MI spielen	DO - RE - MI üben
	DO - RE - MI SO - LA Pentatonische Begleitungen	DO - RE - MI SO - LA Rhythmen auf pentatonisch gestimmten Instr. spielen	DO - RE - MI SO - LA	DO - RE - MI SO - LA Melodien er- finden, Verse vertonen	DO - RE - MI SO - LA Gestalten eines Textes Bildes, Bew., Stimmung
	DO-RE-MI- SO-LA -DO DO-Pentatonik im Lied	DO-RE-MI- SO-LA-DO FA benennen Handzeichen	DO-RE-MI- SO-LA-DO	DO-RE-MI- SO-LA-DO spielen	DO-RE-MI- SO-LA-DO üben
	SO - DO im Lied	SO - DO das SO entstammt der darunterlie- genden Tonleiter	SO - DO spielen	SO - DO üben	SO - DO
3. Schuljahr	LA-DO-RE- MI-SO-LA LA-Pentatonik im Lied	LA-DO-RE- MI-SO-LA LA als Grundton bewirkt eine an- dere Klangfarbe	LA-DO-RE- MI-SO-LA	LA-DO-RE- MI-SO-LA spielen	LA-DO-RE- MI-SO-LA üben
	DO-RE-MI- FA-SO im Lied	DO-RE-MI- FA-SO FA benennen Handzeichen	DO-RE-MI- FA-SO	DO-RE-MI- FA-SO spielen	DO-RE-MI- FA-SO üben
	DO-RE-MI-FA SO-LA-TI-DO DO-Leiter im Lied	DO bis DO' TI benennen Handzeichen	DO bis DO'	DO bis DO' spielen	DO bis DO' üben

Melodische Schulung

Anregung zum spielerischen Aufbau der Tonleiter

hoch-tief räumlich und tonal erleben

- Ein Kind streckt sich hoch und beugt sich nieder. Die andern Kinder ahmen die Bewegung nach, begleiten sie mit der Stimme, folgen mit der Stimme.

- Die Lehrerin spielt auf einem Instrument eine Melodie und bleibt auf einem Ton stehen. Ist dieser Ton hoch, steigen die Kinder auf einen Stuhl, ist er tief, kriechen sie darunter.

- Dirigierspiel: Hohe und tiefe Klangstäbe verteilen. Ein Kind zeigt mit dem Körper, welche Gruppe spielen darf (auch hoch- mittel- tief).

hoch-tief Vornotation

- Skizze für Marmelbahn zeichnen, mit den Fingern nachfahren, "absingen".

- Die Hexe Irma zeichnet in ihrem Brief an Lore ihren Flug über Berge und Täler. (Aus "Irma hat so grosse Füsse" von Ingrid und Dieter Schubert Verlag Sauerländer, letztes Bild).

Wellen räumlich und tonal erleben

- Lotosflöte lässt die Kinder wachsen und wieder kleiner werden. (Hoch - gross, tief - klein).

- Papierflieger basteln, seinen Gleitflug stimmlich begleiten

- Autorennen über Hügel:
  Spielautos fahren über Kissen,
  Kinder begleiten die Fahrt stimmlich.

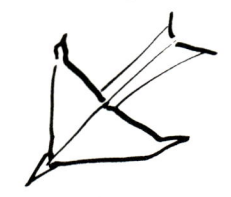

- Schiff auf Wellen mit Stimme begleiten: Wellenlinien auf Blatt malen, mit Papierschiffli darübersegeln.

Wellen Vornotation

- Autorennen über Hügel zeichnen.

- Wellen malen.

- Die Lehrerin spielt auf einem Instrument eine Melodie. Die Kinder zeichnen den Melodieverlauf.

Melodische Schulung

SO - MI im Lied

- Guggu, wo bisch du?

(Notenzeilen mit Text:)
Gug- gu, wo bisch du? Im Wald. Was hesch du? Es Ei. Gib mers! Nei! Gu - gu Ei-er- schluck! Gu - gu, Eier- schluck! Gu - gu, Ei-er- schluck!

(Beschriftungen über den Noten: Vögeli – Kuckuck – Vögeli – Kuckuck – Vögeli – Kuckuck – Vögeli)

Die Kinder stehen im Kreis und bilden so ein Nest. Der Kuckuck mit dem Ei steht ausserhalb, das Vögeli innerhalb des Kreises. Wenn die beiden Vögel das Lied gesungen haben, läuft das Vögeli dem Kuckuck nach und versucht, das Ei zu holen, den Kuckuck zu fangen. Erwischt es ihn, darf es Kuckuck werden und ein Kind aus dem Kreis wird Vögeli.

- Kuckuck, sag mir doch, wieviel Jahre leb ich noch?

Kuk -kuck, sag mir doch, wie -viel Jah -re leb ich noch?

Ein Kind fragt singend mit oben stehendem Lied nach seiner Lebenszeit. Ein anderes spielt die Antwort auf einer Kuckucksflöte oder auf Klangstäben (kleine Terz). Ein Kuckucksruf bedeutet ein Jahr.

Melodische Schulung

- Dieser Kuckuck, der mich neckt:

Die-ser Kuk-kuck der mich neckt tief im Wald-ge-sträuch ver-steckt. Gug-gu Gug-gu

Hier und dort und ü-ber-all hört man sei-nen hel-len Schall. Gug-gu Gug-gu

- Ruess, Ruess für ne Batze Buess (KG Zürich, S. 46)
- I ghören es Glöggli (KG Zürich S. 12)

SO - MI
Spiele, benennen
Handzeichen

- Namen rufen, Ball zuwerfen

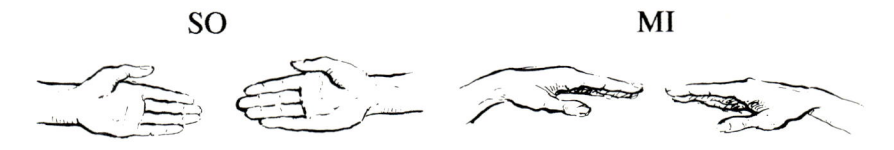

SO   MI

- Gespräche führen: "Wie geit's dir?" "Mir geit's guet"

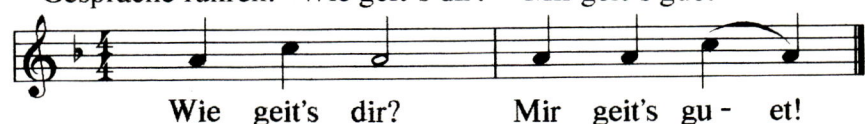

Wie geit's dir? Mir geit's gu-et!

- Die Mutter ruft die Kinder zum Essen.

- Bilder beschreiben: "I gseh ne Ysebahn".

- Gemüsestand: Verkäuferlis spielen. Welches Gemüse möchten sie? Auf Klangstäben spielen: Zucchetti, Tomaten

- Zauberzeichen einer Hexe: Sie zeigt mit den Händen SO-MI und singt entsprechend dazu. Die Kinder lernen die Zauberformel:

SO SO MI   SO SO MI   SO SO MI MI SO   MI

Seite 347

Melodische Schulung

- In einer dieser Schachteln ist Käse versteckt. Wer die kleine Terz erkennt (Klangstäbe ausprobieren) darf vom Käse essen.

SO - MI
Notation

- Kuckuckspiel: Jedes Kind erhält einen Klangstab (immer zwei Klangstäbe ergeben ein SO-MI). Es sucht nun spielend seine Ergänzung zum Kuckucksruf.

- Zwei Seile:

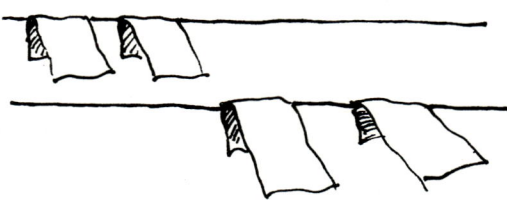

  Wäsche an der Leine
  Vögel auf dem Draht
  Teller auf dem Gestell
  Eichhörnchen turnt über Äste
  Frösche am Ufer, auf Seerosenblättern

- Notation zuerst vertikal, dann auf Boden oder Tisch legen. Gegenstände durch Notenköpfe ersetzen.

SO - MI
Notation abspielen, singen

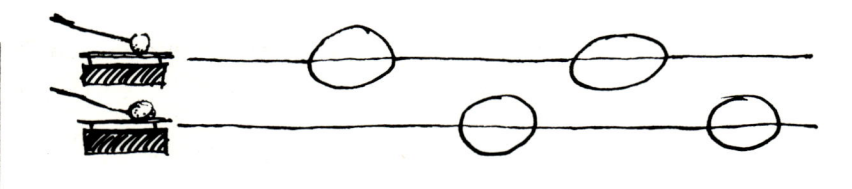

- Zwei Notenseile. Notenkissen oder Kartonteller, zwei Klangstäbe (c-a oder d-h oder h-gis)

Melodische Schulung

- ein Kind zeigt mit einem Schlegel auf die Notenkissen, das andere spielt den entsprechenden Ton.

- Gemüsenamen vom Marktstand spielen.

- Namen der Kinder spielen

- "Dieser Kuckuck, der mich neckt": Kuckucksmotive auf Klangstäben spielen.

   Motive singen! Handzeichen zum Singen unterstützen das Gefühl für die Tonhöhe.
   Übungen für Stabspiele sind in den Arbeitsblättern.

- Backe backe Kuchen

SO-LA-MI
Kinderleier im Lied

- Lirum, larum Löffelstiel

Li - rum la - rum Löf - fel - stiel, wär das nid cha dä cha nid viel.

- Schnee und Ys (KG Zürich S. 48)

- Trarira, dr Summer dä isch da (KG Zürich S. 29)

SO-LA-MI
benennen,
Handzeichen

Als Vorstellungshilfe aus dem Bilderbuch: "Das schwarze Huhn" von Schlossmacher/ Gider, Verlag Neugebauer Press, Seite 6.

Das schwarze Huhn ist traurig, es lässt die Flügel hängen.

Melodische Schulung

SO-LA-MI Notation

Spiele mit den fünf Notenseilen siehe S. 394

SO-LA-MI spielen

- Notenlegetafeln:

  Die Lehrerin beschränkt die Anzahl der Notenköpfe. Die Kinder notieren ein Motiv und spielen es anschliessend auf Klangstäben.

Dreiklang als Klangfarbe

- Sonntagmorgenstimmung: Stabspiele auf Dreiklang einstimmen. Jedes Kind spielt einen Ton. Harmonisierende Wirkung geniessen.

- Verklanglichen von Bildern ("Das hässliche Entelein", Andersen Märchen, illustriert von Paleček: erstes Bild)

- Die drei Klangstäbe werden von drei Kindern gespielt. Sie stellen drei Kirchtürme dar. Die andern Kinder versuchen, einen Ton aufzunehmen und ihn zu summen. So wandern sie zum nächsten Turm, wo sie den neuen Ton aufnehmen.

- Auf ein Zeichen hören die Türme auf zu läuten. Können die Kinder den Dreiklang gleichwohl weitersummen?

- Auf Stabspielen Dreiklang auflegen. Tutti-Solo oder Rondo spielen.

SO-MI-DO im Lied

- Hört ihr die Drescher, sie dreschen im Takt

Hört ihr die Dre- scher sie dre- schen im Takt.

Tik tak tak, tik tak tak,

tik tak tak tak.

Melodische Schulung

Znacht, da wird dr Uhu wach

Znacht da wird der U-hu wach. Flügt uf ds näch-schte Chil-che-dach.

Chunnt nid z'früeh, chunnt nid z'spät, grad wenn's ach-ti schlat.

Spiel: Drei Kinder sitzen bei einem Klangstab SO, MI, DO. Die anderen Kinder singen das Lied, die drei Kinder begleiten auf den Klangstäben. Jetzt darf ein Kind als Uhu durchs Zimmer "fliegen", alle anderen schliessen die Augen. Der Uhu setzt sich zu einem Kind mit einem Klangstab und "weckt" es. Dieses Kind darf zum Glockenspiel gehen, dort erst auf dem Gong acht Uhr schlagen und anschliessend auf dem Glockenspiel eine Dreiklang-Improvisation spielen. Jetzt öffnen alle die Augen, das Kind vom Glockenspiel setzt sich an seinen Platz, ein neuer Uhu wird bestimmt. Das Spiel beginnt von vorne.

Melodische Schulung

- Fegt der Wind die Bäume leer:

Fegt der Wind die Bäu- me leer, ziehn die Vö- gel ü- bers Meer. Schwal- ben, Stör- che, Gäns und Star, keh- ren wie- der ü- bers Jahr.

| SO-MI-DO benennen, Handzeichen |

- Dirigierspiel: Drei Kindergruppen stehen um je einen Klangstab. Die Dirigentin zeigt mit Handzeichen, welcher Kirchturm tönen soll, d.h. der Klangstab klingt, und die Kinder singen den entsprechenden Ton. Handzeichen dazu!

- Klangspaziergang: Drei Kinder erhalten je einen Klangstab vom Dreiklang (z.B. g, h, d). Verteilt im Raum spielen sie ihren Ton. Die übrigen Kinder gehen im Raum umher, singen und zeigen mit den Händen den Ton, den sie sich immer wieder neu bei einer der drei Stationen holen.

| SO-MI-DO Notation |

- Notation in den Notenseilen, auf den Moltontafeln. Darauf hinweisen, dass die Töne entweder alle in den Zwischenräumen oder alle auf den Linien liegen.

| SO-MI-DO Notation abspielen |

- Glockenturm an Moltonwand hängen. Passendes Notensystem dazu. Ein Kind zeigt, ein zweites spielt. Notation absingen, Handzeichen dazu.

- Arbeitsblätter Notation SO-MI-DO abspielen. ☞ S. 363

Melodische Schulung

DO-RE-MI im Lied

Farfallina tutta bianca:

Far- fal- li- na tut- ta bian- ca vo- la vo- la e non si stan- ca. Vo- la la, vo- la qua, poi si po- sa so- pra un fior.

Lieber guter Nikolaus

Lie- ber gu- ter Ni- ko- laus, bringt den gu- ten Kin- dern was, die Gros- sen lässt er lau- fen, die kön- nen sich was kau- fen.

Anfang von "Früh am morge" (SSU, Seite 6)

DO-RE-MI benennen, Handzeichen

Flugreise   DO = Flugzeug auf Startbahn
               RE = Steigflug
               MI = Weiterflug
               RE = Anflug auf Piste
               DO = Landen

Im Zusammenhang mit dem Bilderbuch "Pit" von Marcus Pfister
Der Pinguin Pit möchte fliegen.
               DO = Stand
               RE = Anlauf
               MI = kurzes Schweben
               DO = Bauchlandung

Melodische Schulung

DO-RE-MI Notation

Leere Notensysteme kopieren. Notation mit Klebetupfen.

- Lehrer diktiert - Kinder kleben

- Gruppenarbeit
- Partnerarbeit

- Rätsel: Welcher Liedanfang ist dies?

DO- RE- MI spielen

- Partnerspiel: Zwei Kinder sitzen Rücken an Rücken. Eines spielt ein Motiv auf Klangstäben vor, das andere versucht nachzuspielen.

- Ein Kind sitzt mit den Klangstäben DO-RE-MI unter dem Lehrerpult. Lehrer zeigt mit Handzeichen ein Motiv, die Klasse singt es, das Kind unter dem Pult spielt das Echo.

Seite 354

Melodische Schulung

Die Pentatonik ist eine Fünftonreihe DO-RE-MI-SO-LA ohne Halbtonschritte. Der fehlende Leitton ergibt eine harmonisch schwebende Stimmung.

DO-RE-MI-SO-LA
pentatonische
Begleitung

Mit pentatonischen Klangstäben ein Fünfton-Lied frei begleiten.
Bobbe bobbe Hämmerli:

Bob- be bob- be Häm- mer- li,
d'Stä- gen uf is Chäm- mer- li,
d'Stä- gen uf is

Tu- be- hus flü- gen al- li Tu- ben us!

Spielanleitung: Reifen am Boden verteilen, in jedem kauert ein Kind als Taube. Ein Kind hat kein "Tubehus", dafür in der Hand einen Stecken. Das Lied wird gesungen, alle Kinder gehen frei im Raum umher. Auf "us" klopft das Kind mit dem Stock auf den Boden: Alle suchen sich schnell ein Haus. Wer keines findet, bekommt den Stock.

Dazu freie pentatonische Begleitung. Nur f, g, a, c, d in Xylophon einlegen.

Rhythmisches Motiv, das zum Lied passt (z.B. Wortrhythmus) auf pentatonischen Stäben spielen. Reihenfolge frei. Eine Möglichkeit zu obigem Beispiel:

Tu-be-hus

Wie oben, aber jetzt Tonfolge festlegen:

Tu- be- hus, Tu- be- hus, Tu- be- hus, usw.

Möglichkeiten: Alle spielen das gleiche Motiv. Jedes Kind wählt sein eigenes "Tubehus".

Melodische Schulung

DO-RE-MI-SO-LA Rhythmen auf pentatonisch gestimmten Instrumenten

Verse, auf pentatonisch gestimmten Instrumenten gespielt, ergeben einen rhythmisch strukturierten Klangteppich.

Beispiel:

Drei Chi-ne-sen mit dem Kon-tra-bass
sas-sen auf der Stras-se und er-zähl-ten sich was. Da
kam die Po-li-zei: Ja, was ist denn das?
Drei Chi-ne-sen mit dem Kon-tra-bass!

Mögliches Vorgehen:

- Alle Kinder sprechen den Text gemeinsam rhythmisch exakt.

- Dazu spielen einige Kinder auf pentatonisch eingerichteten Instrumenten den Versrhythmus

Tutti-Solo:

Tutti: Alle spielen wie oben einmal den Vers

Solo: Die Gruppe spielt sehr leise den Vers, der Solist spielt dazu mit Holzschlegeln entweder den Versrhythmus oder eine freie Improvisation.

DO-RE-MI-SO-LA Verse vertonen

Einfache Verse (zwei oder vier Zeilen). Worte auf die fünf Töne verteilen. Daraus entstehen kleine Lieder.

DO-RE-MI-SO-LA Melodien erfinden

Pentatonische Melodien erfinden ohne die Hilfe eines rhythmischen Gerüstes.

Partnerübungen: vorspielen-nachahmen, Frage-Antwort

in der Klasse: Solo - Tutti

Melodische Schulung

DO-RE-MI-FA-SO im Lied

- DO RE MI FA Sölleli

> DO RE MI FA Söl - le - li,
> d'Geis - se schiis - se Böl - le - li.

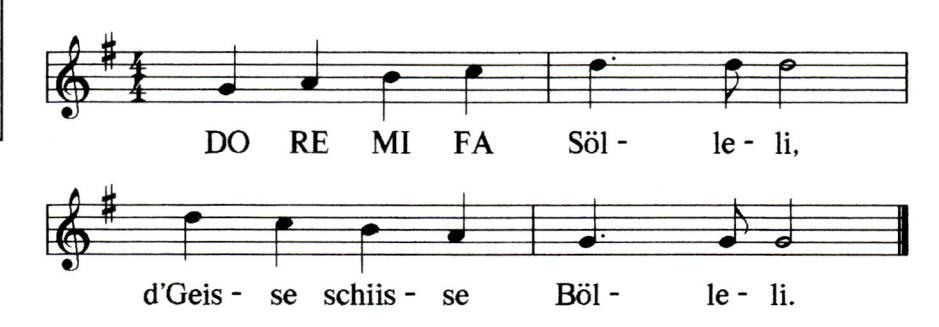

- Anfang von "Alli mini Änteli"

- Anfang von "Fuchs, du hast die Gans gestohlen"

- Hopp, hopp, hopp, Pferdchen lauf Galopp

- Hänschen klein

DO-RE-MI-FA-SO benennen, Handzeichen

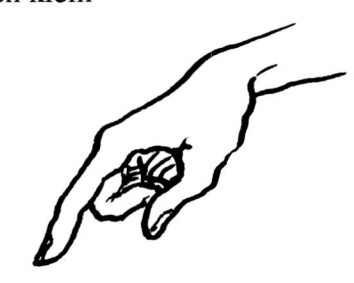

- Auf Xylophon DO-RE-MI-SO einsetzen. Bewusst machen: zwischen MI und SO liegt der Ton FA.

- Handzeichen: FA strebt zu MI

- evtl. Tastatur des Klaviers: zwischen MI und FA hat es keine schwarze Taste (in C-Dur).

DO-RE-MI-FA-SO Notation

- Kleine Tondiktate mit Klebetupfen

  Beispiele DO RE MI RE DO

  DO RE MI FA SO

  SO FA MI RE DO

  DO RE MI FA MI

Seite 357

Melodische Schulung

DO-RE-MI-FA-SO spielen

- Fünf Töne auf den fünf Fingern einer Hand zeigen

- Lehrer zeigt, Kinder spielen auf Stabspielen.
  Beispiel "Hänschen klein":
  5 3 3   4 2 2   1 2 3 4 5 5 5

- Motivkärtchen

- Rätsel: Welches Motiv spiele ich?

- Den Kärtchen eine Bedeutung zuordnen:
  Der Mond geht auf
  Ein Frosch hüpft ins Wasser
  Rutschbahn

SO-DO im Lied

- Trara, das tönt wie Jagdgesang
  (OS Nr. 79)

- I fahr, i fahr, i fahr mit dr Poscht (US Nr. 193)

- Erwacht ihr Schläferinnen (MS Nr. 5)

SO-DO spielen

Mit diesen beiden Tönen können wir viele Liedbegleitungen spielen.

- DO = I   /   SO = V

- Zwei Klanggruppen Dreiklänge über SO und DO. Lehrer oder eine Notation zeigt an, welche Gruppe spielen soll.
  Beispiel: "Dert änet am Bärgli".
  Als Notationsmaterial können auch Tücher in zwei verschiedenen Farben verwendet werden.

Melodische Schulung

LA-DO-RE-MI-SO-LA LA-Pentatonik im Lied	Nebel, Nebel, weisser Hauch (US Nr. 59)

LA-DO-RE-MI-SO-LA
spielen

- Stimmungsbilder sind besonders reizvoll mit Leier und Glockenspiel.
- Stimmungsmässiger Unterschied zwischen DO- und LA-Pentatonik. Bilder zuordnen, stimmungsstarke Bilder (ruhige, belebte, kühle, warme, erdige, wässerige) werden den entsprechenden Klängen zugeordnet.

DO-RE-MI-FA-SO-LA-TI-DO
im Lied

Wenn blau wird der Himmel (SSU S. 59)

Singt ein Vogel (US Nr. 47)

DO bis DO
TI benennen, Handzeichen

- TI strebt zum DO

- Tonleiter mit Reifen: acht Reife liegen nebeneinander in einer Reihe als Töne einer Tonleiter am Boden.

- Spielerisch werden zuerst die Kärtchen mit den relativen Tonnamen den betreffenden Reifen zugeordnet.

- Lehrer zeigt mit Handzeichen, wer in welchen Reif hüpfen darf.

- Ganze Tonleiter hinauf- und hinunterhüpfen.

- In jedem Reif stehen 1-3 Kinder. Lehrer zeigt ein Handzeichen, die Kinder im betreffenden Reif dürfen ihren Ton singen.

- Auch die Klangstäbe den Reifen zuordnen. Ein Dirigent zeigt, wer spielen darf.

- Bewusst machen: Zwischenraum, Linie, Zwischenraum, Linie

DO bis DO
Notation

- Tonleiter darstellen:
  - DO
  - TI strebt zu DO, sehnsüchtig
  - LA schwebend
  - SO selbstbewusst, eigenständig
  - FA beugt sich zum MI
  - MI schwebend
  - RE verbindend, vermittelnd
  - DO erdverbunden, tragend

Melodische Schulung

DO bis DO spielen

- Klangstäbe ordnen, Tonleiter spielen, dazu relative Notennamen singen

- Treppensteigen

- Wettrennen aufwärts und abwärts

- Zwillingsspiel: Immer zwei gleiche Klangstäbe unter die Kinder verteilen. Nacheinander spielt jedes Kind zwei- bis dreimal seinen Ton. Wo klingt der Zwillingston? Variation: Ein Klangstab "stellt eine Frage", Partner "antwortet".

- Ball-Tonleiterspiel
    - Der Reihe nach den Ball im Kreis herumgeben, dazu immer einen Ton der Tonleiter singen.
    - Tonleiter von unten nach oben singen. Wenn ein Kind beim oberen DO angekommen ist, beginnt das nächste Kind wieder beim unteren DO
    - Wie oben, Tonleiter hinauf- und hinuntersingen.
    - Bei Fuss-Stampfen des Dirigenten: Richtung wechseln
    - Den Ball auch kreuz und quer weitergeben.
    - Ausscheidungs- und Erlösungsspiel daraus machen
    - Tunnelvariante: Ball der Reihe nach weitergeben. Wenn der Ball vor dem Körper durchgeführt wird, wird der Ton nur gedacht, Muster abmachen: Vorne, hinten, vorne, hinten
      vorne, vorne, hinten

- Hüpfspiel, zu spielen wie Himmel und Hölle

DO
TI
LA
SO
FA
MI
RE
DO

Melodische Schulung

- Würfelspiel

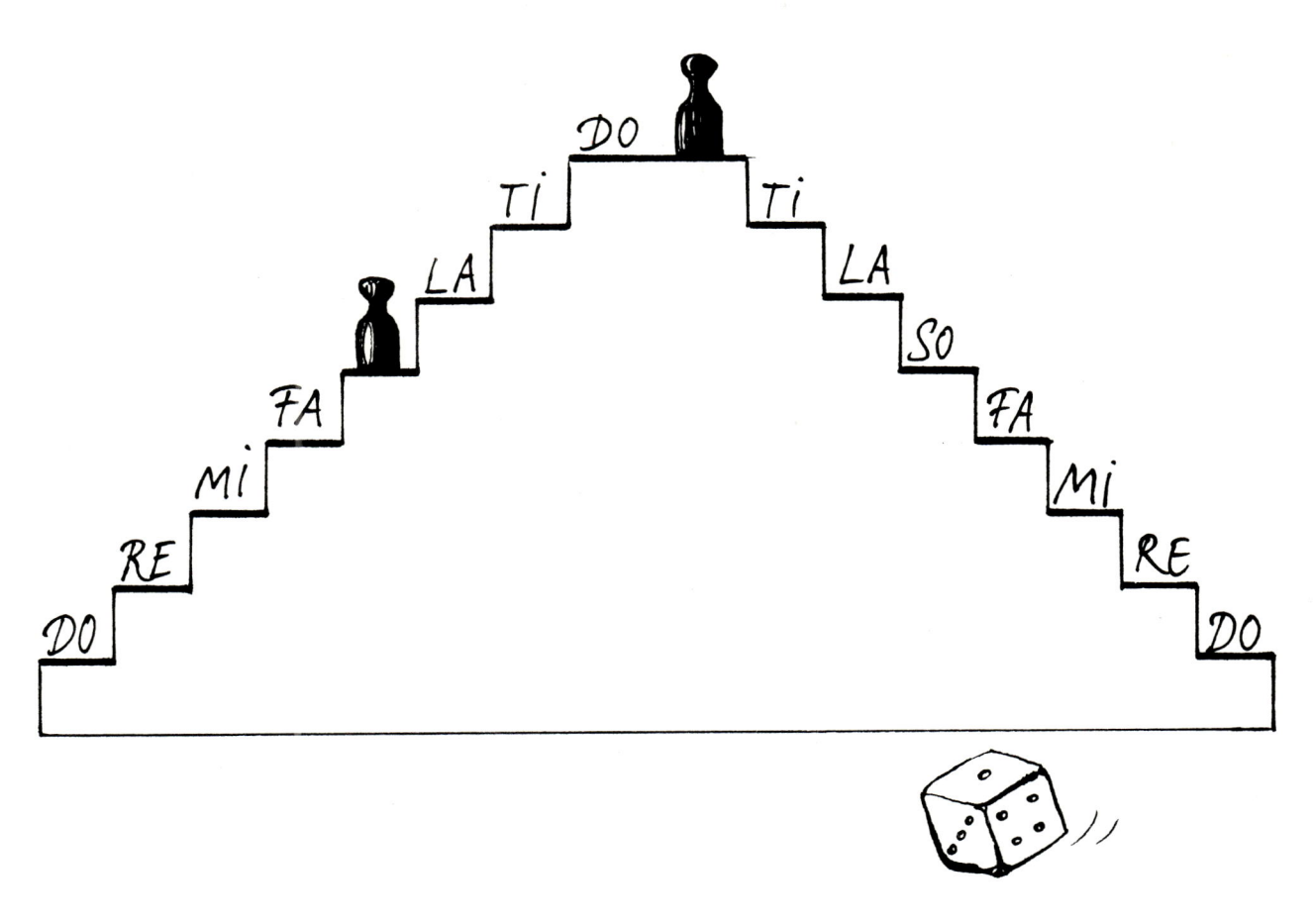

Stabspielübungen ☞ S. 363-365

Diese Übungen können, kopiert und zeilenweise an die Kinder abgegeben, folgendermassen gebraucht werden:

- Partnerübung: Ein Kind spielt, das andere zeigt, welche Note gespielt werden sollte. Jede Zweier-Gruppe spielt in einer Ecke, draussen, im Gruppenraum.

- Alle Instrumente in einer Reihe: Ein Kind nach dem anderen spielt seinen Teil (Partner zeigt, wo spielen).

- Alle spielen gleichzeitig ihren Teil. Kontrollpunkte sind die halben Noten, die gleichzeitig ertönen sollten.

- Platz wechseln (d.h. Streifen, evtl. Instrument sind für das Kind neu).

- Jedem Kind mehrere Zeilen abgeben (2, 4, 8). So ergibt sich ein längeres, gemeinsames Musizieren.

A Melodische Schulung

Übungen zu SO MI

Melodische Schulung

A

Übungen zu SO MI DO

Seite 363

A — Melodische Schulung

Übungen zu SO LA MI DO

Melodische Schulung   A

Übungen zu DO RE MI SO

Seite 365

Melodische Schulung

Geraldine und die Mauseflöte

von Leo Lionni Verlag Middelhauve

Eine exemplarische Möglichkeit zum Erleben und Erarbeiten des Tonschrittes SO-MI im 1. Schuljahr. Die Grunderfahrungen sind Voraussetzung.

1. Einstieg: Erste Doppelseite des Bilderbuches zeigen: Schüler betrachten, vermuten.

2. Erzählung: Eine von diesen Mäusen heisst Geraldine; sie wohnt mit anderen Mäusen in einem Haus. Es ist Winter: Alle haben grossen Hunger. Geraldine träumt von herrlichem Essen. Was würde sie wohl jetzt am liebsten haben?
Lehrer spielt auf den beiden Klangstäben C und A ein Rätsel

z. B.

Schüler erraten und vermuten, was es sein könnte : z.B. Cervelat (SO, SO, MI)

Lehrer spielt noch drei weitere Rätsel:

Späckschwarte (SO MI MI)

Konfitüre (SO SO MI MI)

Chäsrauft (SO MI)

Melodische Schulung

3. Lehrer legt die entsprechenden Gegenstände auf zwei unterschiedliche Höhen hin, z.B. eine Holzleiste auf den Boden legen.

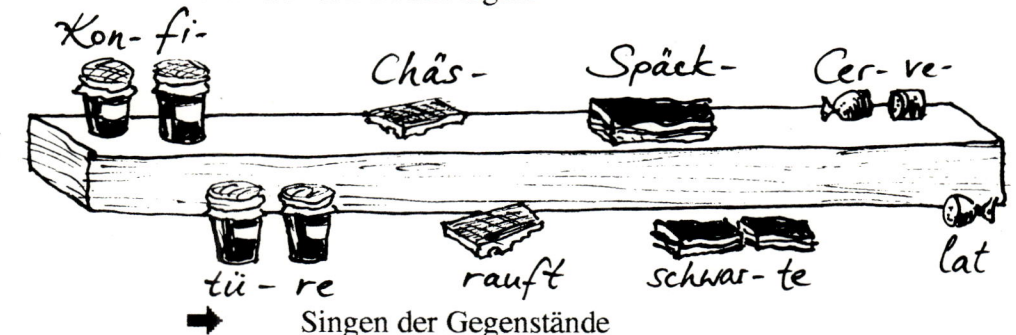

   ➡ Singen der Gegenstände

4. Lehrer erklärt, der obere Ton heisse SO, der untere MI.

   ➡ Notennamenkärtlein hinlegen.

5. Rätsel auf den beiden Klangstäben spielen, z.B. SO MI MI = Späckschwarte.

6. Erzählung:
   Weil auch eine Katze im Haus wohnt, machen sich die Mäuse manchmal nur stumme Zeichen.

   ➡ Handzeichen: SO + MI vorzeigen und erklären.

7. Rätsel mit Handzeichen.

8. Schüler schliessen die Augen. Lehrer nimmt z.B. die vier Konfitürengläslein weg, Schüler öffnen die Augen und versuchen herauszufinden, was fehlt. Lösung mit Handzeichen zeigen.

9. Zwei Seile werden als zwei Notenlinien auf den Boden gelegt.
   a) Schüler sind die Noten.
   b) Auch Notenkissen als Noten einsetzen. Spielerisches Üben.

10. Auf Legetafeln mit Legenoten SO und MI legen. Lehrer spielt auf den Klangstäben ein Rätsel, Schüler legen es. Auch Schüler spielen Rätsel.

11. Auch auf den Xylos die Esswaren von Geraldine spielerisch üben lassen.

12. Arbeitsblatt: SO und MI mit runden Kleberli kleben.

Material:
Bilderbuch Geraldine von Leo Lionni (Verlag Middelhauve)
4 Gläslein Konfitüre
3 Cerverlatsstückchen
2 Klangstäbe : C, A
2 Seile, Notenkissen
Arbeitsblatt und Klebenoten
2 Stück Käserinde
3 Stückchen Speckschwarte
2 Notennamenkärtli MI SO
Xylos: je einmal C + A

Melodische Schulung

FA   **'s ist ein Mann in Brunnen gfallen** (US Nr. 231)   Kanon nach einem Kinderlied

Hören, spielen singen:

Vergleiche   mit

Üben mit Handzeichen, Fingerzeichen, Wandernote.

Folgende Tonschritte im Gedächnis behalten:

MI FA MI   SO FA SO

MuOS 2 Arbeitsblatt 21 Singen nach Handzeichen, Übungen 9-12

TI   **Früeh am Morge** (SSU S. 6)   Kanon zu 3 Stimmen

Häufig wird ein Melodieende über das TI zum DO geleitet (Leitton)

Singe nach Handzeichen	DO	MI	SO	DO	TI	TI	DO
	DO	MI	SO	SO	LA	TI	DO
	DO	TI	DO	SO	LA	TI	DO
	DO	RE	MI	RE	DO	TI	DO
	DO	RE	MI	DO	TI	DO	
	DO	MI	RE	DO	TI	DO	

Folgende Tonschritte oft üben:

DO TI DO   MI FA MI   DO TI DO   DO RE DO   SO FA SO   DO RE DO

MuOS 2 Arbeitsbaltt 21 Singen nach Handzeichen, Übungen 13-17 19 und 20

Melodische Schulung

Absolute Notennamen

Auf jedem Klangstab einer Oktave (c'-c") steht ein Buchstabe. Wir versuchen, die Töne alphabetisch zu ordnen:

        A   ?   C   D   E   F   G   H

Aus dieser Reihe versuchen wir eine DO-Leiter herzustellen:

        C   D   E   F   G   ?   ?   ?

Wir sprechen den Anfang des Alphabets:

A B:	nur flüstern
C D E F G	an den 5 Fingern einer Hand abzählen
1 2 3 4 5	Aha-Erlebnis, die DO-Leiter ist schon fast fertig
A H :	folgt zum Schluss
C:	A B / C D E F G / A H ! / C

MuOS L 2, Seite 25; SSM, Seite 10: Ich bitt' dich   ☞   Grafische Notation S. 381ff

Violinschlüssel
- Gross an Wandtafel überfahren,
- auf A3-Blatt mit verschiedenen Farbstiften mehrmals überfahren zu Musik,
- zu eigenen Geräuschen.

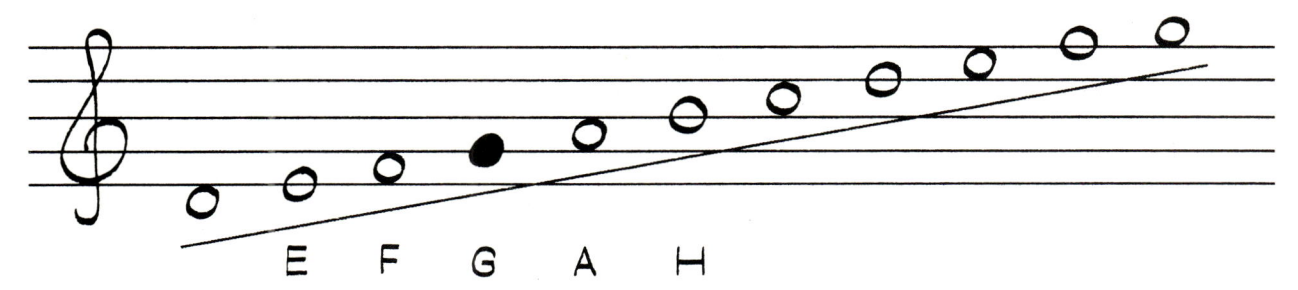

E F G A H

MuOS L 2, Seite 28

Melodische Schulung

DO-Leiter

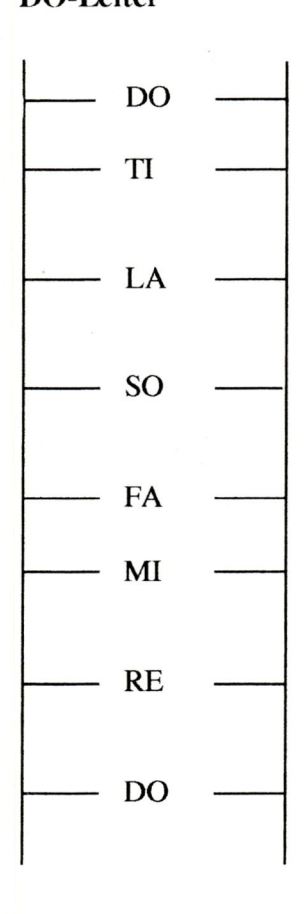

DO
TI
LA
SO
FA
MI
RE
DO

Es regnet ohne Unterlass (US Nr. 153)

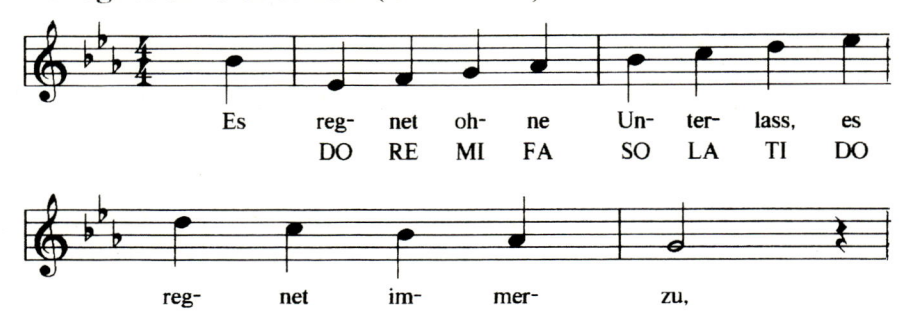

Es reg- net oh- ne Un- ter- lass, es
DO RE MI FA SO LA TI DO

reg- net im- mer- zu,

Hei emal es Büssi gha (US Nr. 164)

Mit de Pfo- te ds Chöpf-li gri- be u die bei- de Oehr li.

Die Schüler versuchen mit acht Gläsern oder Flaschen eine DO-Leiter aufzustellen (Wasser einfüllen und ausprobieren). Lieder spielen auf diesem Gläserspiel.

DO-Leiter auf dem Glockenturm:
Vom c aus
Vom f/g aus. Nach Gehör Klangplatte (Ton) auswechseln.

DO-Leiter auf dem Klavier:
Nach Gehör. Einmal anstelle einer weissen eine schwarze Taste drücken. ☞ MuOS L 2, Seite 76

Von einem beliebigen Ton aus einen Halb- oder Ganztonschritt auf- oder abwärts singen:

Fallender Halbtonschritt	DO-TI	Fallender Ganztonschritt	SO-FA
Steigender Halbtonschritt	MI-FA	Steigender Ganztonschritt	DO-RE

☞ MuOS 2 Seite 25

Nachdem die DO-Leiter auf- und abwärts geläufig gesungen wird, fällt es nicht schwer, einzelne Töne zu überspringen. Damit festigen sich häufig vorkommende Tonsprünge auf natürliche Weise. Indermühle (Singfibel I S. 86): "Jedes musikalisch geweckte Kind wird die Reihe
DO MI RE FA MI SO FA LA SO TI LA DO TI RE DO
und ihre Umkehrung mühelos nachsingen. Es folgt dabei seinem musikalischen Gefühl."

Weitere Spielform:

Melodische Schulung

Die Vögel wollten Hochzeit halten (SSU S. 145)

Die Vö- gel woll- ten Hoch- zeit hal- ten in dem grü- nen Wal- de.
MI SO MI SO MI FA RE FA RE MI DO SO MI RE SO SO

I ghören es Glöggli (Melodie SSU S. 118)

I ghö- re es Glög- gli, das lü- tet so nett...
SO SO MI SO SO MI SO FA RE FA MI

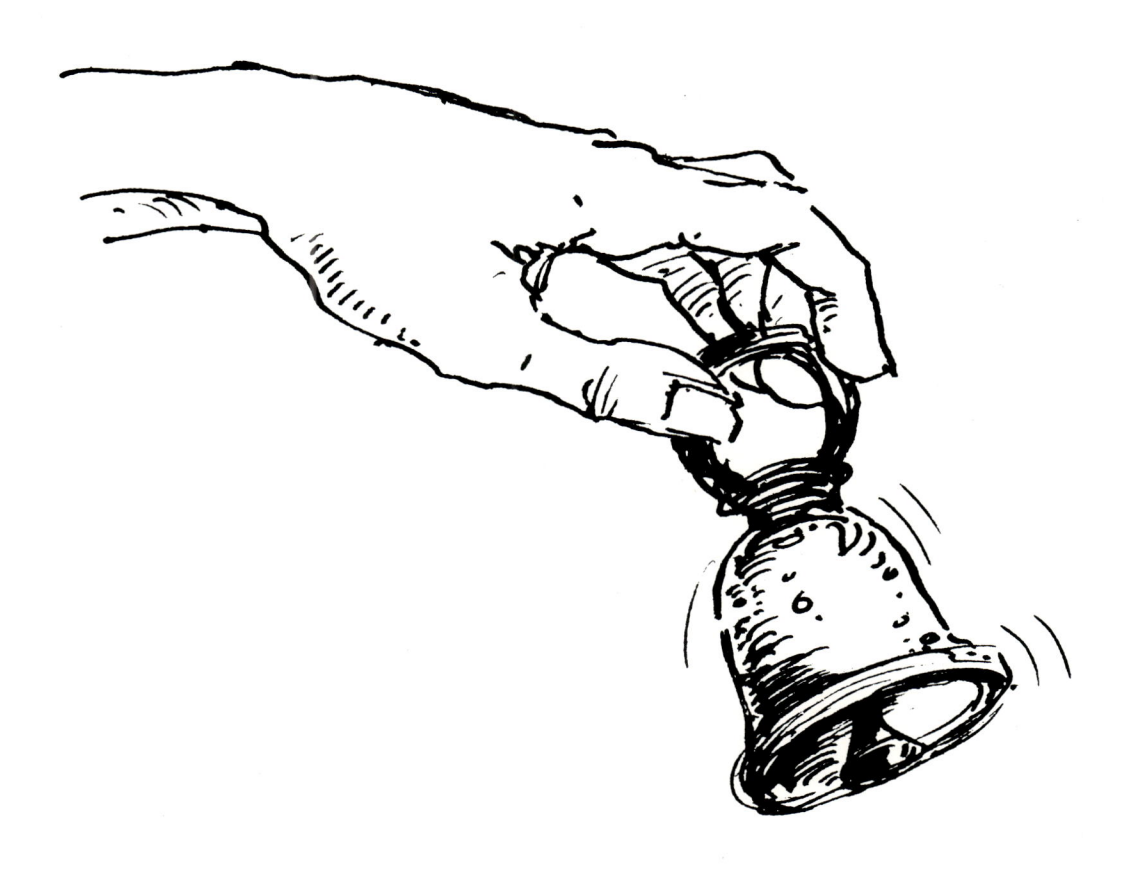

Melodische Schulung

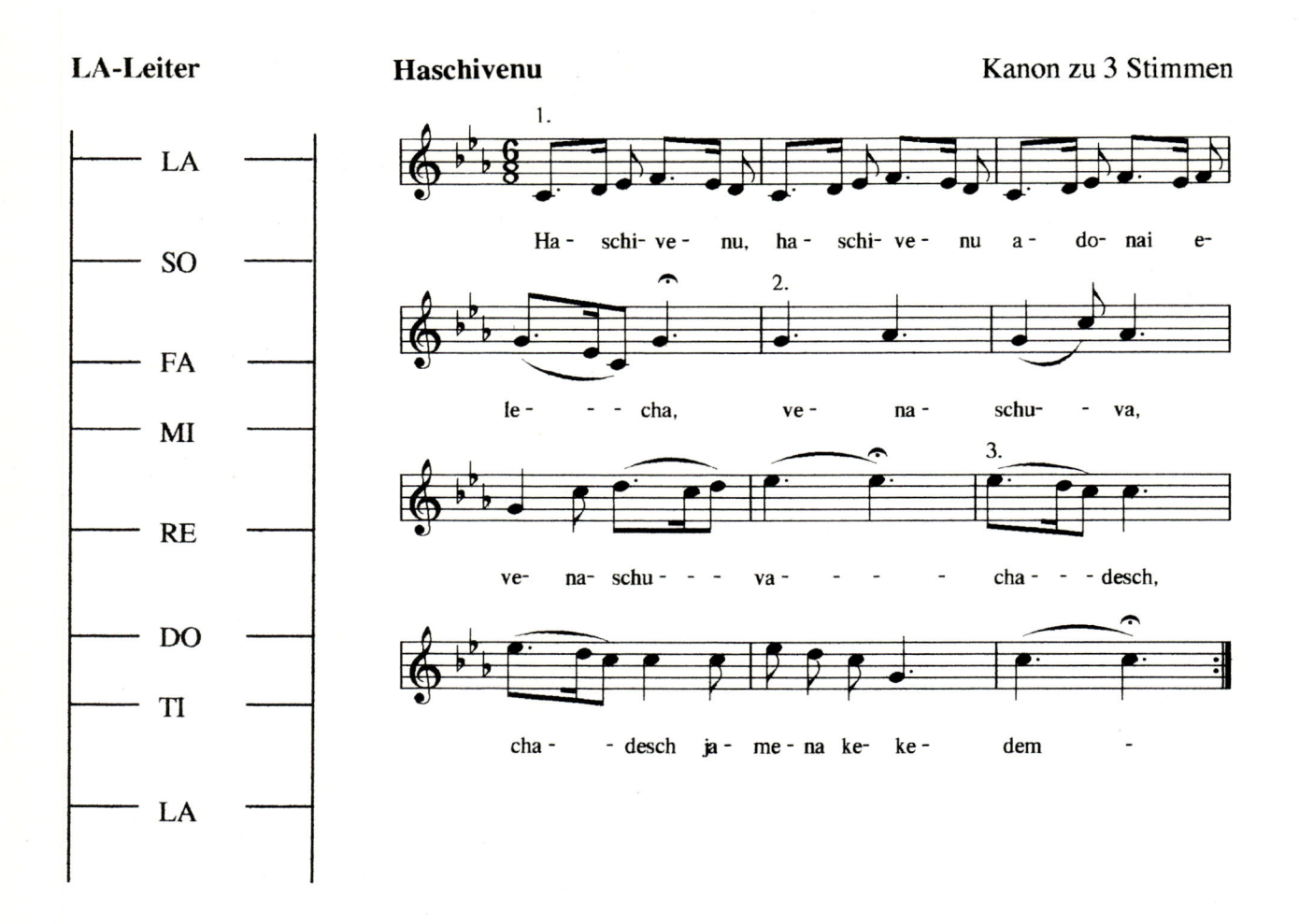

LA-Leiter **Haschivenu** Kanon zu 3 Stimmen

| LA |
| SO |
| FA |
| MI |
| RE |
| DO |
| TI |
| LA |

Ha- schi- ve- nu, ha- schi- ve- nu a- do- nai e-
le- - - cha, ve- na- schu- - va,
ve- na- schu- - va- - - cha- - - desch,
cha- - desch ja- me- na ke- ke- dem -

Ein Dur-Lied in Moll singen, z.B. Frère Jacques   Dur: DO RE MI DO
                                                                                             Moll: LA TI DO LA

Üben der LA-Leiter auf- und abwärts von verschiedenen Tonhöhen aus.

☞ MuOS Lehrerheft 2, Seite 85, 86 und 87

Melodische Schulung

DUR
duro = hart   maggiore = grösser

DO MI SO (Dur-Dreiklang)

SO

MI

DO

Beispiele:

Vom Aufgang der Sonne (SSM 18)

C - A - F - F - E - E (MS S. 203, OS S. 251)

MOLL
molle = weich   minore = kleiner

LA DO MI (Molldreiklang)

MI

DO

LA

Hevenu shalom (MuOS 4.41)

Der Winter ist ein rechter Mann (OS S. 101)

Übungsformen in Dur und Moll:

Die Schüler improvisieren mit Dreiklangstönen auf Stabspielen oder abgestimmten Gläsern, Flaschen.
Singen und aushalten der drei Töne in verschiedenen Lagen.
Die drei Töne nacheinander und miteinander spielen.
Um LA DO MI richtig zu singen, wählen wir folgende Übung:

DO RE MI RE DO TI | LA DO MI |

☞ MuOS L2, S. 119 und 121.4

Dur oder Moll?   Im Anschluss an DO MI SO/LA DO MI

Der Lehrer spielt auf einem Instrument oder ab Kassette je ein Dur- und Mollstück vor.
Der Lehrer spielt eine Melodie in der Dur- und in der Mollvariante.
Nie lange, dafür oft Dur/Moll hören. Eher gefühlsmässig über das Ohr als mit dem Kopf bestimmen.

Beispiele: F. Schubert: Am Brunnen vor dem Tore (SSM 49)
                            Die Forelle (MuOS 3.15)

A Melodische Schulung

Schreibe bei folgenden Liedern und Liedteilen die Silben unter die Noten.
Spiele sie und singe sie mit den Silben.

Kommt und lasst uns tanzen (US Nr. 219)

Kommet all und seht (US Nr. 72)

Wenn blau wird der Himmel (SSU s. 59)

Hinten im Garten (SSU S. 105)

Dur-Dreiklang / Molldreiklang

Hopp, hopp, hopp, Pferdchen lauf Ga- lopp. Und hopp, hopp, hopp,
Pferdchen lauf Ga- lopp. Und hopp, hopp, hopp, Pferdchen lauf Ga- lopp.

Seite 374

Melodische Schulung

A

Absolute Notennamen

Schreibe die Noten:

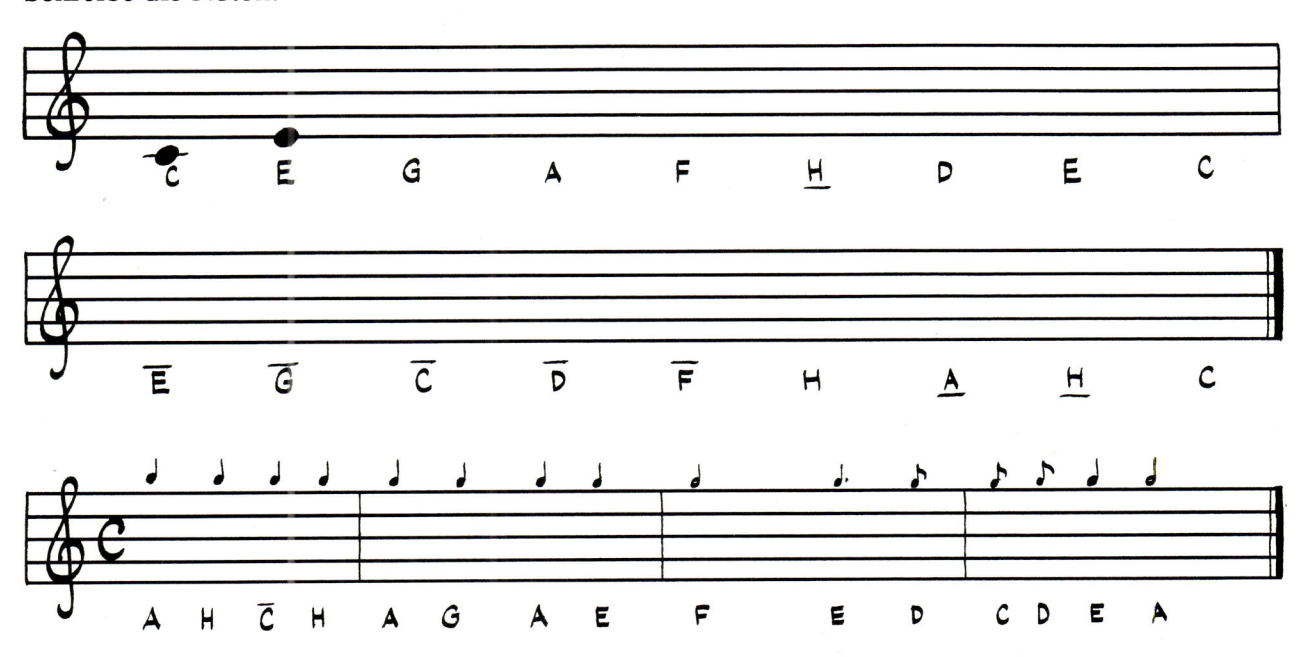

C E G A F H D E C

E G C D F H A H C

A H C H A G A E F E D C D E A

Schreibe die Notennamen und spiele das Lied:

Wie heisst dieses Lied?   Titel: _____

☞   MuOS L2, Arbeitsblatt 29, 1 und 2

A Melodische Schulung

DO-Leiter

Schreibe DO-Leitern von verschiedenen Tonhöhen aus:

Schreibe die Silben unter die Noten.
Spiele und singe das Lied.   (Lehrer stellt F-Dur-Tonleiter bereit)

☞ MuOS 2, Arbeitsblatt 19 und 20

Melodische Schulung

A

LA-Leiter

Schreibe LA-Leitern von verschiedenen Tonhöhen aus:

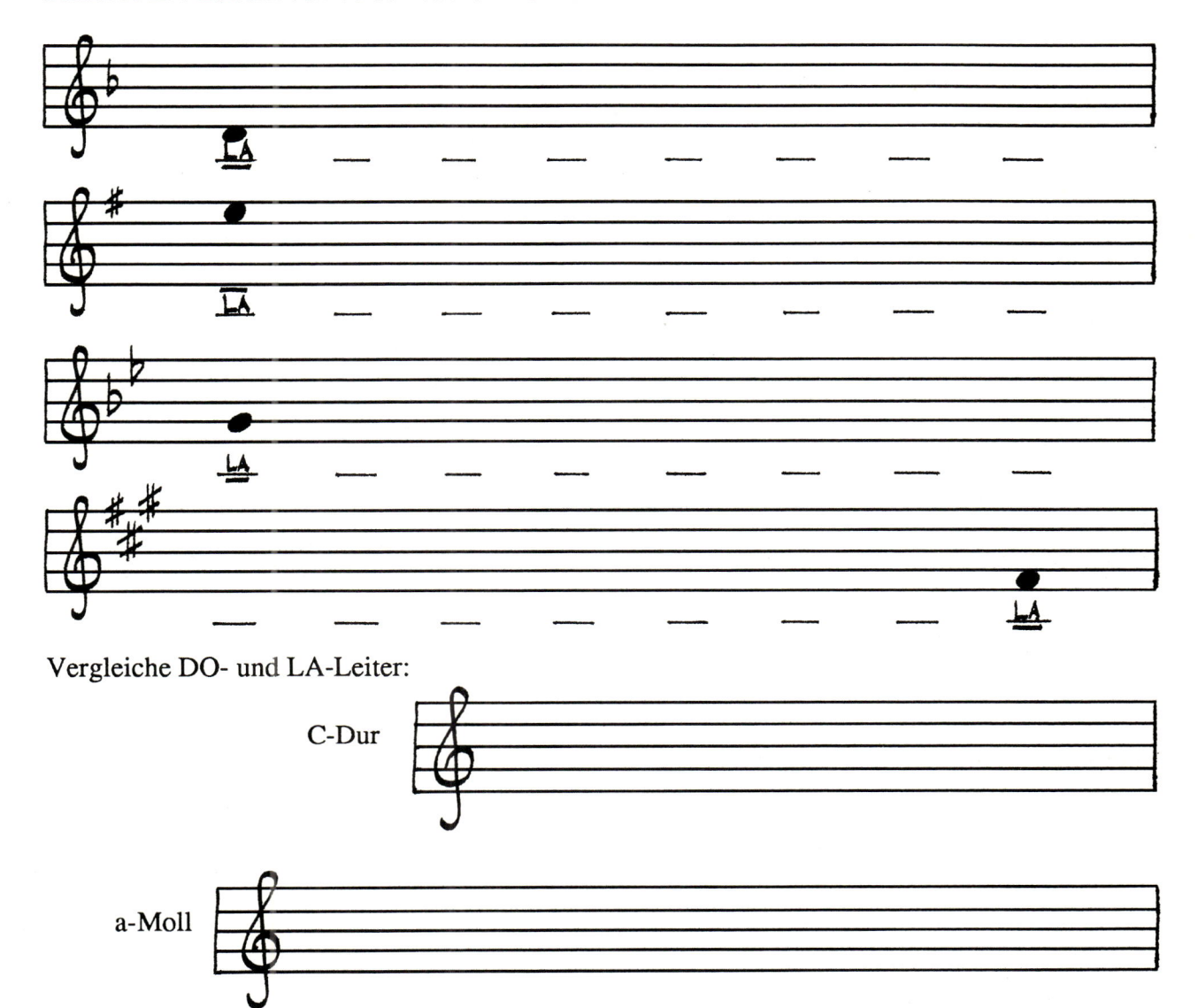

Vergleiche DO- und LA-Leiter:

C-Dur

a-Moll

Schreibe die Silben unter die Noten. Spiele den Liedanfang und singe ihn mit den Silben.

Kennst du das Lied? Titel: _____

Seite 377

Melodische Schulung

Melodische Schulung der Mittel- und Oberstufe

	MuOS	MuOS L2	Arbeitsblätter
Tonhöhe			
- Relative Bezeichnungen	235	16	19-23
- Singen nach Handzeichen		17	21-23
- Absolute Bezeichnungen	236	24	29-32
- Versetzungszeichen	236	24	29-32
- Absolute Tonnamen		25	29-32
. Schlüssel	237	28	
- Oktaveinteilung	237	33	
Tonsysteme			
Dur-Tonleitern	253	76	80-83
- Quintenzirkel	253	78	80-83
- Merksprüche zu Dur-Tonarten	253	78	80-83
(Merkspruch Kreuz: "Esel" verführt oft zu es; Vorschlag: "Emil")			
Umtaufen, Modulation		79	
Moll-Tonleitern	254	85	
- Reines Moll	254	85	91, 92, 95
- Moll-Quintenzirkel		86	
- Dur oder Moll?		87	121, 122
- Dur und Moll (parallele Tonarten)			93, 94
- Harmonisches Moll	254	88	91, 92, 95
- Melodisches Moll	254	88	95
- Gleichnamiges Moll	254	89	
- Zigeuner-Moll	254	89	
Pentatonisch	255	98	
Kirchentöne	255	99	
Chromatische Tonleiter	255	101	
Ganztonleiter	255	104	
Übersicht	256	105	
Zwölftonmusik	257	106	
Intervalle	257	108	
Achtung: Sekunde, Terz, Quinte - klein, gross, rein - genügt		117	
Dreiklänge	259	119	121, 122
Kadenz	260	126	130-132
Neue Klänge	261	134	

Melodische Schulung

Reines, natürliches Moll

aeolische Treppe — aeolische Leiter

Harmonisch Moll
Kennzeichen:
eineinhalb Tonschritte zwischen FA und SI

harmonische Treppe — harmonische Leiter

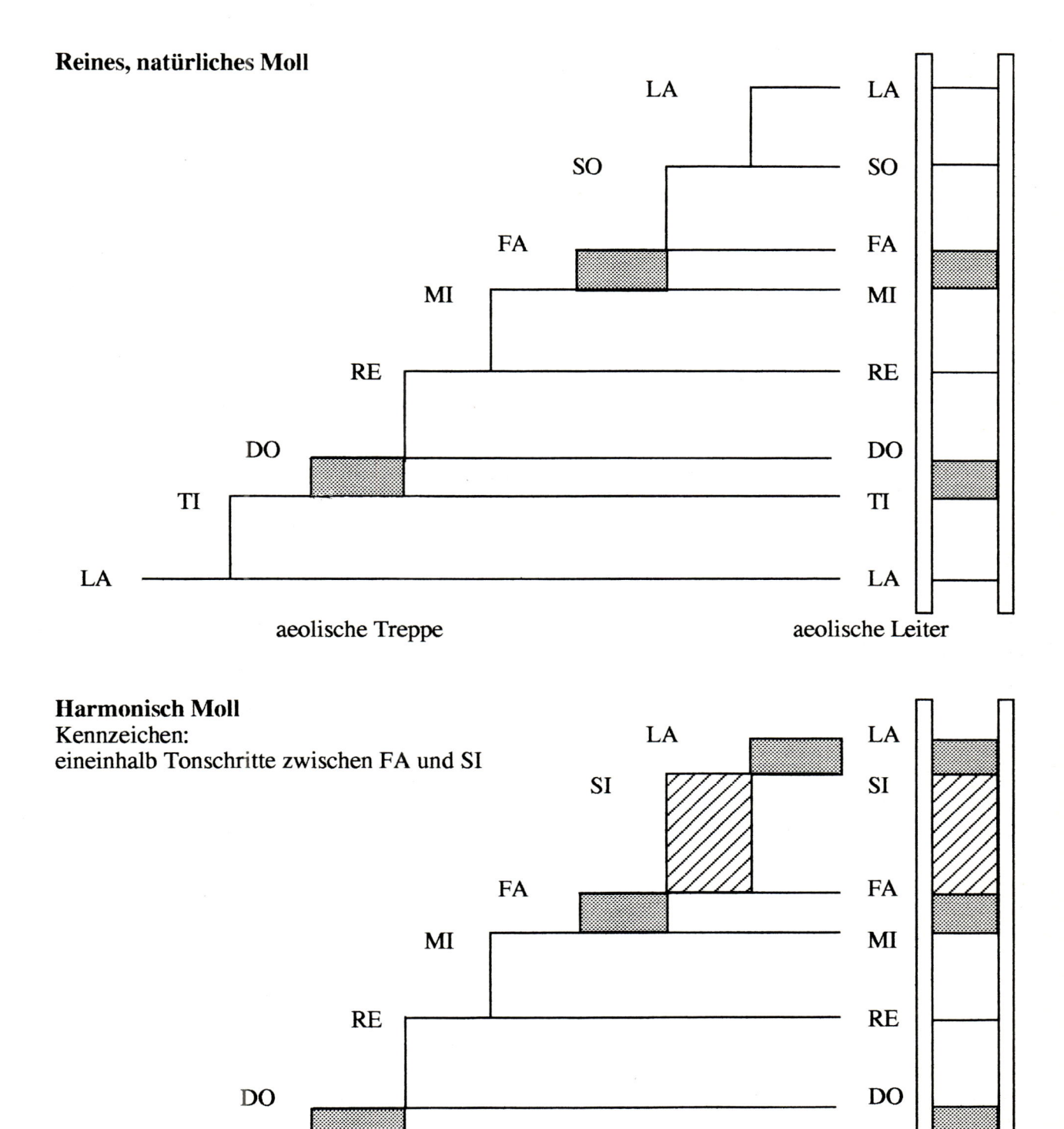

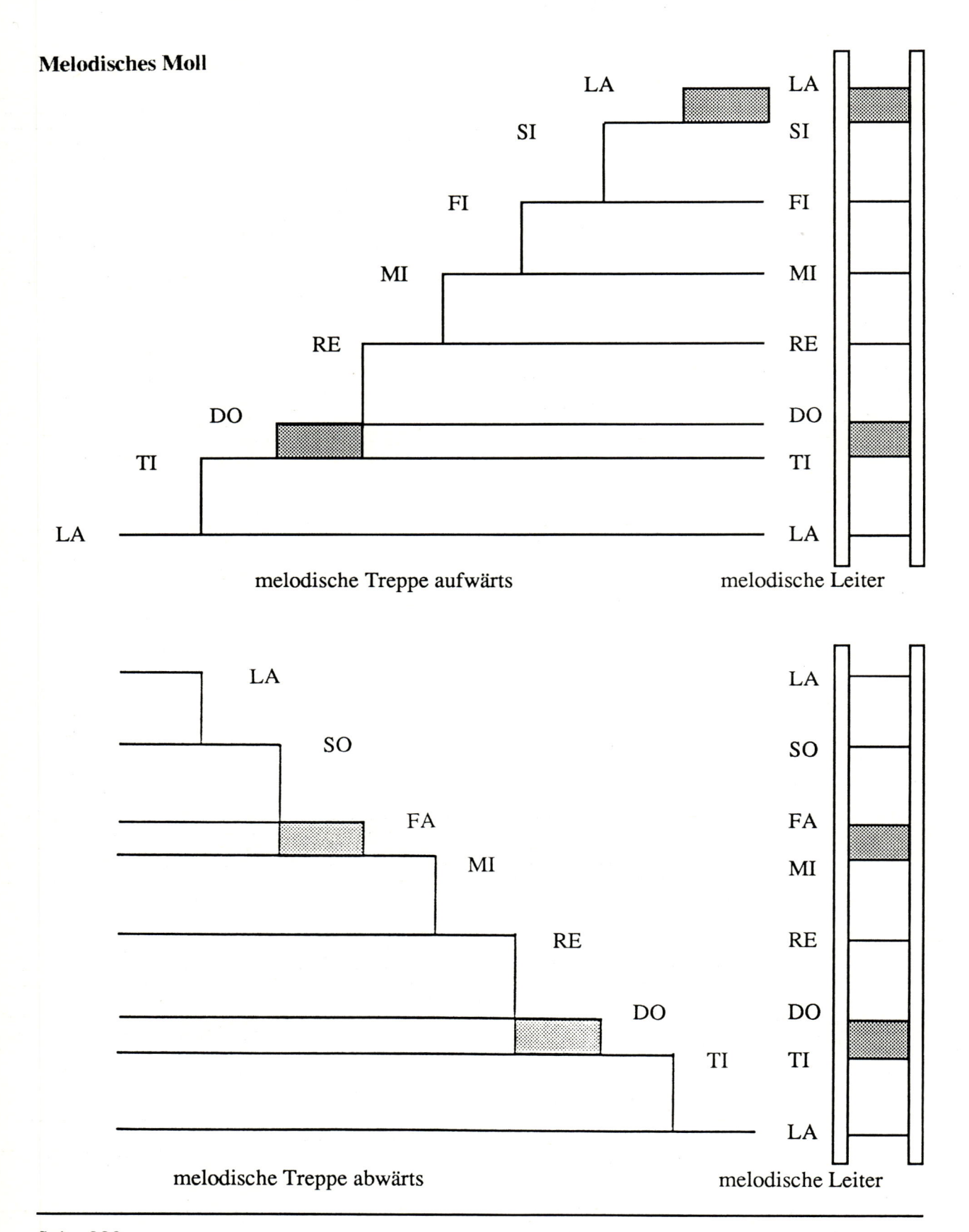

Melodische Schulung

Melodisches Moll

melodische Treppe aufwärts — melodische Leiter

LA – TI – DO – RE – MI – FI – SI – LA

melodische Treppe abwärts — melodische Leiter

LA – SO – FA – MI – RE – DO – TI – LA

Seite 380

Melodische Schulung

Grafische Notation - Neue Klänge
Hilfsmittel zur Hörschulung

Eine grafische Darstellung kann das analytische Hören wirksam unterstützen.

a) Schallereignisse (Geräusche, Klänge, Instrumentalklänge, Singstimmen) mit einfachen, gut verständlichen Zeichen darstellen.

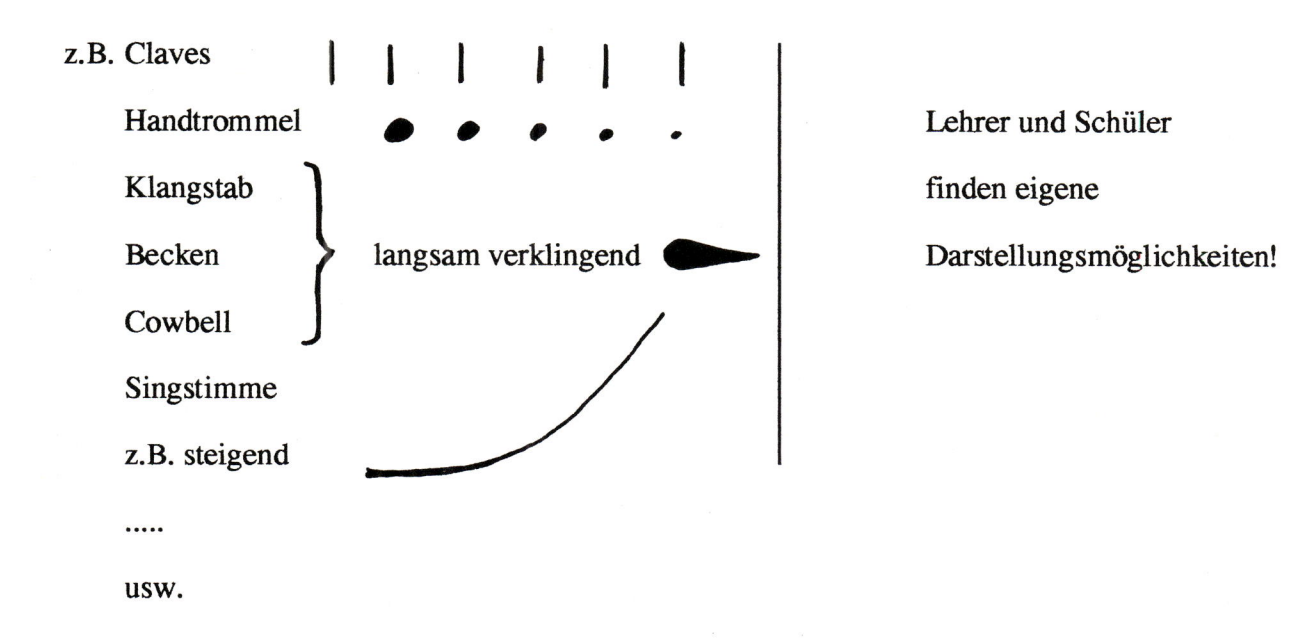

z.B. Claves

Handtrommel

Klangstab

Becken   langsam verklingend

Cowbell

Singstimme

z.B. steigend

.....

usw.

Lehrer und Schüler finden eigene Darstellungsmöglichkeiten!

b) Tondauer, Tonhöhe und Lautstärke berücksichtigen.

Tonhöhe

Tondauer

Seite 381

Melodische Schulung

c) Ein abwechslungsreiches Klangstück komponieren, einstudieren und aufführen (Lautstärkenveränderungen, Solo-Tutti). Gleichzeitig Erklingendes untereinander notieren!

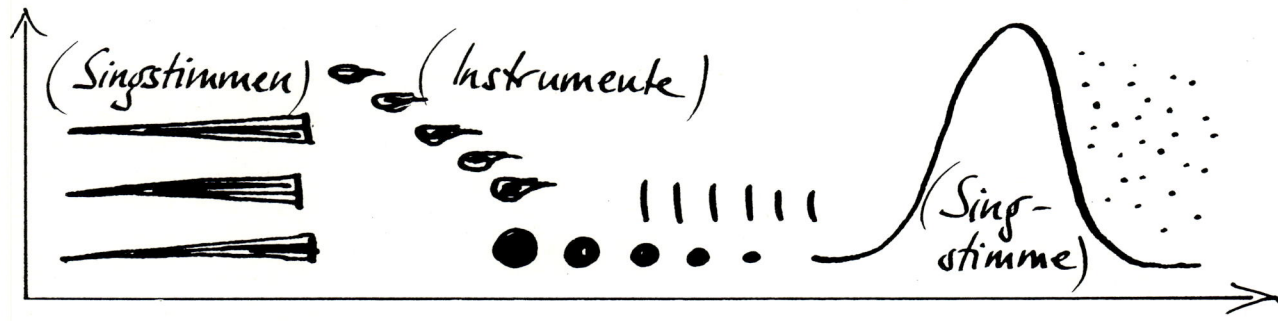

d) Geeignete Sprichwörter und Gedichte "verklanglichen":
    z.B. "Wer andern eine Grube gräbt, fällt selbst hinein!"

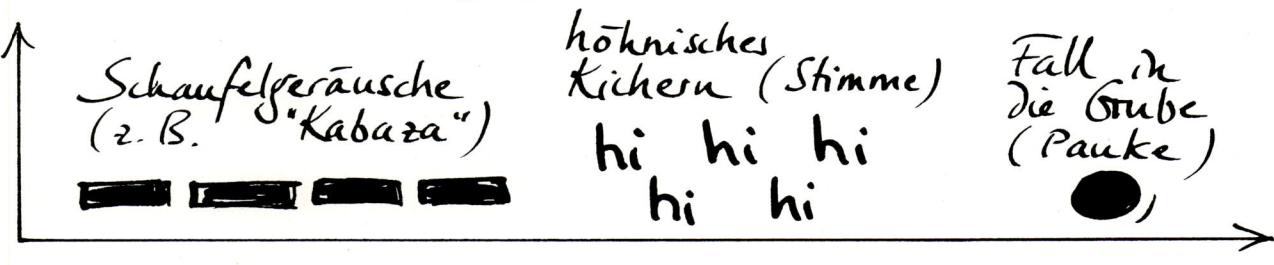

e) Gruppenarbeit:
    Klangpartituren erstellen - Klangstücke aufführen - den entsprechenden Partituren zuordnen.

f) Gleichzeitig können Tempo- und Lautstärkenbezeichnungen erarbeitet, repetiert und praktisch erlebt werden (siehe MuOS Seite 238, 252, MuOS L2 Seite 35, 72-74).

Grafische Notation als "Zeichensystem für die Werkbetrachtung im Unterricht"
Beispiele: Athmosphères, Seite 384 ; Kanons, Seite 385ff

Die Verwendbarkeit ist abhängig
- vom Lektionsthema
- vom Zeitpunkt innerhalb der Lektion
- von der Altersstufe
- von der Vorbildung der Klasse

Grundregeln, die zu beachten sind:

- Nur darstellen, was auch wirklich gehört werden kann.
- Die jeweilige Zeichenwahl richtet sich nach ihrer praktischen Verwendbarkeit, nicht nach ihrer Lückenlosigkeit.
- Man hüte sich vor umständlicher Klebe- und Ausschneidearbeit. Zu bevorzugen sind: Papier- Schreibzeug   Wandtafel - Kreide.
- Zu den selbsterfundenen auch traditionelle Zeichen verwenden :
- Im Vordergrund immer die "Höranalyse", nicht vor allem "Sehanalyse"!

Melodische Schulung

Punkt - Linie - Fläche   in der Musik

Welcher Musikausschnitt gehört zu welcher Notation?

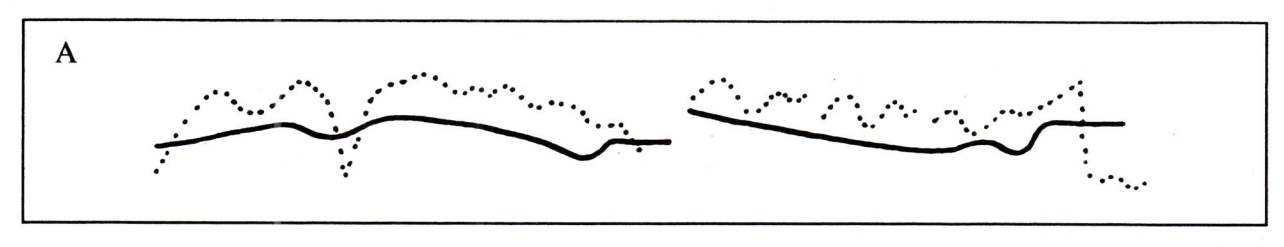

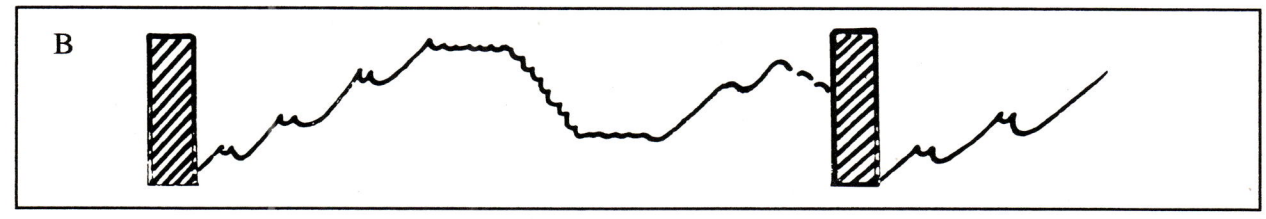

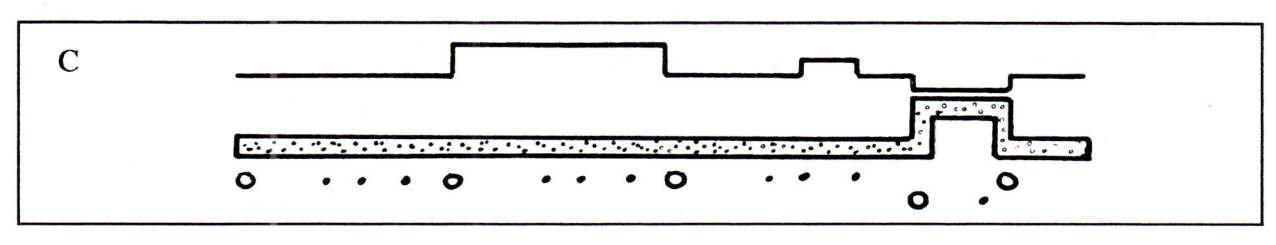

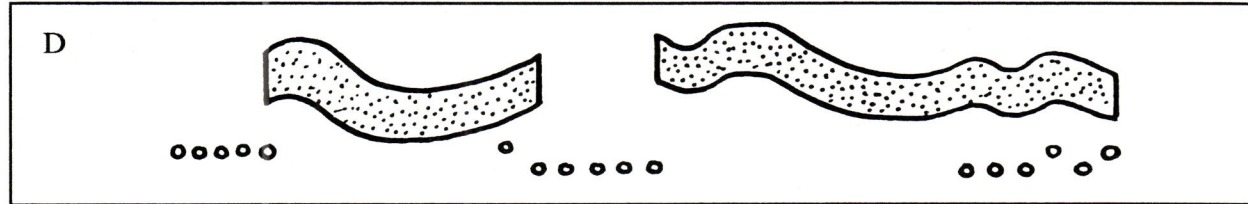

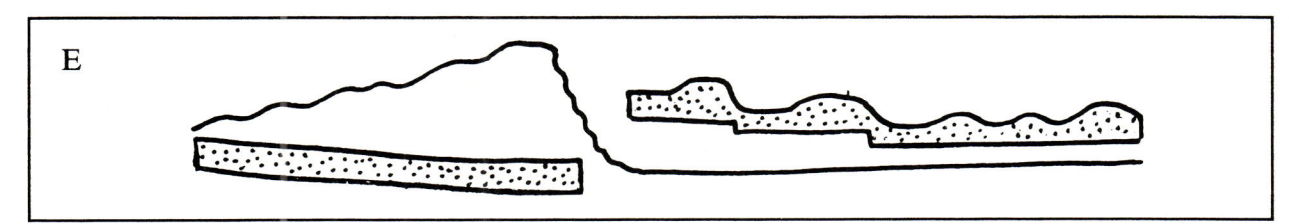

A

B

C

D

E

A Haydn: Streichquartett, op. 76, Nr. 3 ("Kaiser-Quartett")

B Beethoven: Klavierkonzert Nr. 5 in Es-Dur (Anfang)

C Orff: Spielstück (Anfang)

D Beethoven: Violinkonzert in D-Dur (Anfang)

E Mendelssohn: Violinkonzert in e-Moll, 1. Satz ab Takt 121

A   *Melodische Schulung*

György Ligeti (*1923, in Ungarn) "Athmosphères"
(für grosses Orchester, uraufgeführt 1961)

Information: Tontrauben, Klangwolken (Clusters), welche aus bis 59 übereinandergeschichteten Halbtonschritten (z.B. am Anfang von D bis c'''') bestehen, werden stimmweise dynamisch verändert, so dass ein stehendes, aber in sich doch bewegtes Klangbild entsteht.

Vorübung über Klangexperimente:
Vokal   a) Einstieg über pentatonische Klänge

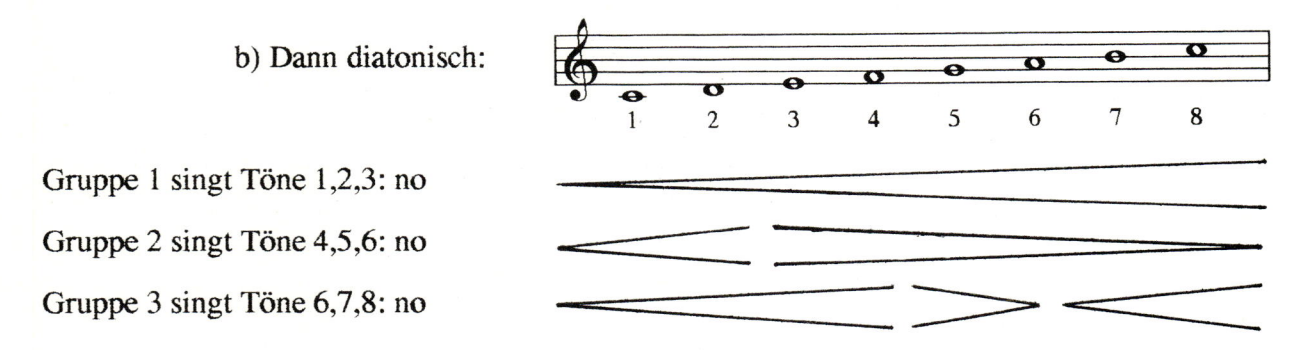

            b) Dann diatonisch:

Gruppe 1 singt Töne 1,2,3: no

Gruppe 2 singt Töne 4,5,6: no

Gruppe 3 singt Töne 6,7,8: no

Lehrer und Schüler stellen neue Gruppenklänge zusammen und suchen weitere dynamische Abläufe (Evtl. unterwegs Vokalisen ändern: von no zu nü usw.).

Instrumental: Beliebige Blas- und Streichinstrumente oder/und Stabspiele. Pro Ton = ein Instrument. Dynamische Steuerung durch einen Dirigenten, durch eine Partitur oder frei.

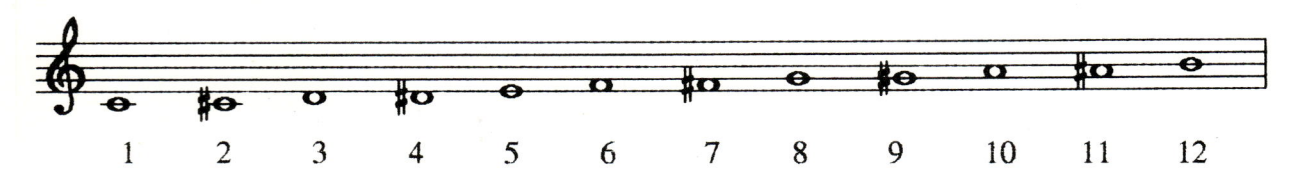

Töne

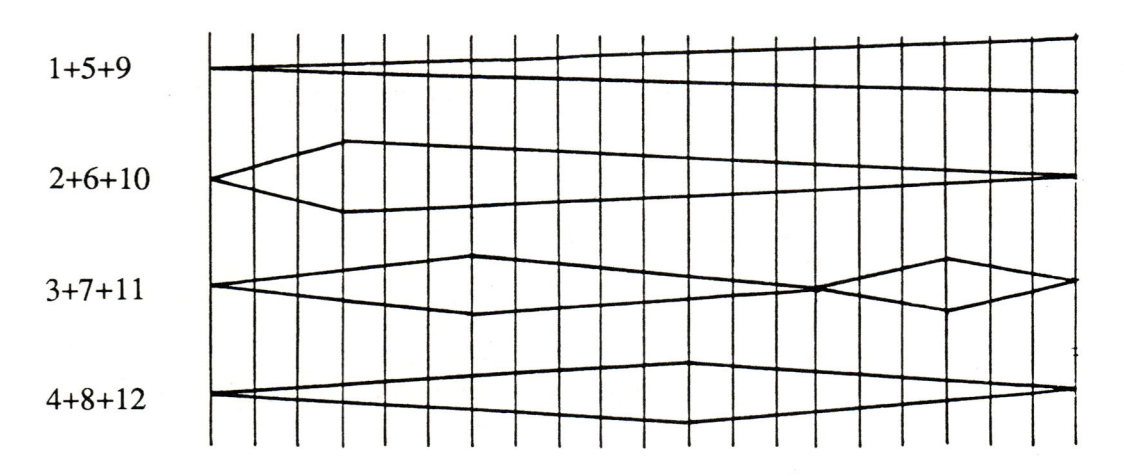

1+5+9

2+6+10

3+7+11

4+8+12

Seite 384

Melodische Schulung

Weitere Möglichkeiten:

- Klangexperimente mit Schlaginstrumenten bestimmter und unbestimmter Tonhöhe allein.
- Tonbandcollage (evtl. auch mit verschiedenen Geräuschen, Abmischung über verschiedene Spuren).
- Vergleich mit Psychedelischer Musik: z.B. The Flock: Green Slice
 (Popmusik international Nr. 2/3, Breitkopf und Härtel, ISBN 3 765 1 0069 2)

György Ligeti: "Athmosphères" (Hörpartitur nach "Resonanzen" Band II)

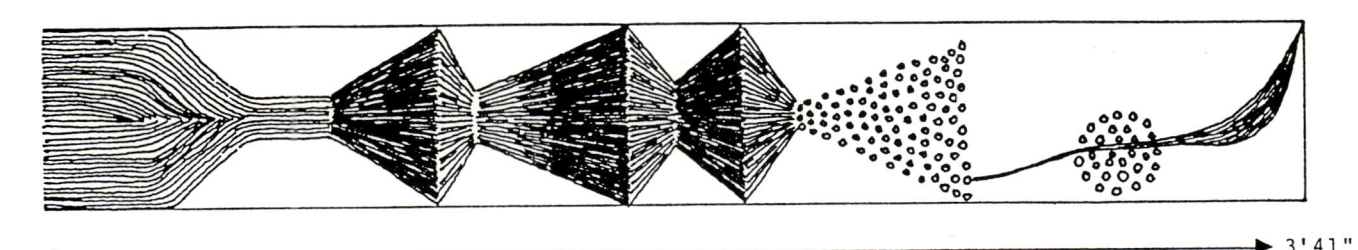

Weisung des Komponisten:

"Alle Einsätze sind dolcissimo, ganz unmerklich zu spielen. Besonders die Bläser sollen stets unmerklich einsetzen... Die Gesamtform des Stückes ist wie ein einziger, weit gespannter Bogen zu realisieren, die einzelnen Abschnitte schmelzen zusammen und werden dem grossen Bogen untergeordnet."

Grafische Partitur eines Kanons

"Dona nobis pacem"

Vorgehen
- Grafische Partitur zeigen. Wer erkennt diesen Kanon?
- Wir singen den Kanon, tupfen die Melodie mit der rechten Hand in die Luft; versuchen dann der grafischen Partitur zu folgen.
- Wie ist diese Schrift entstanden?

Tonlängen: ♩ = 1 cm (welche Strecke beanspruchen: ♩, ♩., ♩. ♪ ... ?)

Tonhöhe: Ganztonschritt: 4 mm   Halbtonschritt: 2 mm

Unterschiede zum herkömmlichen Notationssystem?

(♩, ♩ = Symbole, ≡ Halbton- und Ganztonschritte sind nicht ersichtlich.)

Melodische Schulung

- Einblick in die Werkstatt des Komponisten
    - Orientierung: Zeigt auf den 3. Takt der 2. Stimme!
    - Warum klingt dieser Kanon so gut?
      Wir vergleichen alle drei Stimmen im ersten Takt.
      (1. Stimme = Melodie, 2. und 3. Stimme = Begleitung.)
    - In welchen Takten bleibt die Funktion der Stimmen wie im = Takt? (Im 2., 5. und 6. Takt)
    - Was geschieht im 3. und 7. Takt? (Gegenbewegung)
    - 4. Takt? (Gleiche Rhythmen, Halbschluss)
    - 8. Takt? (Schluss)
    - Weitere Details: Gegenbewegung der 1. und 3. Stimme im 3. Takt. Höhepunkt? (5. Takt)

- Wir singen den Kanon dreistimmig
  Hören wir alles Herausgefundene? Versuche mit einem Auge deine Stimme zu verfolgen, mit dem andern die übrigen Stimmen; mit einem Ohr dir zuzuhören, mit dem andern den gesamten Klang zu erfassen. So sollte man singen und musizieren: Stets sich und den andern zuhören!

Melodische Schulung

Lehrerblatt (Notationshilfe)

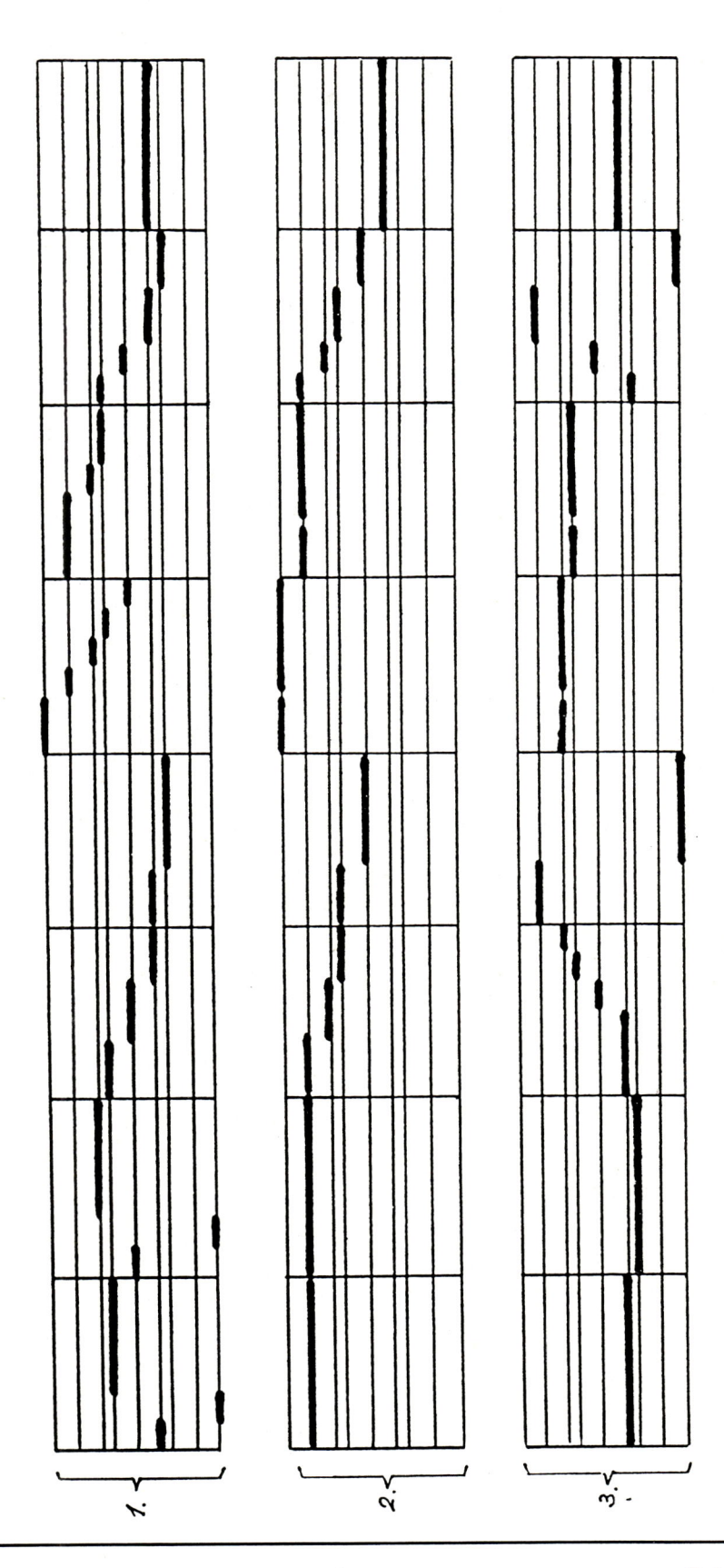

1.　2.　3.

Seite 387

A   *Melodische Schulung*

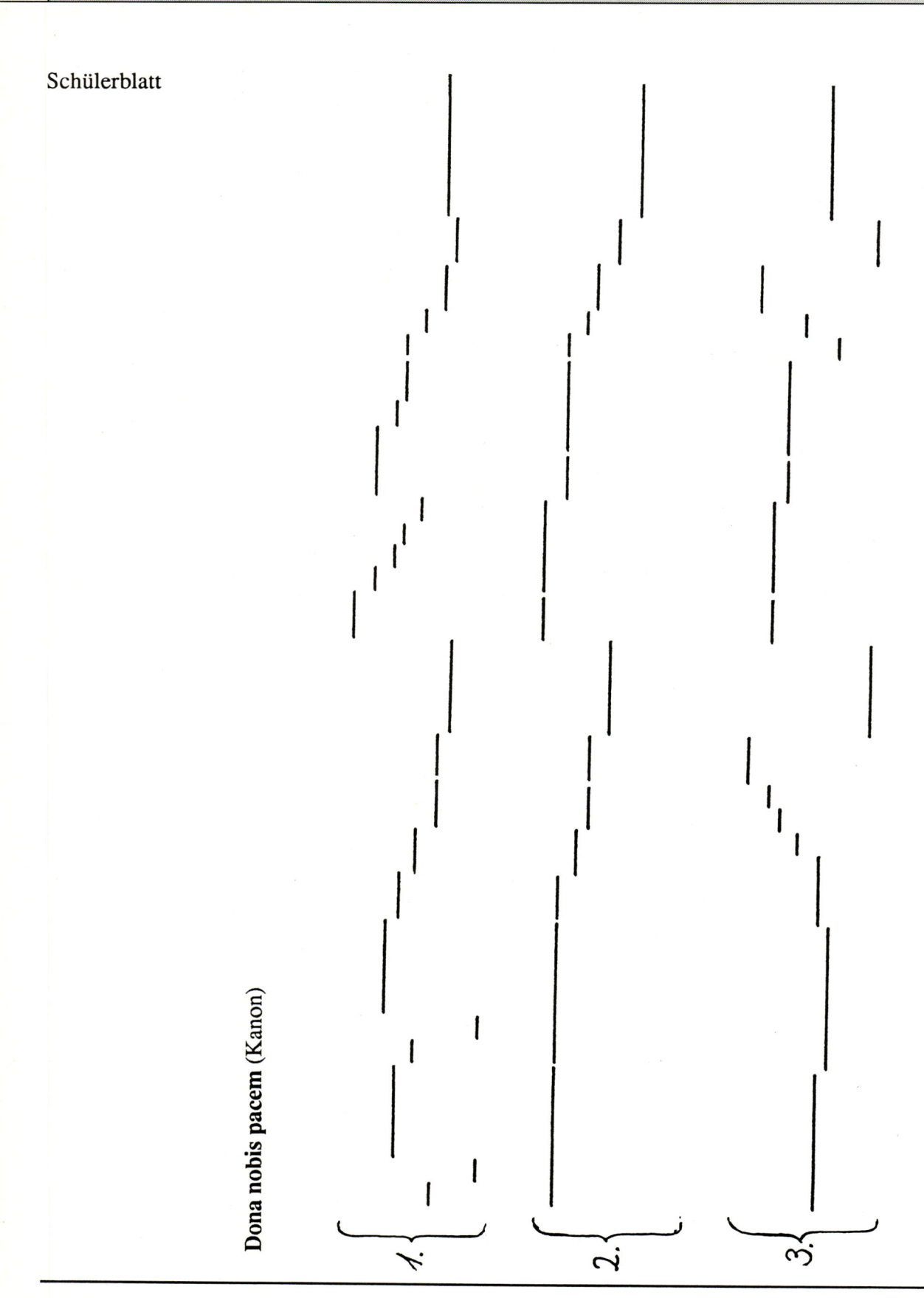

Schülerblatt

Dona nobis pacem (Kanon)

1.   2.   3.

Seite 388

Melodische Schulung

Lehrgänge

"Musik auf der Oberstufe" (MuOS):   Lieder-Tänze-Musikkunde (1988)
Lehrerheft 2 (1987),
Verlag Schweizer Singbuch Oberstufe

"Singfibel" (Fritz Indermühle)   Lehrerband II
Staatlicher Lehrmittelverlag des Kts. Bern

"Mein erstes Liederbuch" (L. Rinderer)   Verlag Helbling
"Liederbuch für die Grundschule"
(L. Rinderer)

"Sing mit" (Ernst Villiger)   Singschule I und II
Selbstverlag Schaffhausen

Melodische Schulung

Übungsmöglichkeiten   Übungen zu den Hilfsmitteln

1. Notenseil

- Spielerisches Umgehen mit dem Notenseil:
  a) Wäscheleine: Taschentücher aufhängen, Seil horizontal, dann vertikal.
  b) Rennbahn: Notenseil am Boden liegend. Im Zwischenraum oder auf dem Seil gehen.
  c) Stehen auf dem 1.2.3.4.5. Seil. Stehen im 1.2.3.4. Zwischenraum
  d) Von einer Linie zur anderen Linie steigen.
  e) Von einem Zwischenraum zum anderen hüpfen.

  Kinder stellen sich zu einem gesungenen, gespielten oder mit Handzeichen gezeigten Motiv entsprechend auf,

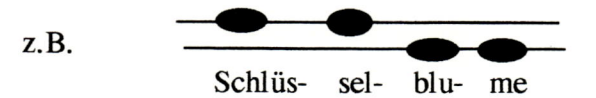

  z.B. Schlüs- sel- blu- me

- Kinder stellen sich zu einem Motiv auf, Motiv wird gesungen, gespielt, gezeigt und notiert.

- Kinder durch Notenkissen oder Kartonteller ersetzen.

- Erfundene Motive stehen oder legen, singen, spielen, zeigen, notieren.

2. Handzeichen

- Lehrer oder Schüler zeigen Lieder oder Liedanfänge mit "stummen" Handzeichen. Wer errät die Melodie, die sich dahinter verbirgt?

- Lehrer zeigt Motive mit "stummen" Handzeichen als Ganzheit vor. Schüler singen aus dem Gedächtnis nach. Anfänglich kurze, später anspruchsvollere Motive wählen.

- Lehrer vokalisiert ein Motiv (singt z.B. "no".."no".."no"..) Schüler zeigen gleichzeitig bei geschlossenen Augen mit Handzeichen nach.

- Lehrer vokalisiert ein Motiv. Die Schüler singen mit Silbennamen nach.

- Bekannte Liedmelodie auswendig solmisieren. Zuerst mit einer Hand die Höhendifferenzen von Ton zu Ton markieren (Tupfschrift), dann die Handzeichen einsetzen.

- Dur-Melodie solmisiert nach Moll übertragen: "Auf, du junger Wandersmann"

    Dur   DO SO DO RE MI MI MI

    Moll   LA MI LA TI DO DO DO

- Modulationen anzeigen, indem die Zeichen von der rechten Hand zur linken überwechseln.

Melodische Schulung

DO RE MI FA SO LA SO — DO RE MI RE DO TI DO — SO MI FA RE DO MI DO

- Direktes Nachsingen der vom Lehrer gezeigten Handzeichen.
  Einzeln, gruppen- oder klassenweise. Zweistimmig: Eine Gruppe singt nach, was mit der rechten Hand gezeigt wird, die andere schaut auf die linke.

- Lehrer zeigt Motiv oder Ausschnitt mit Handzeichen. Schüler singen auf Vokalisen.

3. Fingerzeichen (ca. ab 3. Klasse)

Eignen sich nur zum Erarbeiten und Festigen von Melodien und Motiven von kleinem Umfang. Vorteil: Der Halbtonschritt ist "augenfällig".

Anwendungsmöglichkeiten:
- Lehrer zeigt einen Liedausschnitt
- Schüler zeigt denselben (stumm) nach.
- Schüler zeigt und singt.

4. Tupfschrift (siehe Hilfsmittel)

Gedächtnisstütze während der Erarbeitungsphase und Vertiefung eines Liedes und bei schwierigen Passagen. Als Gestaltungsmittel auch beim Dirigieren einsetzen.

5. Glockenturm und Moltonwand mit Haftnoten

Hohe und tiefe Töne räumlich sichtbar machen:

- Verbindung herstellen zwischen Glockenturm und Moltonwand.
- Ein Motiv spielen - das Motiv kleben, legen.
- Ein Motiv kleben - das Motiv spielen.
- Mit verschiedenen Körperhaltungen (kauern, stehen, strecken) die Tonhöhe ausdrücken.
- Melodisches Diktat: Motiv spielen, Schüler notieren (Notenseil, Moltonwand, Legetafel, Klebetupfen).
- Solmisierte Melodie oder Motiv nachspielen. Vokalisierte Melodie oder Motiv nachspielen.
- Auswendig gelernte Motive spielen.
- Gedächtnisübung: Kurze Motive vorspielen und als Ganzes nachspielen lassen.
- Schlegel als "Wandernote" am Glockenturm einsetzen.
- Motive am Glockenturm "stumm" zeigen, wiederum im Sinne der Wandernote, dann solmisiert nachspielen lassen.
- Melodieanfänge spielen: Wie viele Töne sind nötig, bis die Schüler das Lied erkennen?
- Begleitstimmen zu einem Lied erfinden: Ostinato oder Basslinie.
- "Falsche Töne"
  Beispiel: In F-Dur erscheint h. Herausfinden, was falsch klingt. Wie muss korrigiert werden?

Melodische Schulung

6. Wandtafel mit Notenlinien und Magnetknöpfen

Die vorhergehenden Übungen für den Glockenturm eignen sich ebenso für die Wandtafel.

7. Grosse Notenköpfe

- Legeübung am Boden.
- Jeder neu erlernte Ton wird an die Wand geheftet. Auf diese Weise sind die gelernten Töne für die Schüler jederzeit sichtbar

(LA)
(SO)
(MI)

- Zur Abwechslung: Anstatt Notenköpfe zum Lied passende Figürchen (z.B. aus Moltonpapier) hineinlegen.

Ihr Kin- der- lein kom- met

Es ist ein Ros ent- sprun- gen.

8. Wandernote

- Die Wandernote ist eine mögliche gute Brücke zwischen spielerischem Erfassen, Handzeichen und Notation.

- Lehrer oder Schüler zeigt Melodieteile (nie ruckartig), die Gruppe oder Klasse singt gleichzeitig mit relativen Notennamen oder Vokalisen mit.

9. Notentafel

- Spielerisches Umgehen mit den Haftnoten:
  a) Freies Bilderlegen mit den Haftnoten (z.B. Blume, Haus)
  b) Treppenlegen

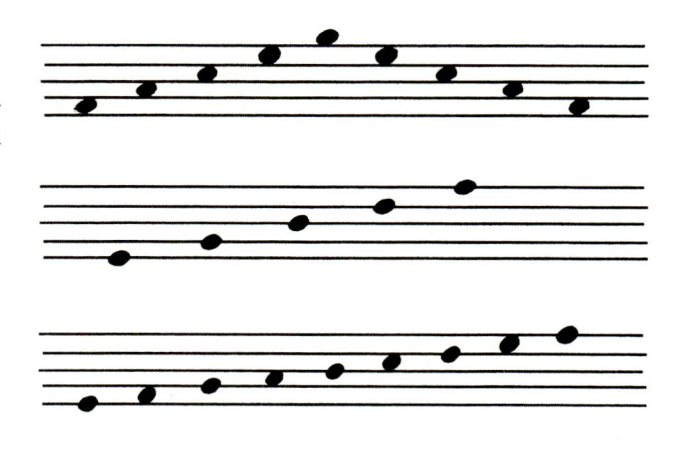

- Partnerübung: Ein Schüler spielt, singt oder zeigt ein Motiv, der andere legt es.
- Partnerübung: Ein Schüler legt ein Motiv, der andere spielt, singt oder zeigt es.
- Melodien legen, die solmisiert vorgesprochen oder vorgesungen werden.
- Die Schüler legen eine selbsterfundene Melodie. Sie singen sie mit Silben oder spielen sie am Glockenturm.
- Auf eine musikalische Frage, die vorgesungen wird oder die an der Moltonwand fixiert ist, suchen die Schüler eine Antwort.

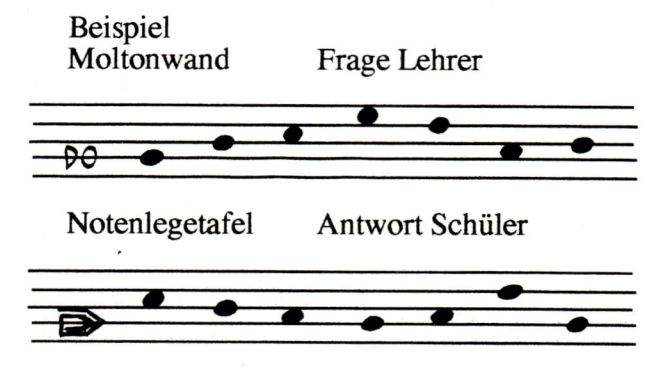

Beispiel
Moltonwand   Frage Lehrer

Notenlegetafel   Antwort Schüler

- transponieren (Verschieben von Motiven)

Melodische Schulung

10. Weitere Übungsmöglichkeiten

- Aufblinken: Zur lockeren Faust geschlossene Finger rasch aufspreizen, wenn in einer Melodie ein bestimmter Ton (z.B. LA), ein Motiv oder ein Rhythmus erscheint.

- "Venusübung" (von Dankmar Venus angeregt): ein notiertes Motiv wird bewusst mit einem Fehler gespielt, Fehler heraushören. Vergleich: Notenbild-Klangbild. Der Schüler gibt "Ort" und später auch die "Art" des Fehlers bekannt.

- Lebendes Xylophon
  a) Unterstufe: Jeder Schüler verwaltet einen Klangstab. Er schlägt ihn an, wenn das dazugehörige Handzeichen gegeben wird. Lehrer und Schüler zeigen bekannte oder frei erfundene Motive oder Melodien.

  b) Mittel- und Oberstufe: Jedes Kind stellt einen Ton dar. Es zeigt ihn mit dem dazugehörigen Handzeichen an, sobald der Ton erklingt. Tonfolgen können vorgesungen oder gespielt werden (Lehrer oder Schüler). Sie können metrisch geordnet sein oder rhythmisch völlig frei gestaltet werden. Wir können so auch ganze Lieder durchspielen.

  c) Aufstellung wie ein richtiges Xylophon. Das Beispiel zeigt eine pentatonische Reihe.

- Musikolympiade
  Schüler in Gruppen einteilen
  (ca. 3-4 pro Gruppe.
  Lehrer stellt die Aufgabe:
  - Singe DO MI SO
  - Zeige ein FA
  Pro Gruppe spielt ein Schüler. Die Gruppe darf kurze Zeit die erhaltene Aufgabe mit ihrem Kandidaten besprechen und trainieren. Alle richtig gelösten Aufgaben werden honoriert.

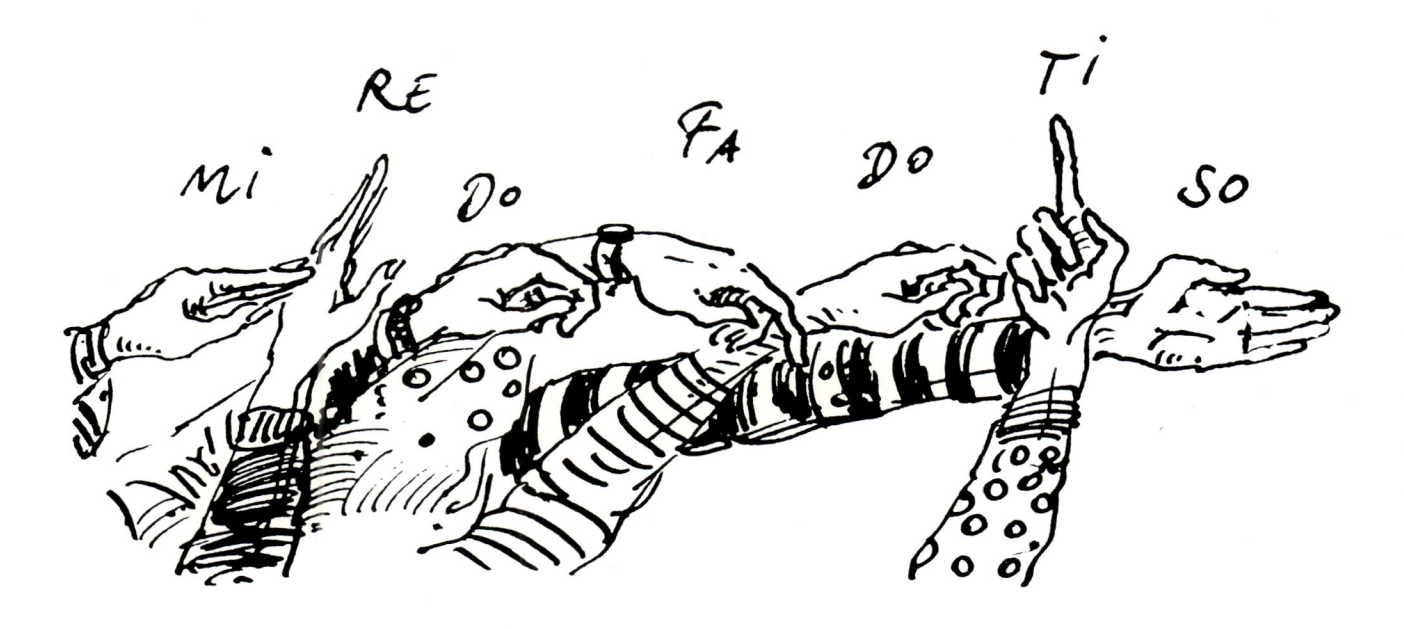

A | *Melodische Schulung*

Hilfsmittel

Anwendung: siehe Übungsmöglichkeiten.

1. Notenseile: Eigenfabrikat mit zwei Holzleisten und dicken Seilen (ca. 1 cm)

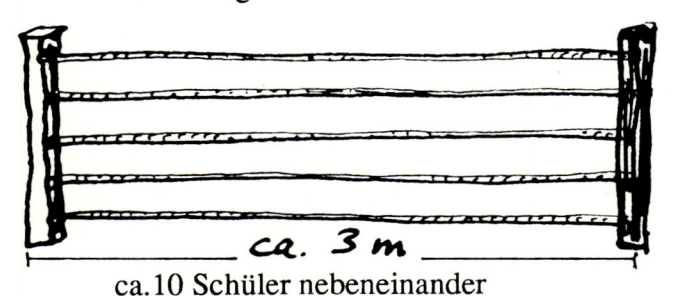

Notenkissen (nähen), Blechdeckel oder Kartonteller als Notenköpfe.
Andere Möglichkeit: Mit Abdeckband Notenlinien auf den Boden kleben. Es ist möglich, am Anfang auch nur mit zwei Seilen zu arbeiten.

ca. 3 m
ca. 10 Schüler nebeneinander

2. Handzeichen

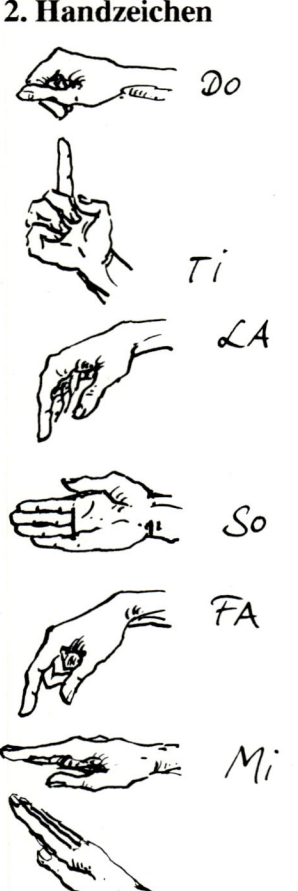

Sie bilden ein für den systematischen Musikunterricht wichtiges Hilfsmittel, das auf jeder Stufe eingesetzt werden kann und wenig Umtriebe verursacht.

Do
Ti
La

Die Handzeichen sollen auf einer senkrechten Achse, der Tonhöhe entsprechend, vorgezeigt werden.

Versetzungszeichen für leiterfremde Töne ($\sharp$, $\flat$) anzeigen:

So

Die eine Hand zeigt das Handzeichen, die andere Hand gibt die Erhöhung oder Vertiefung an.

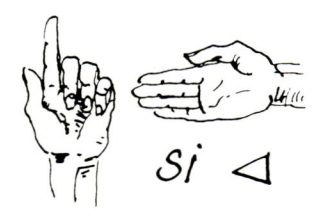

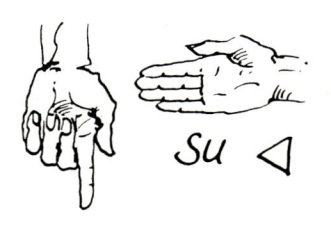

Fa
Mi

Si ◁   Su ◁

Re
Do

Vorzeigen: Weiche, nie ruckartige Zeichengebung. "Inneres Hören" durch "stumme" Handzeichen.

Melodische Schulung

3. Fingerzeichen Vorgehen: Mit dem Zeigefinger der einen Hand den Ton an den ausgestreckten Fingern der andern zeigen. Beliebige Verteilung der Halb- und Ganztonschritte.

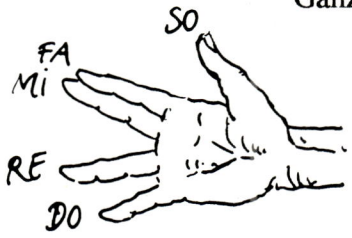

Nachteil:
Wir haben
nur fünf Finger.

4. Tupfschrift: Die eine Hand fixiert in der Luft den zentralen Ton der Melodie, die andere deutet die Höhenunterschiede (Intervalle) an. Die Tupfschrift ist eine ausgezeichnete Erinnerungsstütze.

5. Glockenturm und Notenlegetafel/Moltonwand

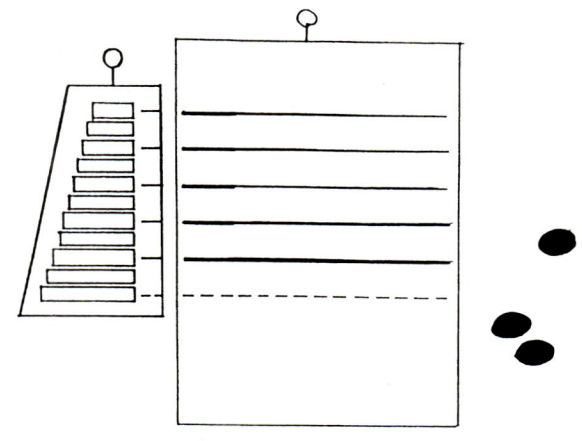

6. Wandtafel mit Notenlinien und Magnetknöpfen

7. Grosse Notenköpfe (Kartonteller mit aufnotierten Silben)

8. Wandernote

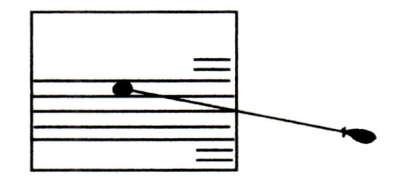

9. Notenlegetafel für die Hand des Schülers

Format A4 quer, Linienabstand 1,5 - 2 cm, Notenköpfe oval kann im Fachhandel als Moltontafel mit Klebenoten bezogen werden.

DO mit Büroklammer oder Radiergummi markieren. Seinen Platz häufig wechseln.

A *Melodische Schulung*

Notenlegetafel

Seite 396

Melodische Schulung **A**

SO
DO

MI
LA

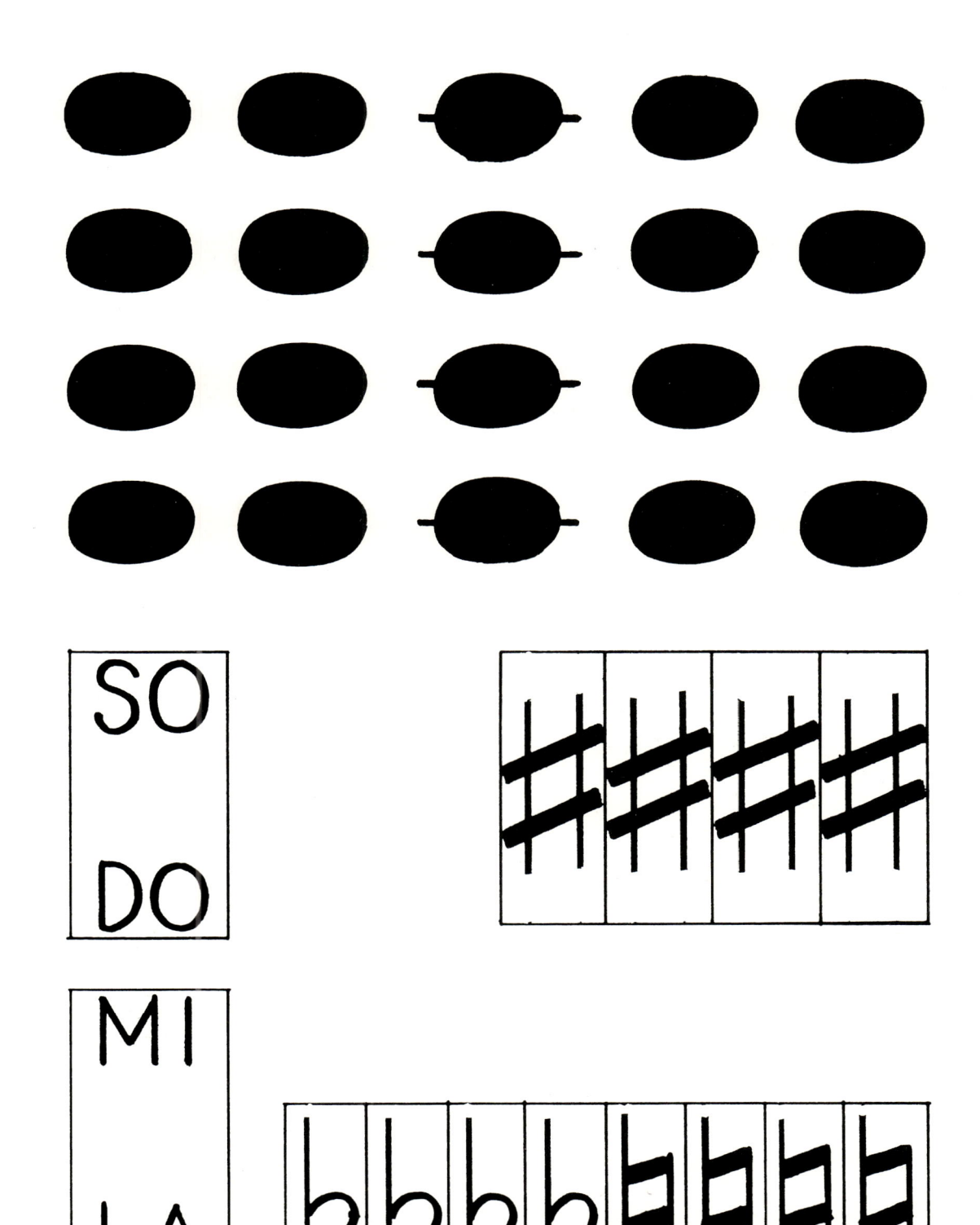

Seite 397

Melodische Schulung

10. Silbentafel

11. Wandtafelanschrift

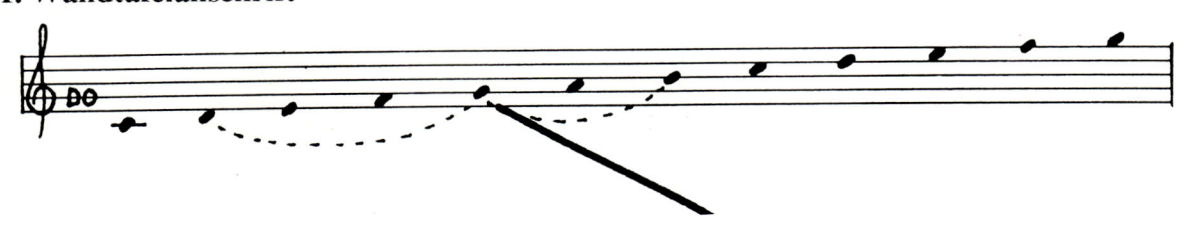

12. "Tonleiterli" und Treppen aus Holz, Karton, an der Wandtafel

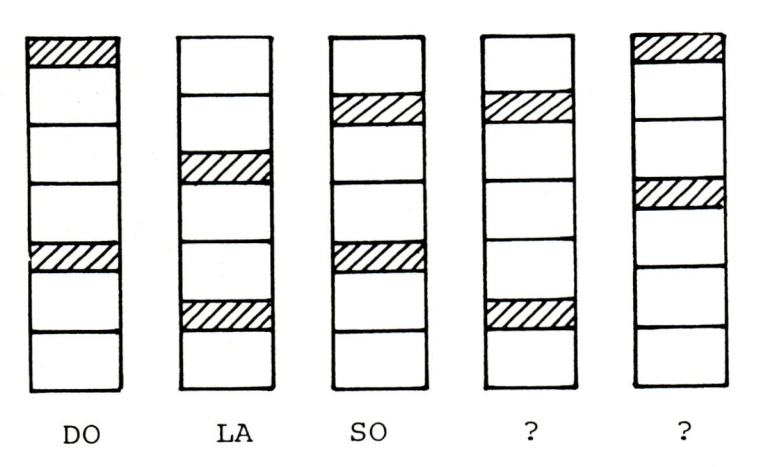

☞ Seite 361, 379, 380

DO   LA   SO   ?   ?

Melodische Schulung   **A**

13. Tonleiter/Tasten-Tafel

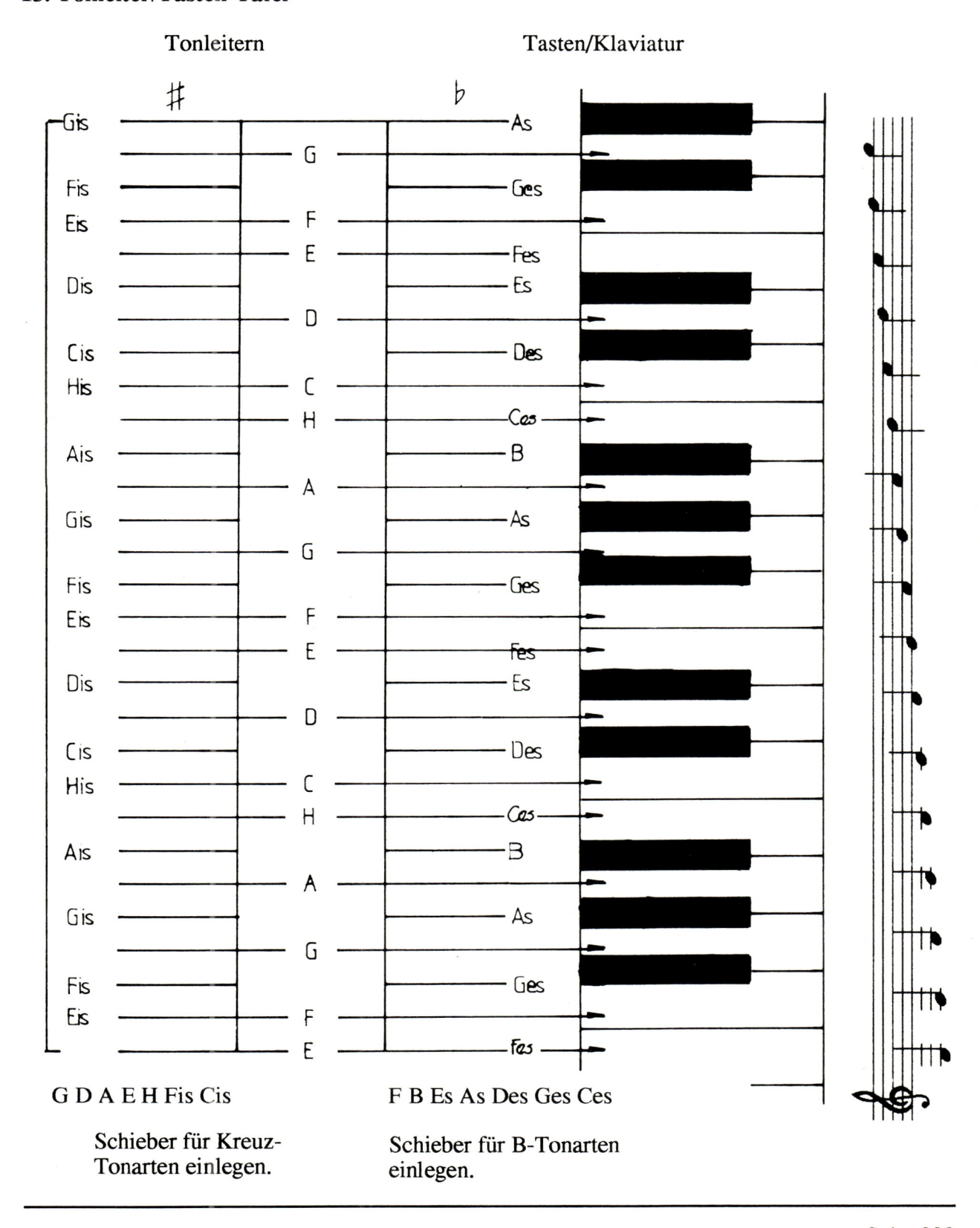

Tonleitern   Tasten/Klaviatur

♯   ♭

Kreuz	Stamm	B
Gis		As
	G	
Fis		Ges
Eis	F	
	E	Fes
Dis		Es
	D	
Cis		Des
His	C	
	H	Ces
Ais		B
	A	
Gis		As
	G	
Fis		Ges
Eis	F	
	E	Fes
Dis		Es
	D	
Cis		Des
His	C	
	H	Ces
Ais		B
	A	
Gis		As
	G	
Fis		Ges
Eis	F	
	E	Fes

G D A E H Fis Cis   F B Es As Des Ges Ces

Schieber für Kreuz-Tonarten einlegen.   Schieber für B-Tonarten einlegen.

Seite 399

A | *Melodische Schulung*

Tonleiter-Schieber

Nachstehende Tonleiter-Schieber sind zum Ausschneiden und Anwenden auf der Tonleiter-Tastentafel gedacht.

Auch andere Tonleitern lassen sich im gleichen Massstab leicht herstellen (Zigeunermoll, Halbtonleiter, Ganztonleiter, Kirchentonleiter)

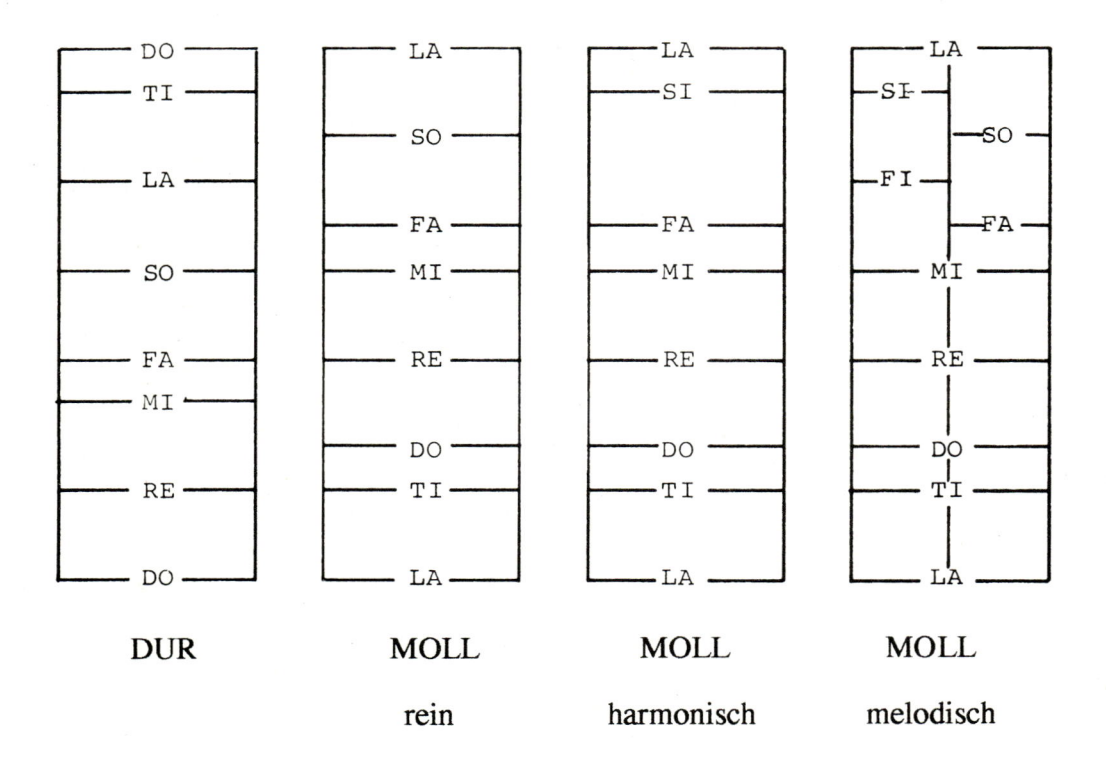

DUR	MOLL rein	MOLL harmonisch	MOLL melodisch
DO	LA	LA	LA
TI	SO	SI	SI
LA	FA	FA	FI – SO
SO	MI	MI	MI – FA
FA	RE	RE	RE
MI	DO	DO	DO
RE	TI	TI	TI
DO	LA	LA	LA

Melodische Schulung   A

Quintenzirkel

(Hilfsmittel: Tonleiter-Tastentafel)

"DO"	Versetzungszeichen: Korrekturen mit Kreuz bezw. B	Schreibweise:	Dur-Tonart	Parallel Molltonart	Merksprüche (Dur)
C	—		C-Dur	a-Moll	-
G	fis		G-Dur	d-Moll	Geh
D					Du
A					Alter
E					Emil
H					Heute
Fis					FISchen
C					-
F					Freche
B					Buben
Es					ESsen
As					ASsugrin
Des					DES
Ges					GESandten

Seite 401

Unterrichts-
planung

Grundlagen/Voraussetzungen

Umsetzung

Weitere Anregungen/Ideen

Planungshilfe

Unterrichtsplanung

Grundlagen/Voraussetzungen

Lehrplan

Die Lehrpläne für die Primar- und Sekundarschulen des Kantons Bern bilden die Grundlage für jegliches pädagogische, didaktische und erzieherische Arbeiten mit Kindern in den Klassen der Volksschule.

Der Lehrplan für das Fach Singen/Musik enthält Grobziele und Inhalte sowohl für das obligatorische Fach Singen/Musik als auch für den fakultativen und zusätzlichen Unterricht.

Die Grobziele und Inhalte sind in allen Schuljahren (ohne 1. Schuljahr) nach dem gleichen Grundaufbau in folgende vier Teile gegliedert:

- Praktisches Musizieren
- Musiklehre (Kenntnisse und Fertigkeiten, die der Schüler erwerben soll)
- Musikkunde (orientiert sein über Musik im weiteren Sinn)
- Instrumentalunterricht/Chorgesang (Ergänzung zum obligatorischen Unterricht)

Die als Kernstoffe bezeichneten Inhalte sind im Sinne der Grobziele zu behandeln. Um dem Unterrichtenden Freiraum zu lassen, wird auch im Fach Singen/Musik angegeben, welche Grobziele und Inhalte als Kernstoffe zu behandeln sind. Diese sollen in der Regel nicht mehr als 60% der zur Verfügung stehenden Unterrichtszeit beanspruchen.

Planungshilfe Musik (Starthilfe)

In den einzelnen Themengebieten (z.B. rhythmische Schulung) erkennt man rasch den Aufbau und die Stoffziele über alle Schuljahre hinweg. Allfällige Ausbildungslücken können so durch planmässiges Aufarbeiten der Stoffziele geschlossen werden. Zudem helfen Literaturhinweise stufengerechte Materialien zu finden.

Im weiteren werden wichtige Bereiche aufgeführt, die Vorbereitung und Durchführung im Fach Singen/Musik zentral beeinflussen.

Stand der Klasse(n)

- Repertoire
  Liedgut (Liedliste)
  Tänze (Liste)
  .....

- Fertigkeiten/Musiklehre
  Rhythmische Schulung
  Melodische Schulung
  Hörerziehung
  .....

- Musikkunde
  Instrumentenkunde
  Werkbetrachtungen
  Funktion und Wirkung der Musik
  .....

- Didaktische Fragen :
  Mit welchen Unterrichtsformen sind die Schüler vertraut?
  Wie wurden Lieder und Tänze eingeführt?
  Wurde solmisiert?
  Kennen die Schüler eine Rhythmussprache?
  Gibt es Schüler, die den Unterricht durch Beiträge auf einem eigenen Instrument bereichern können?
  .....

"Fähigkeiten des Lehrers/der Lehrerin"

- stimmliche Voraussetzungen

- instrumentale Fertigkeiten

- didaktisches und pädagogisches Können

- Erfahrung im Fach Singen/Musik

- technisches Verständnis (Einsatz von techn. Mittlern)

- ....

Unterrichtsplanung

"Rahmenbedingungen"

- Klassengrösse
- Jahrgangsstruktur
- gebrochene und/oder ungebrochene Stimmen
- Unterrichtsraum
- "Bewegungsraum"
- Instrumentarium
- Lehrmittel
- weitere Hilfsmittel wie Moltonwand, Glockenturm, Rhythmuskärtchen, Notenlegetafeln
- ....

Umsetzung

Vom Lehrplan zum Unterricht

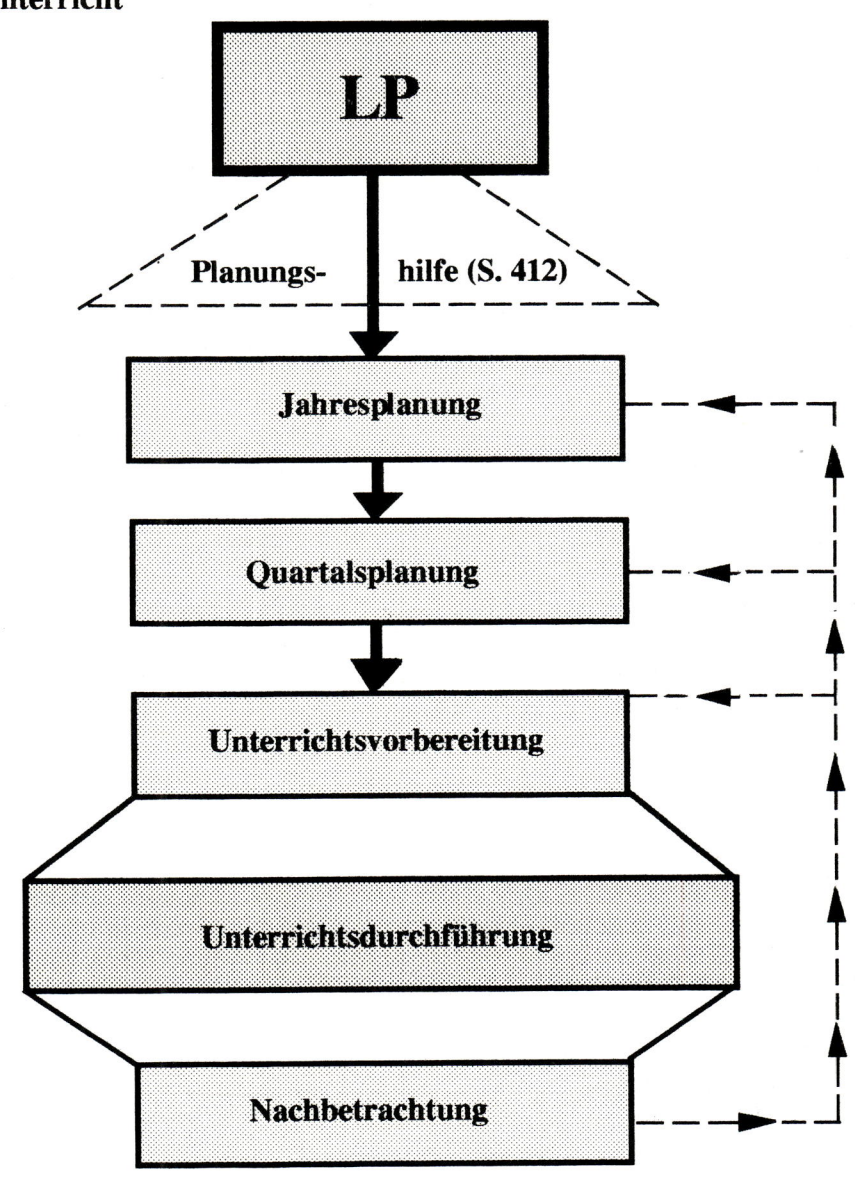

```
                    LP
                     │
              Planungshilfe (S. 412)
                     ▼
              Jahresplanung  ◄──┐
                     │          │
                     ▼          │
              Quartalsplanung ◄─┤
                     │          │
                     ▼          │
           Unterrichtsvorbereitung ◄─┤
                     │          │
                     ▼          │
           Unterrichtsdurchführung  │
                     │          │
                     ▼          │
              Nachbetrachtung ──┘
```

Unterrichtsplanung

Jahres-, Semester- und Quartalsplanung

Unterrichtsplanung hat sowohl grundsätzliche als auch pragmatische Züge. Der Lehrplan macht zwar gewisse Vorgaben, lässt aber den einzelnen Lehrkräften bewusst einen grossen Spielraum. Es geht in erster Linie darum, mit diesem Freiraum verantwortungsbewusst und sinnvoll umzugehen. Als zentrale Aufgabe jeder Planung dürfen Stoffauswahl und Gewichtung sowie deren Verteilung auf die zur Verfügung stehende Zeitspanne bezeichnet werden. Dabei ist in bezug auf den Lehrplan im Sinne der Grobziele vorzugehen. Die Kernstoffe der Bereiche "Musiklehre" und "Musikkunde" sind nicht rein theoretisch, sondern ausgehend vom Singen, Musizieren und Bewegen zu erarbeiten. Um einen planmässigen Aufbau des Unterrichts zu gewährleisten, sind insbesondere im Bereich "Musiklehre" zusätzlich die Inhalte der vorangehenden Schuljahre zu repetieren.

In den Bereichen "Praktisches Musizieren", "Musiklehre" und "Instrumentalunterricht/ Chorgesang" des Lehrplans soll generell ganzjährlich gearbeitet werden. Im Bereich "Musikkunde" sind zeitliche Schwerpunkte je nach Alter/Schuljahre denkbar. Bei einer sinnvollen Jahresplanung muss unbedingt beachtet werden, dass für das Fach Singen/Musik pro Schuljahr 60-70 Lektionen zur Verfügung stehen. Je nach Kombinationen mit anderen Fächern oder fächerübergreifendem Unterricht kann das Gefäss noch erweitert werden.

Weihnachts- oder Schulschlussaufführungen, Konzerte, klassen- oder schulhausübergreifende Projekte u.ä.m. nehmen gerade in bezug auf die Vorbereitung in jeder Jahresplanung einen zentralen Stellenwert ein. Die "Regelinhalte" aus den einzelnen Schuljahren sind dazwischen sinnvoll auf die einzelnen Quartale und Schulwochen zu verteilen. Dabei soll der Unterrichtende bedenken, dass möglichst sämtliche Themenbereiche des Faches Singen/Musik (gemäss Kapitel 1 "Grundlagen", Seite 9) in der Arbeit mit den Schülern angemessen zu berücksichtigen sind.

Lektionsvorbereitung

In einer Musiklektion ist grundsätzlich vielseitig zu arbeiten. Für dieses umfassende und planmässige Arbeiten soll ein möglicher Aufbau aufgezeigt werden.

Daneben können in den einzelnen Lektionen aber auch Schwerpunkte gesetzt werden, so z.B. Repertoiresingen, Tanzstunden, Bewegungsimprovisationen, musikkundliches Arbeiten, Instrumente basteln, Erkundigungen ausserhalb der Schule, fächerübergreifendes Unterrichten u.a.m.

Möglicher Aufbau einer vielseitigen Musiklektion
(Beispiel mit Lied im Zentrum)

1. Einsingen am ausgewählten Lied/Kanon
   (Hör- und Konzentrationsübungen)   5'

2. Praktisches Musizieren
   (Singen/spielen/bewegen)   10'-15'

   Aus dem Liederrepertoire:
   Lieder weiterbearbeiten (Liedbegleitungen: Einsatz von Körper-, Orff- und anderen Instrumenten; getanzte Lieder)

3. Musiklehre
   (Kenntnisse und Fertigkeiten,
   die der Schüler erwerben soll)   15'-20'
   so z.B.

   Planmässige melodische Schulung: Solmisieren, Handzeichen, Glockenturm, Notenlegetafel, Rinderer Leo: Erstes Liederbuch, Improvisationsübungen, Diktate..., evtl. das "neue Lied" melodisch vorbereiten.

   Planmässige rhythmische Schulung: Taktieren, Rhythmussprache, Rhythmuskärtchen, Körper- und Schlaginstrumente, Improvisationsübungen, Diktate ..., evtl. das "neue Lied" rhythmisch vorbereiten.

Unterrichtsplanung

Hörerziehung:
Differenzierung von Geräuschen, Klängen, Tönen, Klangfarben; Vergleich von Motiven, von Original und Bearbeitung; Umsetzen von Musik in Bewegung, in grafische Darstellungen... oder

Musikkunde:
Instrumentenkunde, Werkbetrachtungen, Komponistenbilder, Stilkunde, Musikgeschichte, aktuelle Musikwirklichkeit, Formenlehre, Funktion und Wirkung von Musik...

4. Praktisches Musizieren
   (Singen/spielen/bewegen)   10'-15'

   Neues Lied: evtl. unter Ziffer 3 im Rahmen der planmässigen melodischen und rhythmischen Schulung vorbereiten; Einführungsmethoden: Papageienmethode, Handzeichen, "vom Blatt", Puzzle

   oder   neuer Tanz

   oder   Ausklang, Liederrepertoire, Singspiel, gemeinsames vokales und instrumentales Musizieren, Tänze.

****

Jegliches Tun im Fach Singen/Musik sei Schulung des differenzierenden Hörens und eröffne Einblicke in das Wesen der Musik.

****

Kontrolle (Reflexion)

Der Nachbewertung einer Musiklektion muss besonderes Gewicht beigemessen werden. Dabei soll sich der Unterrichtende kritisch mit dem Erreichten auseinandersetzen. Folgende Fragen sind erlaubt:

- Habe ich die Zielsetzung(en) der Lektion erreicht?
- Welche Bereiche insbesondere der Musiklehre sind bereits gefestigt, wo sind noch vermehrt Wiederholungen nötig?
- Wie kann in der nächsten Musiklektion auf dem Erreichten aufgebaut werden?
- Sind die Quartals- und Jahreszielsetzungen realistisch, müssen in der Fein- und /oder Grobplanung Korrekturen angebracht werden?
- Haben meine Schüler immer noch Freude an den Sing- und Musiklektionen?
- ...

Bemerkung:
Diese Reflexion muss nicht zwingend im Anschluss an jede Musiklektion gemacht werden. Zumindest hat sie aber periodisch zu erfolgen.

Lernerfolgskontrollen und Notengebung

Solange es (noch) Schulnoten geben wird, solange sollten auch wir Musikunterrichtenden an der Notengebung festhalten. Dadurch wird manifestiert, dass das Fach Singen/Musik, ausser dem gewiss erwünschten Spielbereich, durchaus auch den Leistungsbereich umfasst. Die Zugänge zur Musik können eben nicht ohne oft mühevolles Lernen, ohne Bemühen - gepaart mit viel Ausdauer - gefunden werden.

Selbstverständlich ist nicht alles kontrollier - oder messbar, was die Auseinandersetzung mit Musik anregen, pflegen und fördern kann. Oder: Wer will die Sensibilität für Musik, die Erlebnisfähigkeit des Schülers, seine Freude am Singen und Musizieren, seine Offenheit und Vorurteilsfreiheit gegenüber ungewohnten Musikgattungen benoten?

- Es gibt allerdings noch heute keine Definition des Begriffes "Musikalität"! Andererseits widerspricht es allen pädagogischen und fachlichen Ansprüchen, wenn im Musikunterricht der Schule nur gute bis sehr gute Zensuren (sogenannte "Gefälligkeitsnoten") verteilt werden; auf diese Weise wird der Stellenwert des Faches herabgesetzt und dazu werden erst noch die persönlichen Bemühungen der besten Schüler abgewertet.

Unterrichtsplanung

Was lässt sich denn im Musikunterricht in der Schule überprüfen und damit benoten?

Ist es etwa sinnvoll, zwecks Notengebung, den Schüler allein vor der Klasse ein (mehrstrophiges) Lied vorsingen zu lassen? Beurteile ich die Leistungen der Schüler, die kein Instrument spielen, besser oder schlechter als die Leistungen der Instrumentalisten, die durch den zusätzlichen Musikunterricht ausserhalb der Schule bevorteilt sind?

Es bieten sich wohl zwei Bereiche an, die eine Bewertung durch Noten gewiss auch im Fach Singen/Musik zulassen:

A   Fähigkeiten (dazu gehören auch das Sach-Wissen und die manuell-instrumentalen Fertigkeiten...)
B   Mitarbeit (Interesse, Aktivität, Eigeninitiative und Kreativität während des unterrichtlichen Geschehens...)

Beide Bereiche sollten bei der Notengebung berücksichtigt und deren Bedeutung und Mischungsverhältnisse den Schülern stets offen dargelegt werden.

Es müsste selbstverständlich sein, dass a l l e Schüler einer Klasse dieselbe Chance haben, die gesetzten Ziele optimal zu erreichen. Unter Umständen versagt dann einmal ein Schüler, der sich sonst oft und gerne auf seinen langjährigen Klavierunterricht beruft!

Was ist überprüfbar im Unterrichtsbereich Musik?

Grundsatz: Auch im Fach Singen/Musik soll eigentlich jede Leistungsbewertung den Fortschritt des einzelnen Schülers und nicht dessen aktuellen Leistungsstand bewerten!

A   Fähigkeiten
       (v.a. Mittel- und Oberstufe)

1. - Das Musik-Machen, allein und mit anderen zusammen.
   - Singen (Stimme, Stimmqualitäten, Haltung, Atmung, Aussprache, Gestaltungsvermögen...)
   - Musizieren mit selbsterfundenen und/oder selbstgebastelten Instrumenten, mit dem Orff-Instrumentarium, in der Spielgruppe...
   - Bewegen und Tanzen (Koordination mit der Musik...)

2. Das differenzierende Hören und Erkennen von unterschiedlichen
          Tonhöhen
          Rhythmen
          Tempi
          Lautstärken
          Klangfarben
          Besetzungen
          ...

3. Die Fähigkeit, musikalische Zusammenhänge zu erkennen. Dazu gehört ein Erinnerungsvermögen für
          Rhythmen
          Melodiebausteine
          Taktarten
          Klangfarben
          Formteile
          ...

   z.B. "Wann ändert die Taktart in diesem Stück?"
   "Wie oftmals erkennst Du das Motiv...?"
   "Was ändert sich in der nächsten Variation... die Tonart ... die Begleitfigur..die Instrumente?"
   "Die Oboe spielt die Hauptmelodie etwas anders als die Violine!"

4. Das musikalische Sachwissen aus den verschiedensten Bereichen der Musik

   z.B. "Was bedeutet die Bezeichnung : da capo?"
   "Bilde aus den Buchstaben A und B und C das Muster einer Rondoform!"
   "Ordne die Tänze nach ihrer geschichtlichen Reihenfolge: Cha-Cha-Cha, Sarabande, Walzer, Twist, Menuett!"
   "Streiche im vorliegenden Radioprogramm-Ausschnitt alle Hinweise an, die auf Kirchenmusik hinweisen!"

Unterrichtsplanung

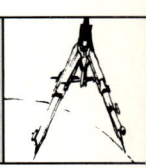

5. Das kreative Gestaltungsvermögen (Originalität ist - hoffentlich - gefragt!)

    z.B. "Komponiere ein neues Radiosignet für Radio DRS!"
"Bilde mit dem gegebenen Motiv eine achttaktige Melodie!"
"Komponiert in der Gruppe zu einer selbstgewählten Zirkusnummer eine geeignete Musik. Spielt sie auf Tonband! Die Klassenkameraden werden herausfinden müssen, welche Szene im Zirkus abläuft."
"Bewege Dich wie der Gnom in Mussorgskys 'Bilder einer Ausstellung'!"

6 Das musikalische Einschätzungs- und Beurteilungsvermögen

    z.B. "Vergleiche die beiden Melodieabschlüsse a und b! Welcher passt besser zum Melodieanfang? Weshalb?"
"Ein Musikstück mit dem Titel "Stekkenpferd" wird in drei unterschiedlichen Tempi vorgespielt. Welches Tempo scheint Dir das beste zu sein? Weshalb?"
"Was erwartest Du nach der eben gehörten Orchestereinleitung: Eine Sinfonie? Eine Oper? Ein Musical? Einen Fastnachtsumzug?..."
"Suche zum vorgespielten Musikwerk eine passende Überschrift!"

B. Mitarbeit

Hier gilt es, das ehrliche Interesse des Schülers,
    das aktive Mitmachen,
    die Eigeninitiative,
    die Aufmerksamkeit (beim Hören),
    die Bereitschaft, Neues auszuprobieren,
    das Tolerieren fremder Meinungen und Vorlieben,
    das sinnvolle Eingliedern in das gemeinschaftliche Musizieren,
    ...
zu beobachten!

Weitere Anregungen/Ideen

Liedauswahl
(mögliche Gesichtspunkte)

- Jahreszeit
  - Frühling
  - Sommer
  - Herbst
  - Winter

- Tageslauf
  - Morgen
  - Mittag
  - Abend
  - Nacht

- Feste
  - Elternabend
  - Schulschluss
  - Einweihung
  - historische Feiern
  - zum Kirchenjahr

- Querverbindungen
  - zum Lesestoff
  - zum Realunterricht
  - zum Turnen/Tanzen

- "Trainingslieder"
  - für die rh. Schulung
  - für die mel. Schulung
  - für die Hörerziehung

- Themenkreise
  - Weltreise
  - "Viechereien"
  - Humor und Satire
  - Kabarett
  - Liebe
  - Geselligkeit
  - Zirkus
  - Märchen

- Singspiele

- Lieder, die einfach gefallen

- Aktualitätsbezug
  - "Freiheitslieder"
  - Unterdrückung

- Wetter
  - Sturmschäden
  - "Unwetter,
  - "Sturm"
  - Nebelwetter

Unterrichtsplanung

rechts und links -
Lied im Unterricht - Unterricht am Lied

Lied im Unterricht

"Ich will ein bestimmtes Lied einführen. Wie fange ich's an?"

Die Analyse des Liedes ergibt z.B.: Es hat ein unbekanntes, nicht stufengerechtes Element im Lied, z.B. bezüglich Rhythmus, Melodie, Inhalt, Tempo, Stimme, Sprache (Fremdsprache), oder anderem.	Ich stelle dieses Element (versteckt in Spielformen) dem Lied voran.
Die Analyse des Liedes ergibt z.B.: Es kommen bekannte, kürzlich erarbeitete Elemente vor, die noch gefestigt werden sollten.	Ich gehe vom Bekannten, vom alten Lied und Stoff aus. Vergleich mit dem Neuen.
Die Analyse des Liedes ergibt einen Bezug zur Aktualität: "Herbstlied" "Tanzlied aus Jugoslawien"	- Nebel, Wetter, Stimmung - Ferien - Tourismus - Geografie - Adria/Umwelt - Politik (Kosowo)
"Sturmlied" "Negro Spiritual"	- Unwetterschäden - Rassenprobleme, Arbeitswelt

---

**Auf den Seiten 412 bis 420 finden Sie eine Planungshilfe
für die Arbeit gemäss Lehrplan
für die Primar- und Sekundarschule des Kantons Bern**

Unterrichtsplanung

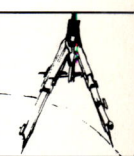

Unterricht am Lied

"Ich will ein bestimmtes Element, ein bestimmtes Stoffgebiet erarbeiten.
Wo und wie finde ich das passende Lied?"

Stoff-Beispiele	Planungshilfe	Schulmusik konkret (SMuK)	L1	L2	Inhaltsverzeichnis der Singbücher
Rhythmus:	416	306	252	52, 70	
Melodie: SO-RE	417	359ff	-	21	
Nordamerika	-	-	258	223	
Mus. Lehre: Die Sexte	417	-	255	117	
Mus. Lehre: Dur/Moll	417	390	253, 256	85ff	
Stimmbildung: Schlechter Stimmbandschluss	413	19	198, 203	-	
Soz: Annäherung einzelner Gruppen in der Klasse durch Tanz- + Kommunikationsspiele	-	233	108ff, 127ff	-	
Dynamik	419	240	-	72	
Kleine Liedform	420	-	-	149	
Klangfarben	419	244	-	15	

Seite 411

Planungshilfe

	Singen	Lehrplan	Vorschläge	SMuK S. 33-43
1	K -	Erarbeiten eines stufengemässen Liedgutes	- US - SSU - "Musik in der Grundschule" Band 1/2 Rinderer/Kraus; Helbling Verlag	
2	K -	Vielfältiges, dem Alter und dem Erleben des Kindes angepasstes einstimmiges Liedgut	- "Spiele + Lieder für den Kindergarten" Lehrmittelverlag des Kantons Zürich - "Annebäbeli, lüpf di Fuess" Hartmann Verlag P. Haupt	
3	K -	Einstimmiges Singen und einfache Kanons (15-20 neue Lieder): mit und ohne Begleitung nach Gehör und ab Notation	- "Willkommen lieber Tag" Band 1/2 R. R. Klein Diesterweg Verlag - "Chorschule Z. Kodaly" 50 einstimmige Kinderreime, E. Roth; Verlag Boosey & Hawkes, Bonn	
4	K -	Fächerübergreifenden Themen angepasstes breites Liedgut (15-20 neue Lieder): vorwiegend einstimmig Kanons einfache Zweistimmigkeit	z.B. MS Nr. 146, 153, 173, 206, 234 z.B. MS Nr. 25, 37, 45, 48, 67, 100, 111, 130, 188, 209, 215, 251, 259	
5	K -	Breites Liedgut (15-20 neue Lieder): vorwiegend einstimmig einfache Zweistimmigkeit Kanons, Quodlibet - Liedkantate, Singspiel	z.B. MS Nr. 68, 116, 138, 141 z.B. MS Nr. 27, 165, 180, 246, 248 z.B. MS Nr. 221-223, 237; OS Nr. 207-210; MuOS 5.6 z.B. Kantaten von Bresgen, Kretzschmar (Schulwarte)	
6	K -	Breites Liedgut (15-20 neue Lieder): ein- und zweistimmig Kanons - Liedkantate, Singspiel	Anspruchsvollere 2 st. Lieder: z.B. MS Nr.38, 42, 56, 72, 74, 190, 228; MuOS 2.3, 2.20, 3.3, 5.1, 5.30 z.B. MS Nr. 172, 175, 184; MuOS 2.9, 2.19, 3.11, 8.34 Auswahl in Schulwarte	
7	K -	Breites Liedgut (ca. 15 neue Lieder): einstimmig Kanons einfache Mehrstimmigkeit Volkslieder aus aller Welt, Chansons	z.B. OS Nr. 15, 167; MuOS 3.17, 5.28 z.B. OS Nr. 19, 139; MuOS 4.31, 8.33, 8.44, 9.2 z.B. OS Nr. 10, 13, 78, 147; MuOS 5.29 z.B. OS Nr. 227; MuOS 4.14, 4.37, 4.39, 4.44, 5.15 z.B. Reinhard Mey / Mani Matter "Berner Chansons"	
8	K -	Breites Liedgut (ca. 15 neue Lieder): vom Negro-Spiritual und Popsong bis zum Kunstlied - Kantaten - Musicals	- MuOS 2.8, 2.28, 3.15, 3.25, 4.15, 4.16, 4.62 (ev. Oberstimme instrumental), 4.76, 7.2 b, 7.10, 7.35, 7.42, 7.43, 8.14, 8.21, 8.22, 9.11, 9.14, 9.20	
9	K -	Gefestigtes und vertieftes Liederrepertoire (ca. 30 Lieder)	- Beispiele zu populärer Musik s. SMuK S. 127-158 - Grosse Auswahl an Kantaten, Musicals, Arrangements in Schulwarte und Musikgeschäften	

(K=Kernstoff)

Planungshilfe

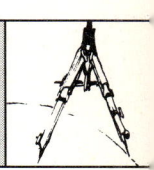

Stimmpflege Lehrplan	Vorschläge	SMuK S. 14-32
K - Kennen und Einsetzen der eigenen Stimme (sorgfältige Betreuung der "Brummer") - Gewöhnen an eine gemeinsame Tonhöhe	- SMuK S. 22-24 - Brummer SMuK S. 32	1
- Spielerische Atem- und Sprechschulung	- Literatur S. Stöcklin-Meier: "Spielen und Sprechen" Publikation "Wir Eltern", Orell Füssli S. Stöcklin-Meier: "Verse, Sprüche, Reime für Kinder" Publikation "Wir Eltern", Orell Füssli	2
- Lockerheit der Tongebung, natürlicher Atembogen, Artikulation	- Weitere Publikationen SMuK S. 43	3
- Atem-, Stimm- und Sprechschulung am Lied		4
- Atem-, Stimm- und Sprechschulung am Lied	- SMuK S. 20, 21, 25-27 - Literatur SMuK S. 43	5
- Atem-, Stimm- und Sprechschulung am Lied		6
K - Chorische Stimmpflege unter besonderer Berücksichtigung der Situation der Mutanten		7
K - Chorische Stimmpflege, Festigen des neuen Tonraumes	- SMuK S. 21, 27 - Mutation SMuK S. 31 - Literatur SMuK S. 43	8
- Chorische Stimmpflege (Atem- und Sprechschulung)		9

(K=Kernstoff)

Planungshilfe

	Instrumentales Musizieren **Lehrplan**	**Vorschläge** **SMuK S. 44-86**
1	K - Spielen m. d. Körperinstr. (klatschen, patschen...) - Experimentieren, Imitieren, Improvisieren auf elementaren Instr. (kl. Schlagwerk, gebastelte Instr.) - Verklanglichen von Versen, Geschichten - Einfachste Liedbegleitungen	Experimentieren-Improvisieren-Gestalten - Mit Körperinstrumenten: SMuK S. 60, 61, 236-242, 328 - Mit Materialien: SMuK S. 62-64, 236-242 - Mit Instrumenten: SMuK S. 64-69, 236-242, 328, 329 - Nach Spielregeln: SMuK S. 244, 302, 303
2	K - Handhabung einfacher Instrumente (Orffsches- u. selbstgebasteltes Instrumentarium) - Improvisieren und Gestalten - Begleitungsmöglichkeiten zu Versen und Liedern	Verklanglichen von Versen und Geschichten: SMuK S. 63, 64, 66, 243, 291-294
3	K - Liedbegleitung mit Orff-Instumenten: einfache rhythmische und melodische Ostinati - Auf selbstgebastelten Instrumenten spielen: schlagen, zupfen, blasen ... - Improvisieren nach Spielregeln: z.B. Tutti-Solo	Begleitungsmöglichkeiten: SMuK S. 61, 67, 70-81; US Nr. 46, 64, 72, 88, 157, 259 SSU S. 6, 19, 20, 52, 56, 103/104, 118/119, 184/185 Handhabung: SMuK S. 47-49, 66-72

4	- Instrumentale Liedbegleitung (Rhythmus, Klangmalerei, Ostinato, Bordun), auch mit selbstgebastelten Instrumenten	Liedbegleitung:
		- Rhythmus:
		  MS Nr. 225, 227, 230, 239
		  SSM S. 156, 216, 222, 224, 226
		  MuOS 4.12, 4.39, 4.42, 6.4, 6.8, 6.14, 6.19, 7.25
		  SMuK S. 328

5	- Instrumentale Liedbegleitung (Rhythmus, Klangmalerei, Ostinato, Bordun)	- Ostinato:
		  MS Nr. 225
		  SSM S. 9, 18, 38, 52, 58, 61, 71, 77, 80, 89, 124, 179, 193, 201, 206, 223
		- Bordun
		  MS Nr. 13, 255
		  SMuK S. 70-72

6	- Instrumentale Liedbegleitung (Rhythmus, Klangmalerei, Bordun, Ostinato)	- Stufen
		  SMuK S. 73-76
		- Klangmalerei
		  SMuK S. 241
		  SSM S. 176
		  OS Nr. 76

7	- Improvisation, insbesondere rhythmische Begleitungen, in Verbindung mit Sprache, Stimme und Bewegung (Orff-Instrumentarium)	Liedbegleitung (siehe L1 S. 248, 249):
		
		- Rhythmus:
		  MuOS 5.17, 5.28, 5.29, 6.10, 6.11, 7.26, 10.8
		  SMuK S. 328, 334

8	- Liedbegleitung mit Klangimprovisationen, instrumental und vokal	- Ostinato:
		  MuOS 3.10, 4.47, 8.13, 9.2, 9.13, 10.8,
		  OS Nr. 19

9	- Liedbegleitung und Klangimprovisationen, instrumental und vokal	- Bordun:
		  MuOS 4.66
		
		- Stufen:
		  SMuK S. 73-76

(K=Kernstoff)

Planungshilfe

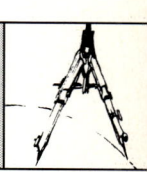

Bewegen/Improvisieren Lehrplan	Vorschläge	
- Musik in Bewegung umsetzen: Experimentieren, Imitieren, Improvisieren und Gestalten - Spielformen für soziales Verhalten (Führen/Folgen..), für Konzentration, Reaktion, Gedächtnis, Phantasie K - Reigenlieder, einfache Singspiele und Kindertänze	Unterstufe SMuK S. 87-100 Literatur: - BSP 1985 - US S. 207-261 - SSU S. 198-237 - "Sing und Spring" Klara Stern, Haupt-Verlag - "Improvisation-Tanz-Bewegung" US-MS-OS, B. Haselbach, Klett-Verlag Tänze - Alewander 1+2, H. Urabl/M. Wey - Kindertänze 1+2, H. Urabl/M. Wey Pan-Verlag	1
- Bewegungsimitationen (Menschen, Tiere..) - Musikalische Formen erkennen und in Bewegung umsetzen (z.B. Rondo) K - Singspiele und Kindertänze		2
- Selbstgestaltete und überlieferte Kindertänze - Bewegungsimprovisation zu verschiedenartiger Musik: legato - staccato; traurig - übermütig... - Gestalten von Beispielen aus der Programmusik (erzählende Musik)		3
- Tanzlieder K - Selbstgestaltete und überlieferte Kindertänze (pro Quartal mindestens ein neuer Tanz) - Mit Stimmen, Klanggesten, Materialien und Instrumenten Geräusche, Klänge und Töne zu verschiedenen Situationen erfinden	Literatur: - Turnen und Sport Band 3, 5.-9. Schulj. mit Kassetten - MuOS 6.1-6.57 mit Kassetten - Tanzchuchi Zytglogge-Verlag mit Kassetten	4
- Bewegungslieder K - Einfache Tänze (pro Quartal mindestens ein neuer Tanz) K - Improvisation in Musik, Sprache und Bewegung - Kommunikationsspiele		5
K - Tänze (pro Quartal mindestens ein neuer Tanz) K - Improvisation in Musik, Sprache und Bewegung - Kommunikationsspiele		6
K - Improvisation über Tanzrhythmen (siehe rhythmische Schulung), Tänze (pro Quartal mindestens ein neuer Tanz) - Improvisation in Musik, Sprache und bildnerischem Ausdruck - Kommunikationsspiele		7
K - Tänze (pro Quartal mindestens ein neuer Tanz) K - -Bewegungsimprovisation		8
K - Tänze (pro Quartal mindestens ein neuer Tanz) K - Kombinationen von Sprache, Bewegung, bildnerischem Ausdruck und Musik		9

(K=Kernstoff)

Planungshilfe

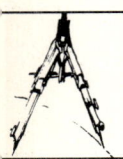

	Rhythmische Schulung Lehrplan	Vorschläge SMuK S. 279-341
1	K - Anhand von Versen und Wortrhythmen, z.B. in Kombination mit Rhythmuskärtchen und Rhythmussprache, abgeleitet aus Bewegungswörtern "Schritt, "loufe"..., folgende Elemente erarbeiten: ♩ ♫ ↷	♩ ♫ US Nr. 42, 56, 70, 78, 113, 144, 215, 218, 248, SSU S. 19, 118 ♩ ♫ ↷ US Nr. 72, 214, 233, 237 SSU S. 103 SMuK S. 283-294
2	K - Repetition: ♩ ♫ ↷ K - Neu: ♬♬ ♩ 𝅝	♬♬ US Nr. 157, 178, 232; SSU S. 140, 149, 234 ♩ US Nr. 14, 18, 28, 30, 60, 96, 193, 222, 259 SSU S. 5, 191, 192 𝅝 US Nr. 34, 59, 108, 148; SSU S. 100
3	K - Repetition der bisher erarbeiteten rh. Elemente K - Neu: im LP ist ein Druckfehler ♫♫ ♫♫ ♫♫ ♩. K - Taktarten: gerade, ungerade	♫♫ US Nr. 71, 170, 175, 190, 220 SSU S. 85, 145, 149, 198, 200 ♫♫ US. Nr. 156, 167, 224; SSU S. 140, 142, 207 ♫♫ US Nr. 39, 163, 211, 212; SSU S. 154, 183 ♩. US Nr. 61, 67, 94, 101, 168; SSU S. 111, 146
4	K - Bisheriges repetieren + folgendes neu erarbeiten: ♩. ♪ ♪³ ♬♬ Pausen: Viertel- und Achtelauftakt	♩. ♪ MS Nr. 31, 52, 193, 203; SF II S. 22-25 ♬³ MS Nr. 13, 239; SF II S. 48, 49 ♪ Auftakt MS Nr. 37, 83 ♩ Auftakt MS Nr. 48, 59
5	K - Repetition der rhytmischen Elemente, inkl. Pausen - Neu erarbeiten ♪ 𝄾 K - Synkopen ♪♩ ♪ ♫♫	♪ 𝄾 MS Nr. 232, 234, 244, 247, 250 SF II S. 37; SSM S. 136 ♪♩♪ SSM S. 39, 153, 174, 180, 185 MuOS 5.13, 8.24
6	- Neu ♪ ♩. ♩ als metrische Einheit (³⁄₈ ⁶⁄₈ ¢) K nur für Sek.	SMuK S. 311-313, 324, 325, 328 SF II S. 26-33, 39-47
7	- Spezifische Tanzrhythmen (moderne und folkloristische Tänze) - Häufigste Tempobezeichnungen (z.B. allegro)	T S. 34-125 z.B. S. 44, 119; L2 S. 64-68 SMuK S. 337-346 L2 S. 35
8	- Vertiefen und Anwenden des bisherigen Stoffes - Weitere Taktarten: ⁵⁄₄ ⁷⁄₈	L2 S. 38-43, 50-61; MuOS 4.33, 4.36, SMuK S. 309-316 L2 S. 41 SMuK S. 323, 325
9	- Motive aus dem praktischen Musiziergut erarbeiten, gestalten, verändern und mit ihnen experimentieren	L2 S. 138 ff

(K=Kernstoff)

Planungshilfe

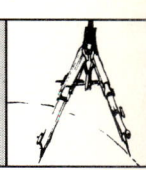

Melodische Schulung	Lehrplan	Vorschläge SMuK S. 342-401	
K - Zu erarbeitende Tonräume: Vom Zwei- zum Viertonraum	① ② ③	①SSU S. 85, 104, ;US Nr. 44, 104 ②SSU S. 39, 56 ; US Nr. 47, 133, 143, 149 ③SSU S. 56, 103, 180, 224 ; US Nr. 35, 72, 188 SMuK S. 346-352	1
K - Zu erarbeitende Tonräume: (Schwergewicht Pentatonik) Hilfsmittel: Handzeichen, Notenlegetafeln	① ② ③	①SSU S. 30, 190, ;US Nr. 84, 133, 143, 170 ②SSU S. 66, 79, 134; US Nr. 85, 157 ③SSU S. 62, 87, 104, 210; US Nr. 10, 59, 64, 69, 78 SMuK S. 353-356	2
K - Zu erarbeitende Tonräume: - über die Pentatonik zur Diatonik - DO- und LA-Pentatonik ① - MI/FA; TI/DO (Halbtonschritte) - DO-Leiter	① ② ③ ④	①SSU S. 56, 134; US Nr. 14, 43, 70 ②SSU S. 79; US Nr. 59, 140 ③SSU S. 56, 76, 137, 160, 230; US Nr. 72, 161, 177, 219, 231 ④SSU S. 59, 71, 103, 161, 224; US Nr. 47, 153, 245 SMuK S. 357-361	3
- Repetition: Relative Notennamen ① (DO, RE,...); Do-Leiter K - Absolute Notennamen (C, D, ...)② K - Violinschlüssel K - LA-Leiter ③ K - Grunddreiklänge ④	③ ④	①SSM S. 8, 12, 18, 25, 34, 38, 54, 62, 96; MS Nr. 3, 15, 66, 119, 135 ②SSM S. 73, 82, 183; MS Nr. 33, 85 (Begl. DFA)	4
- Repetition aller bisher erarbeiteten melodischen Elemente			5
K - Ganz- und Halbtonschritte Versetzungszeichen ♯ ♭ ♮ Aufbau von Dur- und äolischen Moll-Leitern bis 6♯ und 6♭ - Melodien im Raume der RE-, MI-, FA-, SO-Leiter - Intervalle		SMuK S. 394; SFII S. 94 SMuK S.379, 399-401; SFII S. 135-140 SFII S. 131, 132 MS S. 39, 186, 187 SFII S. 94-102; L2 S. 111, 112	6
K - Repetition Stoff 6. Schuljahr K - Bass-Schlüssel K - Melodisches und harmonisches Moll - Modulationen (Umtaufen mit Handzeichen) - Häufigste Vortragsz. für Dynamik + Charakter		L2 S. 81, 83, 115, 116 L2 S. 31, 32; SFII S. 141-143 SMuK S. 379-380, 399-400; MuOS 2.20, 3.11, 3.18, L2 S. 85-95; MuOS S. 254; SFII S. 103-131 MuOS 1.5, 3.17, 4.11, 8.7, 8.30; SMuK S. 390, 391 L2 S. 73, 74	7
- Neue Tonklänge (Chromatik, Zwölftontechnik, Klangverfremdungen)		L2 S. 101-103, 106, 107, 134-137 MuOS 8.20, S. 261-263 SMuK S. 384, 385	8
- Arbeiten mit Kadenzdreiklängen		L2 S. 119-133; MuOS S. 260	9

(K=Kernstoff)

Seite 417

Planungshilfe

	Notation — Lehrplan	Vorschläge
1	- Vom Klang zum Zeichen, vom Zeichen zum Klang	1. Schuljahr: SmuK S. 237-241, 243, 345 2. Schuljahr: SMuK S. 296, 299-301, 348, 394-397 Literatur: - Margrit Künzel-Hansen: "Versuche mit Geräusch und Klang" Klett-Verlag - Ingeborg Becker/Heinz Jung: "Musik macht Spass" Arbeitsbuch für den Musikunterricht in der Grundschule, Hirschgraben-Verlag - "Musikunterricht" Grundschule Schott-Verlag - Renggli:"Praxis der musikalischen Elementarerziehung" Band 1 Pelikan-Verlag
2	K - Traditionelle Notation der Tonlängen und Tonhöhen m. Hilfsmitteln wie Rhythmuskärtchen, Handzeichen und Notenlegetafeln - Zeichnerische und bewegungsmässige Darstellungen von Schallereignissen	
3	K - Traditionelle Notation in rhythmischer und melodischer Schreibweise Arbeit mit Notenlegetafeln und Rhythmuskärtchen	
4		
5	- Grafische Notation	SMuK S. 247, 248, 255-268, 381-388
6	- Grafische Notation	MuOS S. 261-263 L2 S. 6-15, 72, 135-137
7		
8		
9		

(K=Kernstoff)

Seite 418

Planungshilfe

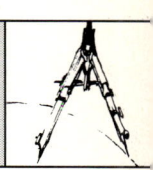

Hörerziehung Lehrplan	Vorschläge SMuK S. 162-190, 231-278	
K - Laut-leise, hoch-tief, lang-kurz, langsam-schnell, betont-unbetont	1. Schuljahr: SMuK S. 236-244 2. Schuljahr: SMuK S.166-172	
- Klangfarben diff. (z.B. Holz, Papier, Metall,...) - Unterschiedliche Schallereignisse: Geräusch-Klang-Ton		1
- Klangfarben von Instrumentengruppen unterscheiden: Schlag-, Blas-, Saiten- und Tasteninstrumente	Literatur: - Röösli/Zihlmann: "Arbeitsheft Musik 1" Comenius-Verlag - LP "Mein Erlebnis Musik" Röösli PsRP 40 593 Pelta - Ulrich Martini: "Musikinstrumente erfinden, bauen, spielen" Klett-Verlag	2
		3
		4
K - Holzblasinstrumente, Blechblasinstrumente, Tasteninstrumente	SMuK S. 173-183 MuOS S. 284-295 L2 S. 183-194	5
- Repetition Stoff 5. Schuljahr K - Neu: Schlaginstrumente, Zupfinstrumente, Streichinstrumente		6
- Notation als Hörhilfe - Hörpartituren	SMuK S. 255-273, 385-388 (Hörpartituren: SMuK S. 265-268) L2 S. 271-274, 283-287, 291, 292, 318-321	7
K - Differenzierendes und analysierendes Hören, auch als Hilfe zum musikalischen Gestalten (Hilfsmittel: Hör- und Klangpartituren, Gespräche über Musikausschnitte, ...)		8
K - Differenzierendes und analysierendes Hören in den verschiedenen Musikarten		9

(K=Kernstoff)

Seite 419

Planungshilfe

	Musikhören/Werkbetrachtung Lehrplan	Vorschläge SMuK S. 191-198
1		US SMuK S. 171, 172, 193-198, 248, 276 Literatur:
2	- Frage - Antwort; Tutti - Solo; Vor-, Zwischen- und Nachspiel K - Wiederholung - Veränderung -Gegensatz	- "Musikalischer Beginn in Kindergarten ! Vorschule 2" Sigrid Abel-Struth, Bärenreiter-Verlag: S. 66 Konzerte für Orchester und Instrumente S. 71 Wiederholung S. 73 Veränderung S. 51-57 Musik erzählt etwas
3	- Musikstücke mit unterschiedlichem Charakter: z.B. 4er und 3er- Taktarten in Kunst-, Volks- und Unterhaltungsmusik K - Musik kann etwas erzählen, z.B. "Peter und der Wolf"	- LP "Imaginations pour l'expression corporelle" UD 30 1275/ UD 30 1241
4	K - Kleine Liedformen, Rondo (in Volks-, Unterhaltungs- und klassischer Musik)	Kleine Liedformen L2 S. 149-152; MuOS S. 267, 268 Rondo: Märchen z.B. "Vom Fischer und syner Frou", "Rumpelstilzchen" Lieder: z.B. "Sur le pont", "Alouette", "Es geht ein Rundgesang" MuOS S. 270; L2 S. 154
5	K - Ausgewählte Beispiele der Programmusik von der Renaissance bis zur Avantgarde	SMuK S. 193-198, 262-264 L2 S. 299-309
6	K - Lebensbilder und ausgewählte Werke einiger Komponisten	SMuK S. 272, 273 L2 S. 204 ff
7	K - Verschiedene Arten von Musik: Folklore, Klassik, Jazz, Pop, Rock, Schlager, Unterhaltungsmusik K - Das Instrument in den verschiedenen Formationen, Elektrophone - Technische Mittler: Tonerzeugungs-, Aufnahme- und Wiedergabetechnik	SMuK S. 101-158 L2 S. 219-264 SMuK S. 120-126, 159, 160
8	K - Lebensbilder und ausgewählte Werke einiger Komponisten aus Romantik und Moderne; Jazz-, Beat- und Popszene - Musik in der Geschichte - Instrumentale Formen (Sonate, Fuge, Blues...)	SMuK S. 101-158 L2 S. 145, 146, 331-335, 345; MuOS 10.1-10.11 L2 S. 200-218; MuOS 4.19, 8.17, 8.18 L2 S. 160-175, 223-236
9	K - Musik im Umfeld der Werbung, der Politik, der Arbeit, des Sports, der Kirche - Kommerzialisierung der Musik - Querverbindungen z.a. Kultur- + Lebensbereichen - Veränderte klangliche Wirkung des gleichen Instruments in verschiedenen Musikgattungen - Technisch veränderte Instr. (Klangverfremdungen)	SMuK S. 199-209; L2 S. 245 ff L2 S. 252 ff SMuK S. 247-254, 424 ff L2 S. 329, 330 Literatur: "Resonanzen" I/II Verlag Diesterweg

Besondere Unterrichtsformen

Mehrklassen-Unterricht:	Musik an Mehrklassenschulen
Fächerübergreifender Unterricht, Projekte:	Möglichkeiten Eine Woche zu Besuch bei Joseph Haydn Schüler erfinden Lieder
Offenes Singen:	Ein Beispiel
Werkstatt-Unterricht:	Exemplarisches Beispiel

Mehrklassen-Unterricht

Musik an Mehrklassenschulen

Johannes Josi, seit vielen Jahren Lehrer an der Gesamtschule (1.-9. Schuljahr) Riedstätt in der Gemeinde Guggisberg, berichtet uns über seine Erfahrungen im Musikunterricht:

Wenn grössere und kleinere, ältere und jüngere Schüler zusammen singen, so bilden sie ja eigentlich eine ganz natürliche Einheit: Sie helfen einander, sie ergänzen sich, das gemeinsame Musizieren wird zum Erlebnis.

Was mir im Verlaufe der letzten Jahre wichtig geworden ist:

1. Singen ist etwas sehr Persönliches. Ich freue mich darüber, wenn heranwachsende Schüler singen, weitersingen bis sie als Jugendliche die Schule verlassen. Aber diese Bereitschaft zum Singen kann und darf nicht vorausgesetzt werden; sie ist Gabe, Geschenk. Ich bin nie sicher, wie lange ich bei meinen Schülern von dieser Offenheit, von dieser Bereitschaft zum Singen zehren darf (ich bemühe mich natürlich, sie zu fördern und zu erhalten). Wenn sie einmal fehlt, dann gilt es, sich beständig wieder darum zu bemühen, bis (vielleicht) eines schönen Tages ... Bei meiner Gesamtklasse kann das Monate, ja Jahre dauern!

2. Das Singen der Schüler verdient Lob. Wo es fehlt, wo ständig nur Kritik laut wird, da erlahmt der persönliche Einsatz. Lob lässt sich leicht spenden, wenn eine entsprechende Leistung erbracht wird: Es gilt, mit viel Geduld sehr sorgfältig und systematisch Stimmbildung zu betreiben. Der Schüler muss erleben können, welch herrliche Stimme er hat! Das Resultat wird ihm zeigen, dass sich solch beharrliches Arbeiten lohnt.

3. Nur Übung macht den Meister: Nur wer es wagt, das gleiche Lied, die gleiche Strophe, die bestimmte heikle Stelle, immer und immer wieder zu üben, zu wiederholen (mit entsprechender motivierender Vorgabe!), der erlebt, wie mit zunehmender Sicherheit die Interpretation an Qualität gewinnt.

4. Singunterricht ist immer auch Sprechunterricht: Sehr vielen Schülern bereitet exaktes Sprechen grosse Mühe. Gerade in der Stimmbildung ist in diesem Bereich eine gezielte Schulung hilfreich. Das sorgfältige, rhythmische Sprechen von Liedtexten wirkt sich jeweils in entscheidendem Masse auf die Qualität des gesungenen Liedes aus.

5. Die Schüler in meiner Klasse singen unterschiedlich "gut". Für alle "Zugrösslein" bin ich natürlich dankbar. Den Ausspruch "Du singst falsch!" gibt es in meinem Vokabular jedoch nicht (mehr). Ich sage höchstens: "Du singst anders!". Wer einmal einen Schüler "falscher" Töne wegen kritisiert hat, darf sich nicht wundern, wenn dieser lieber schweigt!

In der Arbeit in meiner Gesamtklasse achte ich besonders auf folgende Punkte:

- Für die Erstklässler ist der Einstieg schwierig. Ich singe eine Oktave tiefer als sie, alle Lieder sind neu, die Texte meist schwer verständlich, das Liedgut eher der Mittel- oder sogar der Oberstufe zuzuordnen.

  Sie brauchen besonders viel Geduld und Ermutigung.

  Jede Woche einmal unterrichte ich die 1. bis 3. Klasse allein. Dann wird immer zuerst gesungen: Gemeinsames Nachsingen einfachster Melodieteile (auf Tenorflöte vorgespielt)/ singen einzelner Lieder für die Kleineren (Unterstufe)/einfache Kanons.

  In der Musiktheorie setze ich fast immer grössere Schüler neben sie, so dass sie nachsprechen können, was ihnen die Nachbarn einflüstern ...

- Ich singe viele Kanons: Sie sind mit allen Schülern recht rasch gelernt, haben wenig Text und erklingen schon bald mehrstimmig. Die Gruppen verteile ich im Schulzimmer und setze sie gemischt zusammen, so dass die Grösseren ihre Führungsrolle wahrnehmen (können).

Mehrklassen-Unterricht

- Überhaupt arbeiten meine Schüler oft in altersgemischten Gruppen: Rhythmische Übungen, Texte auswendig lernen, Musikrätselaufgaben "erfinden".

- Mutanten: Hier gilt in doppeltem Masse, was bei den einleitenden Punkten angetönt ist: Die ersten tiefen Töne verdienen Lob, die noch möglichen hohen Töne höchste Anerkennung! Wenn es gelingt, die Fistelstimme ins nächste Schuljahr zu retten, so ist meist schon sehr viel gewonnen! Dann bestehen gute Aussichten, Kanons mit einer tieferen letzten Stimme zu ergänzen.

Die Tatsache, dass die älteren Schüler (meist) mehr wissen als die jüngeren, ist den einen Ansporn und den anderen Verpflichtung! Das sind - so meine ich - ideale Voraussetzungen zu gutem Arbeiten.

Wir stellen Johannes Josi einige Fragen:

- Wie sind Deine Musikstunden aufgebaut?

"Fast jede Singstunde beginnt mit Stimmpflege. Hörerziehung, Werkbetrachtung und theoretischere Teile, erarbeite ich blockweise. Dafür ist z.B. vor Weihnachten die ganze Musikstunde durch Singen und Musizieren gefüllt."

- Ist in Deinem Musikunterricht die Klasse oft geteilt?

"Wie schon in meinem Bericht erwähnt, unterrichte ich einmal pro Woche die Unterstufe allein. Sonst wird die Klasse praktisch nie geteilt."

- Wie wählst Du die Werke aus, welche Du mit der Klasse besprechen willst?

"Schulfunksendungen z.B. sind oft gut geeignet. Es gibt selten ausgesprochene Unterstufen- oder Oberstufensendungen. Ich versuche dann bei der Besprechung, auf beide Seiten auszudehnen, alle Stufen einzubeziehen."

- Welche Werke eignen sich für die Gesamtschule besonders?

"Sehr gute Erfahrungen habe ich mit der MOLDAU von Smetana gemacht. Die Musik spricht unabhängig vom Alter die Schüler ganz verschieden an. Ein Mädchen der ersten Klasse hat hier ein besseres Resultat geliefert als ein Knabe der achten Klasse."

- Gibt es andere Sendungen oder Musikstücke, welche Du empfehlen könntest?

"Ja, öfters schon habe ich die folgenden Werke (Sendungen) im Unterricht besprochen:

- Schulfunksendungen:
  D'Familie Mozart chunnt uf Züri
  (CA 33.030.0) Schulwarte)
  Der Herbst in der Musik (CA 38.022.0)
  Der Winter in der Musik (CA 37.195.0)
- Geräusche und Töne. Einfache Hör- und Konzentrationsübungen (CA 45.043.0)
- Peter und der Wolf

- Du musst aber doch sicher auch auf Kompositionen verzichten, weil sie einen Teil Deiner Schüler überfordern würden.

"Richtig: Beim ZAUBERLEHRLING von Paul Dukas ist für die Kleineren das Gedicht zu schwierig.
Andererseits werden sie im Märchen
DIE GESCHICHTE VOM SOLDATEN
von der Musik Strawinskys überfordert."

- Lernen Deine Schüler ein Lied vom Blatt lesen?

"Mein Ziel ist in dieser Hinsicht nicht primär das Blattlesen. Die Schüler sollen vom Notenbild her einen Eindruck haben, wie ein Lied tönt. Sie sollen erfassen, ob die Melodie hinauf- oder hinabgeht. Die Rhythmische Schulung kommt bei mir zuerst. Ich lasse oft die Klasse Texte rhythmisiert sprechen."

Fächerübergreifender Unterricht, Projekte

Das Fach Singen/Musik bietet vielfältige Möglichkeiten, um Themengebiete fächerübergreifend zu erarbeiten.

Um das Thema zu konkretisieren, wird aus der Praxis einer Schule berichtet, in welcher oft fächerübergreifend gearbeitet wird (Kindergärtnerinnen-Seminar, Spiez). Diese Unterrichtsform ist jedoch auf allen Stufen möglich und kommt aus organisatorischen Gründen besonders auf der Primarschulstufe zum Zuge. Viele der nachfolgenden Beispiele könnten bei entsprechender Umsetzung auf allen Stufen realisiert werden.

Themen:	**Beteiligte Fächer**
Das Jahr 1888	Deutsch, Musik, Geschichte, Zeichnen
Bild-Musik-Text (Vergleich von Stilmerkmalen, von Werken einer ausgewählten Epoche)	Zeichnen, Musik, Deutsch
Offenes Weihnachtssingen Die Geschichte des Weihnachtsliedes	Musik, Deutsch, Zeichnen, (Übungslehrerschaft mit Klassen)
Unheimlich	Musik, Psychologie, Dramatisieren, Deutsch
Werbung (Herstellung von Radio- und Video-Spots)	Deutsch, Musik, (Psychologie)
Musik-Bewegung-Sprache (Umsetzen eines Themas in...)	Musik, Rhythmik, Deutsch
Instrumente bauen	Werken, Musik
Das 19. Jahrhundert	Deutsch, Geschichte, Zeichnen, Musik
Versailles (Charpentier: Te Deum)	Alle!
In tempore Haydensis (Haydn: Paukenmesse)	Alle!

Organisatorische Möglichkeiten

Stellt fächerübergreifendes Arbeiten in der Primarschule kein grösseres Problem dar, droht in der Sekundarschule der Stundenplan oft zum "unüberwindbaren Hindernis" zu werden. Folgende Formen haben sich bewährt:

Projektwoche	Mehrere Lehrer bis hin zur ganzen Lehrer- und Schülerschaft beteiligen sich am Projekt; spezieller Stundenplan.
Quartalsthema	2-3 Lehrer bearbeiten von ihren Fächern her zeitlich gestaffelt, das gleiche Thema (ohne Stundenplan-Änderung).
Projektvormittag	Team-Teaching in einer Klasse. Stundenplan z.B. Freitagmorgen: Deutsch (2), Zeichnen (2), Musik (1).

Allerdings muss die Lehrerschaft bereit sein, sich im Rahmen der unterrichtsfreien Arbeitszeit dafür zu engagieren..

Fächerübergreifender Unterricht, Projekte

Planungsunterlagen

Um sich rasch einen Überblick über die möglichen Themengebiete in einem Epochenunterricht zu verschaffen, werden die nachfolgenden Werke empfohlen:

Friedrich Saathen: "Musik im Spiegel der Zeit ", Universal Edition, UE 26214
Werner Stein: "Kulturfahrplan"

Organisation und Durchführung einer Projektwoche

"In tempore Haydensis" - Haydn in seiner Zeit

- 1 Jahr vorher   Orientierung in einer Lehrerkonferenz. Grundsatz-Entscheid.

- 3/4 Jahr vorher   Zielsetzung: Epoche von J. Haydn vielseitig kennenlernen (wie lebte, tanzte, kochte, musizierte man?) und Konzert vorbereiten. Schriftliche Unterlagen (z.B. Ausschnitt aus "Musik im Spiegel der Zeit" an Lehrerschaft).

- 1/2 Jahr vorher: Grobplanung der Projektwoche. Wer hilft mit? Thema? Zeitbedarf?

- 2 Monate vorher: Feinplanung: Spezieller, detaillierter Stundenplan.

Einblick in die erarbeiteten Themengebiete

Fach: Themengebiet:

Deutsch   Täglich 45 Minuten Jahrhundertshow:
Aktualitäten von 1700-1720, von 1720-1740 usw. im Stile einer moderierten Tagesschau mit Dias, Videos, Filmausschnitten, Texten darstellen.

Täglich 30 Minuten "Studio Haydensis":
Die Lebensgeschichte von J. Haydn, abschnittweise dramatisiert darstellen, Ausschnitte aus Biographien lesen, Dias, Musik. Der Deutschlehrer hat als Quartalsthema die Unterrichtseinheiten mit den Schülern im Unterricht vorher vorbereitet: Quellenstudium, Berichte und Zusammenfassungen verfassen, Texte dramatisieren, zum Lesen vorbereiten, illustrieren.

Geschichte   Historisches Umfeld: Was passierte vor Haydns Geburt, was nach seinem Tod in Österreich, in Europa? Wie lebte der sogenannte "arme Mann" zur Zeit von Haydn?

Zeichnen   Information: Baustile der Epoche.
Aufgabe: Unser Betonschulhaus in einen epochengerechten Prunkbau umzeichnen (siehe S. 428).

Turnen/Rhythmik   Hoftänze kennenlernen und üben (Polonaise, Menuett), fakultativer Fechtkurs.

Fächerübergreifender Unterricht, Projekte

Werken	Wir bauen unsere modernen Schulräume zu Prunkräumen des Schlosses der Esterhazy um: Spiegel-, Säulen-, Vorhang- und Stukkatur-Imitationen.
"Fest"	Auf dem "Schloss der Esterhazy" Teilnehmer: Ganze Schule. Alle in "epochengerechten" Festkleidern. Umrahmung des Festessens mit Hoftänzen und zeitgenössischer Tafelmusik (vorbereitet durch alle nicht direkt beteiligten Lehrkräfte).
Religion	Messetext erläutern, Liturgie und Stellung der Messe.
Musik	Paukenmesse einstudieren, Verbindung von Text und Musik an einzelnen Werkausschnitten erläutern. Bei der Gestaltung: Bezüge aus dem Erlebnisbereich der Projektwoche herstellen. Zeitgemässes Instrument durch Musiklehrer vorstellen: Hammerflügel. Orgelkonzert: u.a. "Stücke für die Flötenuhr". Stücke von J. Haydn.

Ergebnisse

Die Schüler erleben eine Epoche; die Themeninhalte verschiedenster Fächer werden miteinander verbunden. In zeitgerechten Kleidern bewegt man sich anders. So versteht man, warum Tanzschritte entsprechend ausgeführt werden mussten.

Plötzlich wird es möglich, die architektonischen und historischen Bezüge in einem musikalischen Bauwerk herauszuspüren. Die isolierte Darstellung von Historischem, von Literatur- und Musikgeschichte, Stilkunde, wie sie oft unkoordiniert in Fächern "doziert" werden, kann mit einem fächerverbindenden Unterricht, in Projektwochen, -halbtagen und Quartalsthemen in umfassende, bleibende und lebendige Erlebnisse umgewandelt werden.

Fächerübergreifender Unterricht, Projekte

Projektwoche am Kindergärtnerinnenseminar Spiez (Zeitungsbericht)

Eine Woche zu Besuch bei Joseph Haydn

An ihrem Konzert vom 22./23. März werden die Schülerinnen des Kindergärtnerinnenseminars Spiez zwei Messen der Brüder Joseph und Johann Michael Haydn singen. Um Interesse, Verständnis und Wissen für die damalige Epoche zu wecken und zu vermitteln, wurde die intensive Vorbereitungszeit ausgeweitet zu einer umfassenden Projektwoche. Soziale, kulturelle, politische und technische Aspekte aus Haydns Zeit werden erforscht, ausgeleuchtet und erlebt. Die angehenden Kindergärtnerinnen sollen in ihrer dreijährigen Ausbildungszeit als Höhepunkte ein Konzert, eine Theateraufführung und eine Ausstellung aktiv miterleben. In wenigen Tagen werden sie zum Schluss dieses Schuljahres die Leopoldi-Messe von Michael Haydn und die "Paukenmesse" von Joseph Haydn singen. Intensiv sind alle Chor- und Orchesterproben, abwechslungsreich, vertiefend und bereichern die Informationen und Tätigkeiten, die gleichzeitig Haydns Kulturkreis ausleuchten.

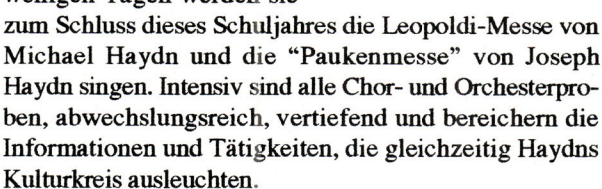

Leben wie vor 200 Jahren

Während zehn Tagen versetzen sich Schülerinnen und Lehrer 200 Jahre zurück und schlüpfen in die Epoche Haydns, ins 18. Jahrhundert. Klassen- und fächerübergreifend ergründen sie das damalige Leben, Handeln und Denken. Im "Haydnstudio" werden in fünf "Akten" die Lebensstationen Joseph Haydns lebendig. "In tempore Haydensis" offenbart die oft wenig bekannte Biographie des Musikers in Spielszenen, Filmen, in der Musik im Kennenlernen alter Instrumente. Ebenso wichtige Zielsteuerung ist die historische Einbettung in den damaligen Kulturkreis. Die "Tagesschausprecherin" auf dem selbst gefertigten Video berichtet zum Beispiel in der "Jahresschau", dass am Gymnasium als neues Schulfach das Turnen eingeführt wurde, vom ersten Ballonflug, vom ersten Webstuhl, von den neusten Ereignissen der französischen Revolution. Theaterausschnitte lassen in eine damalige Schulstube blicken und Rokokodamen mit deren Bediensteten erscheinen.

Alle Lehrer helfen mit

Nicht selbstverständlich ist es, dass alle Lehrer aus dem Schulalltag treten und mit erheblicher Mehrarbeit ein solches Projekt in Angriff nehmen. "Es war schon lange mein Idealbild, die Lehrer mehr einzubeziehen mit ihrer Phantasie, ihrer Unternehmungslust", verrät die Leiterin des Kindergärtnerinnenseminars Elisabeth von Känel. "Jetzt bin ich über die spontane Bereitschaft überrascht". Alle Fächer leisten ihren Beitrag, ob indirekt, beim Bereitstellen von Unterlagen oder konkreten Angeboten wie geschichtlichen Überblicken, Modebetrachtungen und Dekorationen im Werken, Menuett-Tänze und Fechten im Turnen, Messetext erläutern im Deutsch, intensive musikalische Schulung und zeichnerisches Umbauen des Bankgebäudes (in dem die Schule untergebracht ist) in ein klassizistisches Bauwerk.

Keine Zeit für Schulmüdigkeit

Zehn Tage Schule losgelöst vom Alltag, vom Stundenplan, vom Leistungsdruck schienen die Schülerinnen zu geniessen. Ihr begeistertes Mitmachen äussert sich sichtbar beim ersten Höhepunkt, der grossen Soirée auf Schloss Esterhazy. In tollen Kostümen erscheinen sie in den als Schloss umgestalteten, festlich geschmückten Schulräumen zum berauschenden, glanzvollen Fest. Jetzt fiebern sie den beiden Konzertabenden entgegen. Kein Platz bleibt da für Schulmüdigkeit. Gegenseitig scheinen sich Phantasie, Kreativität und Leistungswille bei Lehrern und Schülern zu steigern. Sicher werden der unterhaltsame, revueartige "Unterricht", das "Sich-Zeit-Nehmen" für ganzheitliches Erarbeiten, das intensive Er-leben eines Zeitabschnittes bleibende Eindrücke hinterlassen und neue Impulse wecken.

Gerda Kestenholz

Fächerübergreifender Unterricht, Projekte

Zeichnungsauftrag: Vorlage (unser Schulhaus heute)

Ergebnisse
(unser Schulhaus zur Zeit Haydns)

Fächerübergreifender Unterricht, Projekte

Schüler erfinden (Weihnachts-)Lieder

Das Angebot an alten und neuen Weihnachtsliedern, Instrumentalstücken und Kantaten ist gross. Dennoch möchten wir eine weitere Möglichkeit hinzufügen und praktisch darstellen, wie man mit Schülern Melodien zu weihnachtlichen Texten erarbeiten kann.

Mögliches Vorgehen

In einer vorangehenden Lektion werden die Schüler über die Absicht informiert, eine eigene Melodie zu einem weihnachtlichen Text zu komponieren. Anschliessend findet die Textwahl statt. Dabei ist zu beachten, dass man nicht auf zu bekannte Texte greift. Bei Liedern wie "Stille Nacht, heilige Nacht" ist der Text schon zu stark mit der Melodie verbunden.
(Eventuell können die Schüler auch eigene Gedichte verfassen.)

Erarbeiten der Melodie

1. Grobfestlegung der melodischen Motive: Der Anfang der Improvisation ist für alle Beteiligten die schwierigste Phase. Zuerst wird der Text durchstudiert: Inhalt, Stimmung, Höhepunkt, Schwerpunkte, Versmass. Letzteres gibt Hinweise auf die Probleme: Auftakt/Volltakt und Taktart. Der Text wird sinngemäss aufgeteilt, die einzelnen Teile werden nacheinander vertont (s. beigefügtes Beispiel: Wer weiss eine passende Melodie zu "O heilige Nacht voll himmlischer Pracht"). Über die verschiedenen Lösungen stimmen die Schüler ab. Die beste Erfindung wird schriftlich festgehalten. So wird ein melodischer Baustein an den anderen gereiht, bis die ganze Melodie dasteht. Gut ausgebildete Klassen schreiben die Motive ohne Lehrerhilfe auf oder diktieren die gesungenen und solmisierten Motive dem Lehrer, der sie an der Wandtafel festhält.

2. Ausbesserungsphase: Nun kommen wir zur schönsten, zu einer echt musikalischen Arbeit! Die aneinandergefügten Motive müssen angepasst, Übergänge verfeinert, grössere melodische Linien herausgearbeitet und eventuell Schlusswendungen korrigiert werden. Verharrt der melodische oder rhythmische Ablauf an ungeeigneten Stellen? Nimmt die Melodie Rücksicht auf den Text? Können wir die Grundmotive rhythmisch oder melodisch verändern?

3. Weitere Möglichkeiten: Jeder Schüler erfindet selber eine passende Melodie. Die einzelnen Schülerlieder werden auf Tonband aufgenommen. Das beste Lied wird ausgewählt, eventuell wie erwähnt verbessert und schriftlich festgehalten. Die Schüler, vor allem ältere und Instrumentalisten, erfinden eine Begleitstimme oder versuchen, mit ihrem Instrument das Lied zu begleiten. Nicht unbedingt nötig, aber empfehlenswert: Der Lehrer schreibt einen einfachen Instrumentalsatz und berücksichtigt dabei die in der Klasse vorhandenen Instrumente. Die technischen Schwierigkeiten müssen den Fähigkeiten der Schüler angepasst sein. So entsteht eine Klassenarbeit, ein Klassenlied. Jeder hilft nach seinen Fähigkeiten mit: bei der Textauswahl, beim Erfinden oder beim Ausbessern. Einer beachtet mehr das Melodische, ein anderer das Rhythmische, ein Dritter die Übereinstimmung zwischen Text und Melodie. Wer dennoch beim Erarbeiten nicht mithelfen konnte, wird als Sänger oder Spieler beteiligt sein. Bei der Erfindung einer Melodie geschieht etwas Entscheidendes: Der Schüler schafft etwas Neues. Er verrichtet eine echt musikalische Arbeit. Deshalb gehören Improvisationsübungen in jede Singstunde. Darunter sind schon einfache Veränderungen eines melodischen oder eines rhythmischen Motives, oder das schöpferische Suchen nach verschiedenen Liedschlüssen zu verstehen. Die beim Vergleich der einzelnen Lösungen entstehenden Diskussionen sind stets interessant und musikalisch wertvoll. Natürlich lassen sich auch nicht-weihnächtliche Texte (Wanderlieder, Chansons, Protestsongs) gemäss den dargestellten Vorgehensweisen realisieren.

Fächerübergreifender Unterricht, Projekte

4. Ausweitung: Gerade beim Erfinden eines Liedes hat der Lehrer eine ausgezeichnete Gelegenheit, zu zeigen, dass "Komponieren" nicht nur Fixieren einer genialen Eingebung, sondern auch eine sehr harte Arbeit ist. Beethovens Werke klingen wie aus einem Guss. Die Themen sind logisch und überzeugend ausgebaut. Es scheint uns, diese Sinfonie oder dieses Konzert habe vom Anfang an in der gültigen Endform bestanden. Eine andere Fassung können wir uns nicht vorstellen. Doch auch der grosse Baumeister Beethoven hat nach dem beschriebenen Prinzip gearbeitet: Er verbesserte, erneuerte oft jahrelang seine berühmten Werke, bis sie einfach "richtig" klangen. Es lohnt sich, die Schüler mit Arbeitsbeispielen aus Beethovens Skizzenbüchern bekannt zu machen. So können wir den Schülern Einblick in die Werkstatt eines Komponisten geben.

5. Beispiele:
- O heilige Nacht
- Mitten in der Nacht
- Inmitten der Nacht

Inmitten der Nacht   Melodie Klasse Vb (Bern-Hochfeld), Satz T. D.

Fächerübergreifender Unterricht, Projekte

O heilige Nacht

Klasse IVc (Sek. Bern-Hochfeld), Satz T. D.

O hei-li-ge Nacht voll himm-li-scher Pracht! In Lüf-ten sich schwin-gen die En-gel und sin-gen: Ge-bo-ren ist Gott, der Höl-le zum Spott.

Mitten in der Nacht

Melodie: Klasse 4c (Sek Spiez), Satz T. D.
Text: Eine Schülerin aus der Klasse

Mit-ten in der Nacht, kommt ein En-gel sacht.
Mit-ten in der Nacht, kommt ein En-gel
Ruft mit der Schall-mei, die Hir-ten all her-bei.
sacht. Ruft mit der Schall-mei, Hir-ten all her-bei.

Seite 431

Offenes Singen

Im gemeinsamen Singen und Musizieren werden bekannte und unbekannte Lieder und Kanons geübt. Damit die weniger bekannten Werke nicht zu lange und zu detailliert erarbeitet werden müssen, ist es günstig, wenn ein Teil der Schüler, z.B. der Schulchor, das Programm bereits kennt und das Publikum als "Ansingchor" unterstützen kann. Natürlich wäre es wünschenswert, wenn zudem auch Instrumentalisten (Orchester-Formationen der Schule, Kollegen, Eltern, der Organist) mitspielen könnten.

Zum Aufbau

Bewährt hat sich der Wechsel zwischen konzert- und probenartigen Teilen. Die konzertartigen Teile werden durch die mitwirkenden Instrumentalisten und den Ansingchor bestritten. Kurze Werke auswählen. In den probenartigen Teilen unterstützen der Ansingchor und die Instrumentalisten das Publikum. Der Leiter ist gut beraten, wenn er in einer intensiven und flüssigen Probenarbeit versucht, möglichst rasch zu einem befriedigenden Resultat zu kommen. Dabei hilft ihm die Wahl guter, aber einfacher Sätze, die das Publikum nicht überfordern und entmutigen.

Hinweise zur Durchführung und zur Organisation

Offenes Singen kann schon mit einer Schulklasse durchgeführt werden: Die Schüler haben alle Werke einstudiert, die Eltern lernen mit Hilfe der Klasse die Lieder und Kanons. Natürlich kann der Rahmen im Klassen- oder Schulverband vergrössert werden.
Jedem Teilnehmer sollte ein Liedblatt abgegeben werden.
Bei mehrstimmigen Liedern singt jeder die ihm zusagende Stimme. Es ist nicht nötig, dass man nach Stimmen geordnet zusammensitzt. Dagegen werden Kanongruppen durch den Leiter bestimmt. Das Offene Singen hat sich als Möglichkeit des gemeinsamen Singens und Musizierens mit Schülern und Erwachsenen bewährt. Es gehört bei einigen Schulen bereits zu den traditionellen Anlässen des Jahresprogramms: z.B. als Adventssingen, Singen zum Schulschluss, evtl. auch rein schulintern, ohne weiteres Publikum.

Beispiele einer Einladung (Plakat, Einladungsschreiben, Inserat)

Offenes Adventssingen
Dienstag, 16. Dezember um 20 h in der reformierten Kirche. Es singen und musizieren Schüler der Sekundarschule. Das Publikum ist freundlich eingeladen mitzusingen. Das Liedmaterial wird beim Eingang gratis abgegeben.
Leitung:...   Freundlich laden ein....

Beispiel einer Präparation für ein Offenes Adventssingen

Thema:
Die Weihnachtsgeschichte aus dem Lukas-Evangelium in Wort und Gesang, quasi als "roter Faden", als Aufhänger.

Zeitpunkt:
Dienstag, 16.12. 20.00 - ca 21.15

Begrüssung und Information:
Offenes Singen: Konzertartige Teile (Zuhören) und probenartige Teile (alle singen mit).

Konzertteile:
Streichorchester und Blockflöten-Ensemble nach Ansage.

Probenartige Teile:
Publikum (Liedblätter vorhanden?) Bei mehrstimmigen Liedern singt man die gewünschte Stimme: S/A/T/B, beim Kanon teile ich die Stimmen zu.

Ihr werdet unterstützt:
- vom Schulchor der Sekundarschule
- von den beiden Orchestern

Zur Einstimmung beginnt das Streichorchester:

Streichorchester

Tessarini Carlo (1690-1765)
Violinkonzert in D-Dur,
Largo (2. Satz) und Allegro (1. Satz)

Offenes Singen

Nun sind wir dran! Mit den 5 folgenden Kanons und Lieder besingen wir die Weihnachtsgeschichte. Wir beginnen mit einem alten, bekannten Weihnachtslied: "Vom Himmel hoch". Angeblich hat es Martin Luther für seine Kinder zu Weihnachten 1535 oder 39 gedichtet und komponiert.

1. Vom Himmel hoch (Lied vorstellen)
- Orchester: 4stimmig vorspielen
- Tutti:
  Auf Vokalisen (ta, do, na, dü), nur Melodie
- Orchester: 4stimmig, Satz
- Mit Text: Strophen 1-3

Nach dem Lukas-Evangelium erschien der Engel den Hirten auf dem Felde, der sprach: "Fürchtet euch nicht! Siehe, ich verkündige euch grosse Freude, die allem Volk widerfahren wird; denn euch ist heute der Heiland geboren, welcher ist Christus, der Herr, in der Stadt Davids. Und das habt zum Zeichen: Ihr werdet finden das Kind in Windeln gewickelt und in einer Krippe liegend." Und alsbald war da bei dem Engel die Menge der himmlischen Heerscharen, die lobten Gott und sprachen:

2. Ehre sei Gott (Kanon vorstellen)
   (Ludwig Ernst Gebhardi 1787-1862)
- Schulchor: unisono
- Alle unisono
- 2stimmig und Orchester: Ostinato
- Kanon 4stimmig aufbauen

Flöten-Ensemble:

**Fantasia Terza
von Banchieri Adriano (1567-1634):
Italienischer Meister
wahrscheinlich 1596 komponiert**

Die Weihnachtsgeschichte geht weiter: Und da die Engel von ihnen gen Himmel fuhren, sprachen die Hirten untereinander: "Lasst uns nun gehen nach Bethlehem..." Dazu passt nun das böhmische Hirtenlied: "Kommet ihr Hirten". Es stammt aus dem 19. Jahrhundert. Der Leipziger Musikprofessor Carl Riedel (1827-1888) hat den Text einer bekannten volkstümlichen Melodie unterlegt. Es ist ein typisches Hirtenlied: In den ländlichen Weihnachtsfeiern des 19. Jahrhunderts wurde es in örtlichen Weihnachtsspielen, aber auch bei Stubenspielen (Nachahmung der Weihnachtsszene) gesungen.

3. Kommet ihr Hirten (Lied vorstellen)
- Blockflöten-Ensemble allein
- 3-stimmigen Satz lernen:
  (Zuerst mit Vokalisen, nachher mit Text)
- 1. Stimme und Orchester/Ensemble
- 2. Stimme und Instrumente (Chor)
- Alle Männer und Instrumente
- 3 stimmiger Satz (Tutti)

Gestaltung:
1. Strophe Tutti
2. Strophe
    Alle Kinder, Frauen, Blockflöten, Orgel
3. Strophe Tutti

Das Lukas-Evangelium erzählt: Und sie kamen eilend und fanden beide, Maria und Joseph, dazu das Kind in einer Krippe liegend.

Das berühmteste Weihnachtslied "Stille Nacht" ist am Heiligen Abend 1818 in Oberndorf (Tirol) entstanden. Der Text geht mit ziemlicher Sicherheit auf einen alten lateinischen Text zurück. Am 24. Dezember 1818 überbrachte der Hilfspriester Joseph Mohr seinem Organisten und Dorfschulmeister Franz Gruber ein Gedicht. Noch am gleichen Abend wurden Sänger zusammengetrommelt und in der Mitternachtsmesse wurde es erstmals vorgetragen. Seither hat es die Reise rund um die Erde angetreten.

Offenes Singen

4. Stille Nacht
   Tutti: alle drei Strophen

Im 20. Vers heisst es: Und die Hirten kehrten wieder um, priesen Gott um alles, was sie gehört und gesehn hatten, wie denn zu ihnen gesagt war.

5. Alleluja (Kanon vorstellen)
   Die Melodie stammt von Mozart, Hermann Weber hat daraus einen Kanon komponiert.

- Chor und Orchester: Unisono
- Alle auf na, no, nu und Orchester unisono
- Mit Text, einstimmig
- Kanon aufbauen, mit Orchester

Streichorchester

Arcangelo Corelli (1653-1713)
Pastorale aus dem Concerto grosso in g-Moll

Pastorale:
Hirtenstück wiegend, zart
oft von Schalmeien oder Oboen gespielt

Im nun folgenden Schlussteil repetieren wir alles, was wir gelernt haben:

Vom Himmel hoch
   1. Strophe: Alle
   2. Strophe: Kinder und Flöten
   3. Strophe: Alle

Ehre sei Gott
   4-stimmiger Kanon /Orchester: Ostinato

Kommet, ihr Hirten
   1. Strophe: Alle Kinder /Frauen/Flöten
   2. Strophe: Männer und Streicher
   3. Strophe: Tutti

Flötenensemble

Ludovico Grossi da Viadana (1564-1645)
"Canzona, la Padovana"
8-stimmiges Werk (alte Stereophonie!)

Alleluja
- Unisono, inkl. Orchester
- 3-stimmiger Kanon

Dank an Publikum, Chor, Orchester, Flöten, Helfer, Kollegen. Nun singen wir zum Schluss gemeinsam: Stille Nacht, Heilige Nacht

Offenes Singen

Ehre sei Gott
L. E. Gebhardi

1. Eh - re sei Gott in der Hö - - he!
2. Frie - de auf Er - den auf Er - den und den
3. Men - schen ein Wohl - ge - fal - - len. A -
4. - - - men. A - - - men.

Vom Himmel hoch, da komm ich her
Melodie: Leipzig, 1539

Vom Him-mel hoch da komm ich her, ich bringe euch gu-te neu-e Mär; der gu-ten Mär bring ich so viel, da-von ich singn und sa-gen will.

2. Euch ist ein Kindlein heut gebor'n von einer Jungfrau auserkorn,
   ein Kindelein so zart und fein, das soll eur Freud und Wonne sein.

3. Es ist der Herr Christ, unser Gott, der will euch führn aus aller Not;
   er will eur Heiland selber sein, von allen Sünden machen rein.

Offenes Singen

Stille Nacht

Franz Gruber (1787-1863)
Satz: Andreas Juon (geb. 1918)

Stil - le Nacht, hei - li - ge Nacht! Al - les schläft, ein - sam wacht nur das trau - te, hoch - hei - li - ge Paar. Hol - der Kna - be im lok - ki - gen Haar, schlaf in himm - li - scher Ruh, schlaf in himm - li - scher Ruh!

2. Stille Nacht, heilige Nacht! Hirten erst kund gemacht;
   durch der Engel Halleluja tönt es laut von fern und nah:
   Christ, der Retter ist da, Christ der Retter ist da.

3. Stille Nacht, heilige Nacht, Gottes Sohn, o wie lacht
   Lieb aus deinem göttlichen Mund, da uns schlägt die rettende Stund',
   Christ, in deiner Geburt, Christ in deiner Geburt.

Entstanden am 24. Dezember 1818, Joseph Mohr (1792-1848)

Offenes Singen

Alleluja Nach einem Motiv aus "Exultate, jubilate" (Mozart), Fassung: H. Weber

1. Al - le -lu - - ja, al - le - lu - ja - -, al - le - - lu - ja, al - le - - lu - - ja.
2. Al - le -lu - - ja, al - le - lu - ja - -, al - le - - lu - ja, al - le - - lu - - ja.
3. Al - le - lu - ja, al - le - lu - ja.

Kommet ihr Hirten Altböhmisch, Satz T. Däppen

Kom- met, ihr Hir- ten ihr Kind- ner und Fraun!
Kom- met das lieb- li- che Män- lein zu schaun!

Chri- stus der Herr ist heu- te ge- bo- ren, Fürch- tet euch nicht!
den Gott zum Hei- land euch hat er- ko- ren.

2. Lasset uns sehen in Bethlehems Stall, was uns verheissen
   der himmlische Schall. Was wir dort finden, lasset uns künden,
   lasset uns preisen in frommen Weisen: Halleluja!

3. Wahrlich die Engel verkündigen heut Bethlehems Hirtenvolk
   gar grosse Freud: Nun soll es werden Frieden auf Erden,
   den Menschen allen ein Wohlgefallen. Ehre sei Gott!

Werkstatt-Unterricht

Werkstatt-Unterricht im Fach Singen/Musik?

> Ist es nicht eben der Sinn des Musizierens, gemeinsam etwas zu tun?
> Wie sollen Schüler arbeiten können, wenn es von überall her anders tönt?
> Üben die Kinder nicht Fehler ein, wenn sie nicht allzeit überwacht werden?
> Ist es überhaupt möglich, die Kinder ihren Möglichkeiten
> entsprechend Musik erleben und erfahren zu lassen?

Wir wollten es wissen und probierten es aus:

Unsere Erfahrungen bestätigen die Vorteile des Werkstatt-Unterrichtes auch im Fach Singen/Musik, sofern gewisse Voraussetzungen erfüllt sind:

Lehrkraft als Organisator, Helfer, Betreuer, Moderator, Schüler als Tätige

Die Erfahrungs- und Fertigkeitswerkstätten im Bereich Musik ermöglichen

- individuelle Betreuung und Förderung der Kinder durch die Lehrperson
- das Üben individueller Ausdrucksformen
- die Zusammenarbeit zwischen L-S
- ein Fördern der Selbstverantwortung, des Selbstvertrauens
- ein Steigern des Wohlbefindens von S und L
- eine Begünstigung des Lernens durch Selbstentdeckung
- ein Sichtbarmachen des persönlichen Lernfortschritts
  (nicht an den Fortschritten anderer gemessen)
- eine Berücksichtigung des persönlichen Arbeitsrhythmus',
  der persönlichen Arbeitstechnik
- das Erziehen zur Fragehaltung
- intensives und lustvolles Lernen, da verschiedene Tätigkeitsbereiche
  angeboten werden
- der Lehrperson ein realistisches Bild über das Können der einzelnen Kinder
- den Kindern ein rasches Feststellen des Lernfortschrittes dank den Lösungen
- auch für fortgeschrittene Kinder eine ihnen ansprechende Förderung ihrer
  Fähigkeiten.

Werkstatt-Unterricht

Und zudem:

Die Kinder lassen sich durch die Schall-Erzeugnisse anderer kaum ablenken. Wenn Instrumente mit verschiedenen Klangfarben ausgewählt werden, können die Kinder sich besser hören. Und schliesslich: Werkstatt-Unterricht - oder Arbeiten in verschiedenen Bereichen - fördert alle jene Ziele, die ansonsten nur als "verbale Festmusik" in den Allgemeinen Leitideen des LP und in den Fachlehrplänen stehen, aber kaum in den Unterricht eindringen.

Praxis

Wir haben ein paar Beispiele ausgewählt, um zu zeigen, wie die Aufträge formuliert und dargestellt werden können. Andere Aufgaben wie z.B.

- Postenlauf auf dem Schulhausplatz mit melodischen und rhythmischen Aufträgen,

- Arbeit mit dem Walk-man: Musik hören, Lieder erkennen, Musik-Diktate, Musik malen.

- bekannte Spiele wie Quartett, Domino (auf Musik getrimmt), eignen sich sehr gut für individuelles Lernen.

- Ein Auftrag könnte auch lauten: Erfindet selber eine Musik!

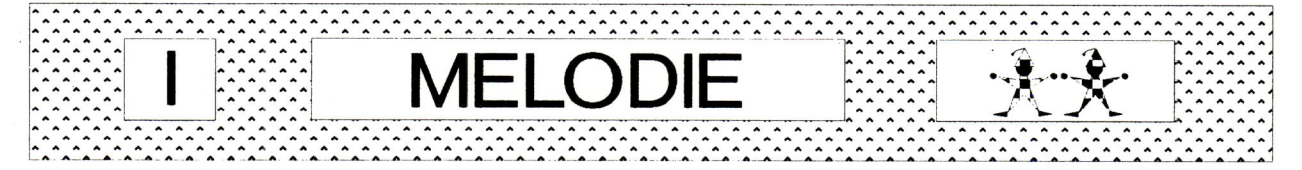

I MELODIE

1. Holt die Klangstäbe c und a, einen Schlägel, das Arbeitsblatt Melodie 1 und einen Bleistift.

2. Ein Kind spielt.
   Das andere schreibt diese Musik auf.

3. Wechseln.

Seite 439

Besondere Unterrichtsformen

I HÖREN

1. Beide Kinder holen
   - einen Triangel
   - einen Klangstab
   - Fingerzymbeln

2. Ein Kind versteckt sich und spielt etwas.
   Das andere versucht das Gleiche nachzuspielen.

3. Wechseln.

II RHYTHMUS

1. Hole ein Kassettengerät,
   die Kassette "Rhythmus 1"
   und ein Instrument.

2. Spiele nach, was du hörst.

Fakultativer zusätzlicher Unterricht

Uebersicht
Möglichkeiten

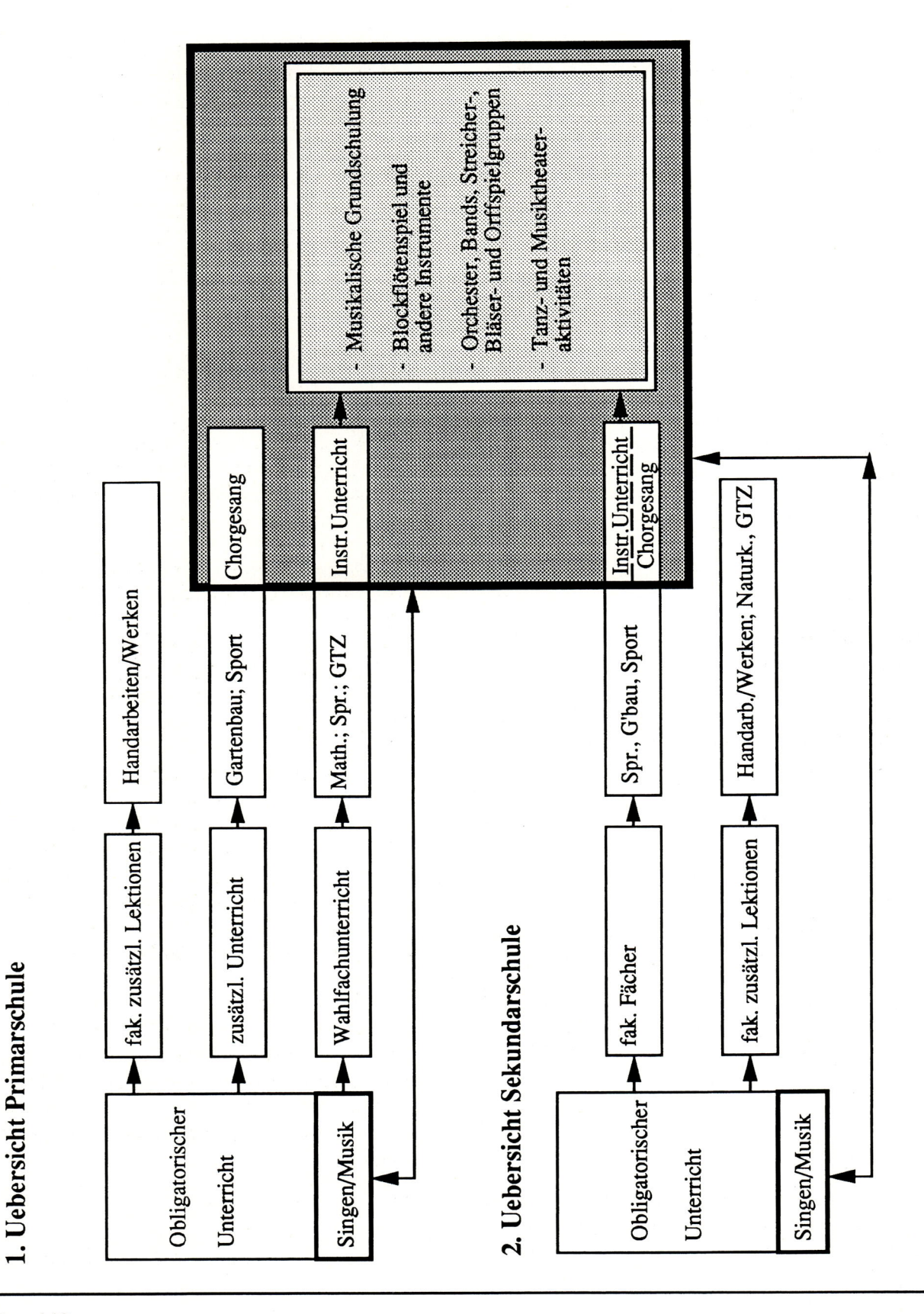

Fakultativer/zusätzlicher Unterricht

Musikalische Grundschulung

- Blockflötenspiel und andere Instrumente
- Orchester, Bands, Streicher-, Bläser- und Orffspielgruppen
- Tanz- und Musiktheateraktivitäten

1. Uebersicht Primarschule

Obligatorischer Unterricht → fak. zusätzl. Lektionen → Handarbeiten/Werken

→ zusätzl. Unterricht → Gartenbau; Sport

Singen/Musik → Wahlfachunterricht → Math.; Spr.; GTZ

Singen/Musik → Chorgesang; Instr.Unterricht

2. Uebersicht Sekundarschule

Obligatorischer Unterricht → fak. Fächer → Spr., G'bau, Sport

→ fak. zusätzl. Lektionen → Handarb./Werken; Naturk., GTZ

Singen/Musik → Instr.Unterricht; Chorgesang

Seite 442

Fakultativer/zusätzlicher Unterricht

Hinweise für den fakultativen und zusätzlichen Unterricht an den Primar- und Sekundarschulen. (Musikalische Grundschulung, verschiedene Formen des Instrumentalunterrichtes und des Chorgesangs)

Möglichkeiten innerhalb des Instrumentalunterrichtes im Klassen- oder Schulverband

Grundsatz:

Der Instrumentalunterricht (ohne MGS) wird grundsätzlich als "GRUPPENMUSIZIEREN" verstanden. Das GEMEINSAME MUSIZIEREN hat Vorrang vor der EINZELAUSBILDUNG auf einem Instrument.

Angebot:

Dieses richtet sich nach den Leitideen und Richtzielen im Fachlehrplan Singen/Musik.

- Unterricht in der Musikalischen Grundschulung (Zitat LP: "Der Instrumentalunterricht wird in den ersten beiden Schuljahren in der Regel als MGS erteilt.")
- Unterricht im Blockflötenspiel (verschiedene Leistungsstufen) und allenfalls auch auf anderen Instrumenten wie z.B. Saiten-, Tasten- oder Blasinstrumenten
- Gemeinsames Musizieren mit verschiedenen Instrumentalisten, so z.B. mit Streichern, Bläsern, Orffspielgruppen, Orchestern, Schülerbands
- Gemeinsame Aktivitäten mit Tanz- und/oder Musiktheatergruppen

Bemerkungen:

- Die Allgemeinen Bestimmungen in den Lehrplänen für Primar- und Sekundarschulen müssen grundsätzlich beachtet werden.

- Aufgrund der Lektionentafeln in den Lehrplänen steht dem einzelnen Schüler in der Primarschule pro Schuljahr der Besuch einer Lektion Instrumentalunterricht zu. Es darf z.B. auf der Unterstufe dem gleichen Schüler im gleichen Schuljahr nicht Instrumentalunterricht und MGS erteilt werden. In der Sekundarschule können gemäss Lehrplan, Allgemeine Bestimmungen Ziffer 4.6. folgende Kombinationen zwischen Chorgesang und Instrumentalunterricht gewählt werden:

Chorgesang	1	1	0	0	2
		oder	oder	oder	oder
IU	1	0	1	2	0

Werden Primar- und Sekundarschüler gemeinsam unterrichtet, kann die Regelung der Sekundarschule sinngemäss Anwendung finden.

- Der Instrumentalunterricht (inkl. MGS) ist in der Primarschule ein Wahlfach, für das sich einzelne Schüler freiwillig melden können. Dabei gibt es im Gegensatz zu anderen Wahlfächern (M, D, F, GTZ) keine einschränkenden Zulassungsbestimmungen. In der Sekundarschule kann die zuständige Schulkommission den Besuch dieses fakultativen Unterrichtes für alle oder einen Teil der Schüler als verbindlich erklären. In der Primarschule darf diese Zuweisungsregelung nur für den zuätzlichen Unterricht (z.B. Chorgesang) angewendet werden. In diesem Zusammenhang sind insbesondere die Bestimmungen über die täglichen und wöchentlichen Höchstlektionenzahlen gemäss Lehrplan einzuhalten.

- Die Bestimmungen in den Lehrplänen, wonach ab 17.00 Uhr ausser der Hauswirtschaft kein Unterricht mehr beginnen darf, ist einzuhalten. Abweichungen von diesen Bestimmungen kann der Schulinspektor auf begründetes Gesuch hin gestatten.

- Die Forderung nach Unentgeltlichkeit des Unterrichtes ist auch im Bereich des Instrumentalunterrichtes zu beachten. Das Erheben

Fakultativer/zusätzlicher Unterricht

von Beiträgen an Mietgebühren oder Anschaffungskosten für Instrumente bei den Eltern ist nur im Einvernehmen mit diesen gestattet. Die volle Kostenübernahme für die Anschaffung von Instrumenten bedarf ebenfalls der Zustimmung der Eltern. Dabei wird das Instrument Eigentum des Schülers.

Praktische Hinweise:

- Vor Schuljahresbeginn ist im Lehrerkollegium (Beschluss durch die zuständige Schulkommission) eine klare Absprache über das Angebot (Form des fakultativen und zusätzlichen Unterrichtes, Klassenorganisation, Lehrerzuteilung u.a.m.) vorzunehmen.

- Eine umfassende schriftliche Orientierung der Eltern betr. Organisation und Möglichkeiten im fakultativen und zusätzlichen Musikunterricht (Anmeldetalon, Verbindlichkeit der Zusage, Unterschrift...) kann sehr hilfreich sein. Das Vorstellen dieses fakultativen und zusätzlichen Unterrichtes kann auch Thema von Elternveranstaltungen sein. Grundsätzlich kann kein Kind gezwungen werden, an einem freiwilligen Unterricht teilzunehmen.

Organisation:

- Chorgesang

    Stufenweise getrennte Gruppen: z. B.
    3.-6. Schuljahr: gleiche Stimmen
    7.-9. Schuljahr gemischte Stimmen

    Ein Chor mit gleichen Stimmen kann auch mit ungebrochenen Stimmen aus der Oberstufe ergänzt werden. Wenige mutierte Knabenstimmen gegen eine "Übermacht" ungebrochener sind für Lehrer und Schüler wenig motivierend und erschweren die Arbeit sehr. Der freiwillige Chorgesang unterscheidet sich vom obligatorischen Unterricht im Fach Singen/Musik, weil daran in erster Linie die willigen und fähigen Schüler teilnehmen. Konsequenz: vermehrtes Singen vom Blatt, viel Abwechslung, planmässige Stimmschulung (siehe auch Kapitel Stimmpflege).

- Blockflötengruppen

    3./4. Schuljahr: Sopranflöte
    5./6. Schuljahr z.B. Sopran- und Altflöten
    7.-9. Schuljahr z.B. Quartett-Formation
    Je nach Situation wird man eigene Mischformen finden müssen!

- Verschiedene Spielgruppen

    Es muss versucht werden, alle zur Verfügung stehenden Instrumente (Streich-, Holz- und Blechblasinstrumente, Gitarren, Blockflöten, Perkussionsinstrumente usw.) in das Ensemblespiel zu integrieren.
    Die Literaturauswahl ist entscheidend (Einfache Arrangements, Interesse der Schüler berücksichtigen)! Die Musik sollte wenn möglich ab Blatt gespielt werden können, denn das instrumentale Zusammenspiel hat Priorität. Ein allzu mühevolles Erarbeiten einzelner Instrumentalstimmen verunmöglicht das vordergründig anzustrebende Gruppenmusiziererlebnis.

Stundenplangestaltung:

- Weil es sich im fakultativen und zusätzlichen Musikunterricht in vielen Fällen um klassenübergreifende Gruppen handeln wird, hat man sich in der Regel mit Randstunden abzufinden. Für die MGS im 1. Schuljahr besteht die praktische Möglichkeit, MGS und abteilungsweiser Unterricht in anderen Fächern parallel anzusetzen, womit eine grössere Flexibilität bezüglich der Stundenplangestaltung erreicht werden kann. Diese Flexibilität fällt im 2. Schuljahr weg oder wird generell reduziert, wenn nicht alle Schüler einer Klasse an der MGS teilnehmen.

- Für den Chorgesang eignet sich die letzte Vormittagslektion besser als die erste frühmorgens oder die letzte am Nachmittag. Die MGS dagegen kann sehr gut in der ersten Lektion am Morgen stattfinden.

Fakultativer/zusätzlicher Unterricht

Ein Tagesbeginn oder -abschluss mit einer Instrumentallektion oder mit Chorgesang kann Schülern und Lehrern zu einem Erlebnis verhelfen.

Veranstaltungen:

- Zielsetzungen sind zu formulieren! Musikabende sollen geplant und möglichst häufig durchgeführt werden (Auftritte nicht nur auf Weihnachten und den Schulschluss beschränken!). Gemischte Programme sind anzustreben: Instrumental- und Liedervorträge, evtl. durch Beiträge aus dem privaten Musikunterricht der Schüler erweitern. Ergänzungsmöglichkeiten: Gedichtvorträge. Nicht zuletzt wegen der inhaltlichen Absprache sind die Klassenlehrer über diese besonderen Aktivitäten zu orientieren.

- MGS: Eltern zu Demonstrationslektionen einladen, allenfalls sogar in den Unterricht miteinbeziehen. Von Zeit zu Zeit besondere Projekte realisieren.

- Keine Scheu, Propaganda zu machen! Die Öffentlichkeit soll für den Musikunterricht an der Schule interessiert werden (evtl. kleine Zeitungsberichte verfassen lassen, Sammelbüchsen aufstellen). Die zuständigen Budgetplaner in den Gemeinden motivieren, Kreditposten für allfällig notwendige Instrumentenanschaffungen aufzunehmen.

Aktivitäten ausserhalb der Unterrichtszeit gemäss Stundenplan:

Die Eltern sind ausführlich über die Einzelheiten des Anlasses zu informieren (Ort, Einfindungszeit, ungefähre Dauer des Anlasses, Absicht). Die Teilnahme der Schüler an Anlässen ausserhalb der Unterrichtszeit ist grundsätzlich freiwillig.

Besonders abends sind die Eltern anzuhalten, ihre Kinder auf dem Hin- und Rückweg zu begleiten. (Mitverantwortung der Eltern).

Stichwortverzeichnis

A
Absolute Tonnamen **342**, 369, 375
Abspannen 15
Aerophone 168
Ahornbaum 283
Air 278
Arrangement 55, 56, 127
Artikulation 16, 51
Atmosphères (Ligeti) 384
Atmung 15

B
Baba Yaga 276
Bandprobe 103
Barock 274
Bass 114
Begleitformen 64, 70
Begleitsätze 77
Bewegen **87**
Bewegungsanregung 89, 195
Bewegungsschulung **87**
Bilderbuch 97, 168, 171, 345, 349, 366
Blasinstrument 51, 168
Blechblasinstrument 52
Blues 108, 123
Bordun 70
Brummer 32

C
Cha-Cha-Cha 337
Chordophon 170
Chorgesang 18, 444
Chorleitung 41
Chorprobe 36
Computer 159
Chromatische Tonleiter 378

D
Dirigieren 41
Dreiklang 350, **373**, 378
Dona nobis pacem 385
Dumme Augustine 97
Dur 359, 370, 373, 376, 378
Dynamik 240, 241

E
Einsingen 18, 23
Einstimmen 52
Eisenbahn 197, 248
Effektinstrumente 332
Elektronische Instrumente 121, 122
E-Piano 122
Experimentieren 40, 236
Expressionismus 253, 275

F
Fächerübergr. Unterricht 247, 251, 283, **424**
Fakultativer Unterricht **442**
Feuerwerksmusik 265
Fingerzeichen 391, 395
Fuge 255
Funktionen 188, **199**

G
Ganztonleiter 378
Gehörschäden 231
Geräusche 236
Geraldine u. d. Mauseflöte 366
Gespenster 277
Gewitter 196
Gitarre 117
Gleichschlag 48
Glissando 32
Glocken 186, 197
Glockenturm 391, 395
Gnomus 184
Grafische Notation 66, 239, 247, **255**, 269, 381
Grifftabelle 117
Grosses Tor von Kiew 167, 246
Grundlagen **10**
Grundrhythmus Rock 106
Grundschlag 42
Gruppenmusizieren 44, 57

H
Haftnoten 391
Halbtonschritte 357, 359
Haltung 15
Handzeichen 390, 394
Holzblasinstrument 52
Hörerziehung **231**
Hörübungen 233

I
Idiophone 166, 331
Improvisation Stimme 37
Improvisation Instrument 60, 276
Improvisation Bewegung 276
Insekten 196
Instrumentalgruppe 44
Instrumentales Musizieren **44**
Instrumentalunterricht in der Schule 443

Instrumentarium 45, 111
Instrumentation 55, 74
Instrumentenbau 166
Instrumentengruppierung 163
Instrumentenkunde **162**
Intonation Stimme 30
Intonation Instrumente 51

J
Jagd 194
Jeux d' enfants 95
Jingle 202
Jupiter Sinfonie 272

K
Kadenz 73, 108, 378
Kanon 35, 385
Kennmotiv 202
Keyboard 121
Kinderstimme 16
Kirchentonart 378
Klangfarben 244
Klassik 274
Konzentrationsübungen 233
Körperbewusstsein 15
Körperinstrumente 60, 88, **327**, 330

L
Lehrplan 35, 404
Leierformel 349
Lektion 406
Lernprogramme 160
Leselehrgang 283
Liedauswahl 410
Liedbegleitung 67, 77, 328, 334
Liedeinführung 33, 429
Liedgut 35

M
Märchen 198
Maschinen 197
Materialien 62
Mehrklassenunterricht **422**
Mehrstimmigkeit 35
Melodische Schulung 238, **342**, 378
Metronom 281
Metrum **280**
MIDI 159
Moderne 275
Modulation 378
Moll 372, 373, 377, 378, 379,
Mond 196
Musik in der Schule 11,
Musik des 20. Jahrh. 101, 251, 253, 275, 384

Musikalische Grundschulung 442
Musikgeschichte 251, **274**
Musikkunde **161**
Musiklehre **230**
Musikunterricht 10, 421
Mutation 31

N
Nationale Musik 181
Notation melodisch 348, 366
Notation rhythmisch 296
Notator 160
Noten melodische Schulung 397
Noten rhythmische Schulung 299
Notengebung 407
Notenlegetafel 392, 395, 396, 397
Notennamen absolut 369, 375
Notennamen relativ 342
Notenschlüssel 59, 369
Notenseil 390, 394
Notenwert 238, 279

O
Offenes Singen **432**
Orchester 44, 442
Orchesterliteratur 55
Orff-Instrument 45

P
Pacific-231 248
Papageien-Methode 33
Parameter 199, 200
Partitur 256, 270, 273
Pattern 108
Peer Gynt 269
Pentatonik 355, 378
Percussion 111, 166, 331
Peter und der Wolf 171, 276
Planungshilfe **404**
Plattenhüllen 249
Polaritätsprofil 187, 245
Populäre Musik **102**
Praktisches Musizieren **13**
Probenarbeit Chor 36
Probenarbeit Orchester 51, 55, 57
Probenarbeit Band 103
Programmusik 139, **193**
Projekte **424**

Q
Querverbindungen 247, 251, 283, **424**
Quintenzirkel 401

R
Relative Tonnamen **342**, 374
Resonanz 18
Rhythmische Schulung **279**
Rhythmische Übungen 304
Rhythmus 238, **279**
Rhythmuskärtchen **295**, 299
Rhythmussprache **295**, 296
Rock 60er-Jahre 133
Rock 70er-Jahre 142
Rock 80er-Jahre 144
Rockgrundschlag 106
Rockmusik **102**
Romantik 275
Rufterz 346
Rumba 335

S
Saiteninstrument 170
Samba 338
Sampler 121
Schall 231
Schlagfiguren 41
Schlaginstrument 163, 167, 331
Schlagwerk 64
Schlagzeug 105, 111
Schlegelhaltung 47
Schulmusik **10**
Schulorchester 44, 443
Signalmusik 202
Silbentafel 398
Sinfonie 272
Singen 14, **33**, 432
Singunterricht **13**
Software 159
Solmisation 344, 346
Sonne 195, 278
Sound 120
Sound-Sampling 160
Spieltechniken Orff 47
Spieltechniken Rock 105
Sprecherziehung 16
Stabspiel 45, 65
Stimmbruch 31
Stimme 16, 125
Stimmen der Instrumente 37, 405
Stimmexperimente 37, 405
Stimmkorrektur 30
Stimmpflege **14**
Stimmregister 17, 18
Stimmumfang 17, 18
Streichinstrumente 56
Stufen 73, 108
Stundenplan 444

Synthesizer 121

T
Takt 241, **317**
Taktarten 241, 318,
Tanz **87**
Tanzlied 89
Tanzrhythmen 335
Tasteninstrument 171
Tempo 239, **280**
Themenbereiche **11**
Tiere 171, 196, 197, 276, 366
Tonhöhe 378
Tonleiter **345**, 359, 376, 377, 399, 400
Tonnamen absolut **342**, 369, 375
Tonnamen relativ 342, 374
Tonraum erarbeiten 343
Tonsystem 378
Tonumfang Blasinstrumente 52, 53
Toteninsel 277
Transponierende Instrumente 53, 59
Trauer 193
Tupfschrift 391, 395

U
Umschreiben 53, 59
Unterrichtsformen **421**
Unterrichtsplanung **403**

V
Vögel 196
Vokalisen 17
Vokalsitz 19

W
Wandernote 392, 395
Wassermusik 64, 195
Wassermusik Händel 267
Wechselschlag 47
Weihnachtsmusik 429
Werbung 188, 194, 200, **202**
Werkbetrachtung 191
Werkerschliessung 171, 245, 245, 276
Werkstattunterricht 438
Wirkungen 189, **199**
Wolfsschluchtsszene 277

Z
Zauberlehrling 262
Ziele **10**
Zirkus 198
Zorn 193
Zusammenspiel 44
Zwölftonmusik 275, 378

Theater

Leckere Schulhappen
So hätte ich auch gerne gelernt

«Wollt ihr also die Intelligenz eures Schülers fördern, so fördert die Kräfte, die sie beherrschen soll. Übt ständig seinen Körper, macht ihn stark und gesund, um ihn weise und vernünftig zu machen. Lasst ihn arbeiten, sich betätigen, laufen, schreien und immer bewegen.» Jean-Jacques Rousseau: «Emile oder Über die Erziehung».
Wie solches Arbeiten mit dem ganzen Körper, mit allen Sinnen aussehen kann, zeigen die Werkbücher des Zytglogge Verlages alle: Es ist eine grosse Lust, in den Büchern herumzustöbern, sei es, um hineinzuschnuppern, um Ideen für den Unterricht der nächsten Zeit zu finden, um zu erfahren, was bisher im Unterricht sträflich vernachlässigt wurde, etc.
Ins Auge fällt die grosszügige Gestaltung der Bücher. Das Format 21 × 30 cm lässt Platz für viele Fotos, grossen Schriftdruck, Luft auf den Seiten, viele handgeschriebene Notizen und Anleitungen. Mit Papier wurde nicht am falschen Ort gespart. Die einzelnen Bände sind unterschiedlich gestaltet, keiner ist vergleichbar mit seinem Layout mit den anderen. Aber allen scheint die Liebe zu dem Inhalt, zu den Kindern und Erwachsenen unsichtbar zwischen die Zeilen geschrieben zu sein. Die Produkte sind dem Verlag offensichtlich nicht gleichgültig. In ihnen finde ich noch etwas von der Freude und dem Spass wieder, die Lehren und Lernen auch bedeuten können.
Eselsohr

SCHULTHEATER 1
Siegfried Amstutz Josef Elias
Hanspeter Bleisch Max Huwyler
Bendicht Salvisberg
PORTRÄTS & MATERIALIEN
ZYTGLOGGE

Br., A4, 200 S., 32.—/35.—

Seit einigen Jahren hat sich ein grundlegender Wandel auf dem Bereich des Schultheaters abzuzeichnen begonnen. Theaterspiel wird heute immer mehr als integrierender Teil des Schulalltags empfunden, und dies nicht etwa nur im Deutschunterricht, sondern als fächerübergreifende Möglichkeit spontaner Äusserungen und Aktionen.
In diesem Zusammenhang bilden die vier Bände «Schultheater» eine wertvolle Hilfe, zeigen sie doch die vielfältigen Möglichkeiten, wie in einer Klasse Theater gespielt werden kann. Dazu gehören das Spiel mit Masken oder Schatten, die improvisierten Tücherpuppen oder Stabfiguren, ganz zu schweigen von andern Ausdrucksformen wie Tanz und Pantomime.
Die vier Bände enthalten Beiträge von vielen erfahrenen Praktikern. Anstelle von Rezepten werden Anregungen, Protokolle und Erfahrungsberichte abgedruckt, wodurch jedem blossen Nachahmen zum vornherein der Riegel geschoben wird.
Alle Beiträge sind sehr anschaulich dargestellt mit Fotos, Zeichnungen, Materialien. Weitere Vorzüge: gute Verbindung zwischen Praxis und methodisch-didaktischen Erläuterungen; gut lesbar; aufgelockertes, zum Blättern und Lesen anregendes Layout.
Westermann Pädagogische Beiträge

SCHULTHEATER 2
Kaspar Fischer · Peter Wälti · Elisabeth Kälin
Dani Lienhard · Peter Wyler
Justin Rechsteiner
SPIELRÄUME
Ein Zytglogge Werkbuch

Br., A4, 200 S., 32.—/34.—

Band 1: Berichte über Aufführungen, Proben, praktische Hinweise. Ein von Theatermachern selbstgestaltetes Buch. Möglichkeiten des Schulspiels (von den Etüden bis zum klassischen Theater) / Theaterwoche mit schwierigen Kindern (Figuren- und Raumtheater am Beispiel eines Seeräuberstückes) / Hinführen von Körper, Ton und Text zum Stück.
Autoren: Siegfried Amstutz, Josef Elias, Hanspeter Bleisch, Max Huwyler, Bendicht Salvisberg

SCHULTHEATER 3
Nelly Zobrist · Artur Gloor · Hans Stebler
Stefan Scherrer · Spatz & Co.
Jean Racine
SPIELE OHNE AUFWAND
Ein Zytglogge Werkbuch

Br., A4, 240 S., 32.—/34.—

Band 2: Das Schulspiel in all seinen Variationen (Pantomimen, Masken- und Puppenspiel, Fortsetzungsspiel, Rollenspiel, Psycho- und Soziodrama) zum Bestandteil des Sprachunterrichts werden zu lassen ist das Anliegen dieses Buches.
Autoren: Kaspar Fischer, Peter Wälti, Elisabeth Kälin, Dani Lienhard, Peter Wyler, Justin Rechsteiner

Band 3: Spiele ohne Aufwand / Spiele mit Worten / Lehrer lernen spielen / Schulspiel im Videofilm / Konfliktspiele / Gulliver in Liliput. Ein Werkbuch mit Anwendungsmöglichkeiten für jede Stufe und jeden Raum. Mit Denkanstössen, die praktizierbar sind.
Autoren: Nelly Zobrist, Artur Gloor, Hans Stebler, Stefan Scherrer, Spatz & Co., Jean Racine

Band 4 vereinigt Theaterarbeiten, die in den letzten Jahren entstanden sind, in all ihren Facetten des Entstehungsprozesses bis zur Aufführung.

Schultheater 4
Theaterschule
Adrian Portmann & Co.
Kaspar Fischer
Werner Hartmann
Andreas Schöni
Märchenhafte Wirklichkeit
Ein Zytglogge Werkbuch

Br., A4, 152 S., 32.—/34.—

Die Beiträge stammen von Leuten, die sich für Kreativität in den Schulen engagieren und selbst viel dazu beitragen:
- Adrian Portmann & Co.
  Theatercollage «mir» (zu deutsch «wir»)
- Kaspar Fischer
  Dornröschen-Variationen
- Wolfgang Hartmann
  Das Stück von den komischen Vögeln
- Andreas Schöni
  Ausflug auf die Ruine Gehristein

Damit ist die heutige Theaterlandschaft um viel Profiliertes und Engagiertes bereichert.

Jeder Lehrer und Erzieher wird gerne danach greifen und sich hoffentlich von dem in manchen Beispielen verwendeten Schweizer Dialekt nicht abhalten lassen. Eine reiche Fundgrube von Einfällen und praktischen Anleitungen, ergänzt durch großzügige Fotos von praktischen Schultheatern. Auch Heime und Internatsschulen sollten mit Begeisterung danach greifen.
Basis

Tanz

Kreativer Tanz
Madeleine Mahler
ZYTGLOGGE WERKBUCH

Br., A4, 122 S., 24.—/26.80

Wer dieses Buch durchblättert, spürt sofort, dass es aus einer reichen praktischen Erfahrung entstanden sein muss.
Der erste Teil des Buches gibt viele Anregungen für die Körper- und Bewegungsschulung. Trotz des systematischen Aufbaus handelt es sich nicht um eine fertige Technik; im Gegenteil: hier wird der Körper mit Hilfe von Bewegungsaufgaben auf eine spielerische Art geschult und geformt.
Der zweite Teil zeigt Möglichkeiten auf, wie eine Lektion gestaltet werden kann. Dabei fällt das Wechselspiel zwischen Improvisation und Gestaltung besonders auf. Es geht um das Suchen neuer und eigener Bewegungsmöglichkeiten, aber auch um das Erarbeiten fester Formen.
Im dritten Teil finden wir Lektionsbeispiele und -protokolle für die Praxis. Anstatt abzugrenzen und einzuschränken, wie dies auf dem Gebiet des Tanzes leider allzu oft geschieht, sprengt dieses Werkbuch in vielen Hinsichten den Rahmen, und trotz der Vielseitigkeit hat das Buch einen klaren Aufbau.
Schliesslich sind es die vielen guten Fotos und Skizzen, welche einem selbst zum Ausprobieren von Madeleine Mahlers Ideen veranlassen können.
Verena Egger, Sporterziehung in der Schule

Tanz als Ausdruck und Erfahrung
Madeleine Mahler
ZYTGLOGGE WERKBUCH

Br., A4, 128 S., 28.—/31.—

Das Buch zeigt dem Pädagogen oder Gruppenleiter Wege und Möglichkeiten, wie mit dem Tanz aus eigenem Erleben Bewegungsfreude entstehen kann, aber es ist nicht ausschliesslich eine Ideen- und Stoffsammlung. In Vor- und Zwischentexten werden Erfahrungen und Hintergründe der Autorin vermittelt. Darin beschreibt sie ihren Lektionsaufbau und wie sie mit einem Musikstück umgeht. Dazu kommt eine Sammlung von Impromustern, die als Anregung und Halt dienen, um in freies Bewegen zu kommen.
Den Hauptteil des Buches nehmen die Beschreibungen der Lektionen unter den Themen («Gefangensein und Freiheit», «Der Schatten wird lebendig», «Alles ist in mir», «Miteinander») zugeordnet sind. Da ist das Vorgehen der Autorin ausführlich beschrieben, als Einstimmung werden die passenden Improvisationen aufgeführt. Die Songs werden nach Pulsschlägen ausgezählt und dazu die Bewegungsabläufe notiert. In diesem Sinne ist es ein anregendes Werkbuch, welches den Weg zu eigenen Gestaltungen weisen kann.
R. Weber, SLZ

Tanzen in Schule und Freizeit
Tanz chuchi
Ein Zytglogge Werkbuch

Br., A4, 208 S., 32.—/35.—

Einer kurzen Einführung in die Grundlagen des kreativen Tanzes, der Bewegung und Gestaltung sind in einer übersichtlichen Terminologie über 60 Tanzbeschreibungen angefügt. Einheimische Tanzformen schlagen die Brücke zwischen Volkstänzen aus aller Welt und modernen Popformen. Im ausführlichen methodischen Teil sind wertvolle und in der Praxis erprobte Hinweise für die gruppenweise Erarbeitung der dargestellten Bewegungsformen enthalten. Literaturhinweise und eine Übersichtstabelle erleichtern den Zugang zur Materie und dürften dem engagierten Tanzleiter bald erfreuliche Erfolge bescheren. Die gleichzeitig mit dem Buch erschienene Platte «Tanzchuchi» (zyt 233) hält mit 15 Beispielen von Alewander über Hava Nagila bis zum Samba Mixer Rhythmen und Klang fest.
Kolorit

Autoren: Martin Wey, Ernst Weber, Madeleine Mahler, Regula Leupold, Mario Neukomm.

Ausdrucksspiel aus dem Erleben
Arbeitsgemeinschaft Jeux Dramatiques
Einführung Methodik Arbeitsblätter
Ein Zytglogge Werkbuch

Br., A4, 160 S., 32.—/35.—

Auf rund hundert Seiten bringt das originell gestaltete Werkbuch praktisch erprobte Anleitungen für Einstiegsspiele (Einführungsspiele zu den Jeux Dramatiques) und rund zwanzig protokollarisch geschilderte Ausdrucksspiele mit und ohne Textvorlagen oder zu bestimmten Musikstücken und Klangbildern, denen im Anhang eine ausführliche Liste weiterer geeigneter Spieltexte und Musikvorlagen beigegeben ist. Der mit Szenenfotos reich illustrierte Band ist zur Zeit wohl die beste Einführung in die Technik der Jeux Dramatiques.
Veit Zust, SLZ

Jeux Dramatiques mit Kindern 2
Heidi Frei
Ausdrucksspiel aus dem Erleben
Methodik · Aufbau · Arbeitsblätter
Zytglogge Werkbuch

Br., A4, 160 S., 35.—/39.—

Band 2 befasst sich mit der Spielpraxis in Kindergarten, Spielgruppen, Schule und Freizeit. Es ergänzt das erste Buch für Ausdrucksspiel aus dem Erleben und richtet sich an alle Lehrkräfte, ErzieherInnen und Eltern, die mit jungen Menschen im Alter von fünf bis zwölf Jahren arbeiten.
Im ersten Teil des Buches sind Grundprinzipien und Aufbaustrukturen so dargestellt, dass sie für alle Altersstufen angewendet und auf alle Spielarten übertragen werden können. In einem weiteren Teil geben Protokolle Einblick in die Spielstunden von Jeux-LeiterInnen. Sie ermutigen die LeserInnen, die Spiele in die eigene Gruppe zu bringen und eigene Ideen zu verwirklichen. Arbeitsblätter geben Hilfe für die Vorbereitung und Durchführung verschiedenster Spielformen. Spielideen und methodische Tips ergänzen diesen praktischen Teil.
Fotos von Ursula Markus zeigen, wie tief und vielfältig das Erleben der Kinder im Ausdrucksspiel sein kann.

Zytglogge Werkbücher

Zytglogge Werkbücher

Geschichte

Band 1: Auf dem Lande
Br., A4, 128 S., 24.—/27.—

War für uns der Geschichtsunterricht eher eine trockene Aneinanderreihung von Fakten, so bemühte sich hier ein Team von Historikern, Lehrern und Praktikern, für Lehrer und Schüler eine didaktisch aufgebaute, vernetzte Lern- und Lehrhilfe zu schaffen. Anhand von vier Lebensbildern wird die mittelalterliche Welt dargestellt: Vom Urwald zum Kulturland. Der Bauer und seine Arbeit. Der Ritter, seine Funktionen, seine Rechte. Das Kloster, die Nonnen und Mönche und ihr Alltag. Diese «Leitbilder» werden nicht einäugig präsentiert, sondern vor allem in der Gesamtheit, in den Wechselwirkungen und Abhängigkeiten aller untereinander gezeigt.

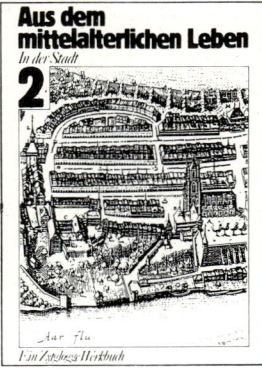

Band 2: In der Stadt
Br., A4, 128 S., 24.—/27.—

Wie «Auf dem Land» ist auch Band 2 aufgebaut: Städtegründungen im Mittelalter am Beispiel Berns. Die Entwicklung zum Gemeinwesen. Wohnen und Leben, Rechte und Freiheiten, Pflichten, innere Bedrohungen (z.B. Feuersbrünste). Die Bedeutung und Funktion der Handwerker und Zünfte. Die Märkte, Handel und Fernhandel. Das Geld, Abgaben und Zölle im alten Bern.
Die zwei Arbeitsbücher sind nicht einfach Geschichtslesebücher, sondern Grundlage. Die vielen Frage- und Arbeitsblätter laden zum aktiven Mitdenken ein.
Die Autoren: Rudolf Hadorn, Jürg Minnier und Beat Salzmann von der Zentralstelle für Lehrerfortbildung des Kantons Bern.
PTT-Union

Br., A4, 168 S., 32.—/35.—

Die Autoren bleiben ihrem bisherigen Konzept treu: alltägliches Leben der damaligen Bevölkerung ist mindestens so wichtig wie die Berücksichtigung grosser Persönlichkeiten oder wichtiger Ereignisse. Sie verwirklichen dies auf beeindruckende Art und Weise auch in ihrem jüngsten Arbeitsbuch, dessen Kapitel hier angeführt seien:
Handel und Verkehr
Handelsräume und Handelswaren
Verkehrsverhältnisse im Mittelalter
Der Gotthard: Vom Saumpfad zur Alpentransversale
Gewalt und Recht
Immer wieder Krieg
Verträge und Bündnisse
Vermittlung und Schiedsgericht
Die Bedeutsamkeit dieses Geschichtswerkes scheint mir darin zu liegen, dass es der Lehrkraft mühsame, ja oft unmögliche Vorbereitungsarbeiten abnimmt. Das vorliegende Quellen- und vor allem Bildmaterial ist äusserst reichhaltig und gibt dem/der Unterrichtenden die Möglichkeit, die seinen Schülern und ihm selber entsprechenden Teile zu verwenden.
BS/EB

EDV

Br., A4, 136 S., mit Brettspiel, 32.—/35.—

Endlich habe ich es gefunden: Ein Computerbuch, das weder die Maschine vermenschlicht, noch mit dem Fachjargon der Informatik zu einem Fremdsprachenlexikon ohne Übersetzung wird.
Mein höchstes Lob für die beiden Autoren Daniel und Lilian Perrin. Mit ihrem Buch Computer mal menschlich haben die beiden etwas offensichtlich sehr Schweres geschafft: Eine moderne Technik anschaulich, übersichtlich und so objektiv wie möglich beschrieben.
So, damit wäre eigentlich meine Rezension schon zu Ende.
Aber ich will erzählen, wie ich zu diesem Urteil komme. Seit ich mich intensiv mit Computern beschäftige, ärgere ich mich darüber, daß es entweder nur ausgesprochene Fachliteratur gibt, oder daß die Literatur für den «Laien» auch laienhaft ist. Ein besonderer Dorn im Auge sind mir dabei von jeher die Bücher gewesen, die die Funktionen im Rechner mit kleinen Männchen und den Bildschirm als Gesicht darstellen. Wenn ein Programm nicht funktioniert, hat dieses Gesicht Tränen in den Augen, und im umgekehrten Fall lacht es. Wie soll ein Normalsterblicher ein normales Verhältnis zu der Maschine bekommen, wenn er immer wieder so blöd angegrinst wird. Zum ersten Mal hat sich hier jemand kritisch mit der Maschine, die unsere Umwelt so nachhaltig beeinflusst hat, nüchtern auseinandergesetzt und ein Buch daraus gemacht, das für jeden verständlich ist.
Wenn schon das wirklich kurze Vorwort Mut macht weiterzulesen, ist das erste Kapitel geradezu ein Augenöffner. Der Titel sagt es ja auch: «Augen auf! Computer in und um uns.» Anhand eines ganz alltäglichen Beispiels wird verdeutlicht, wie wir auch ohne Computer Tätigkeiten des täglichen Lebens analysieren und in Schrittfolgen zerlegen, unser Programm quasi im Kopf schreiben und anschliessend ausführen. Es werden also Computer genannt, die jeder von uns fast täglich benutzt, ohne gleich in ehrfürchtiges Staunen zu geraten. Weiter geht es mit verständlichen Erklärungen zum Innenleben eines Rechners, über Programmiersprachen bis hin zu Problemen des Datenschutzes. Nachdem ich das Buch weggelegt hatte und darüber nachdachte, was eventuell zu kritisieren wäre, konnte ich mit Genugtuung feststellen: NICHTS!
Wenn sich jemand für das Thema Informatik interessiert, älter als 12 Jahre ist und wirklich Information haben will, sei ihm das Buch Computer mal menschlich wärmstens empfohlen. Nach der Lektüre wird er die Bildschirme und Tastaturen um uns mit der Aufmerksamkeit betrachten, die notwendig ist, und mit der Nüchternheit, die solche Maschinen verdienen.
Wie sagen die Autoren in ihrem Vorwort: «Solange wir noch überlegen können, sind wir dem Computer überlegen.»
Ingo Hoffmann
Bulletin Jugend und Literatur

Energie

Br., A4, 148 S., 32.—/34.—

Zusammen mit dem Graphiker Dani Lienhard, der wissenschaftlich-technische Materie mit ungewöhnlich verfremdeten alten Lithographien und neuen schematischen Darstellungen anregend gestaltet, setzt sich der Autor für die Erforschung der Energiespender wie Sonne, Wind, Wasser und Biogas ein. Eine technisch anspruchsvolle Materie wird Lehrern und Schülern sehr klar und optisch originell präsentiert. Jedem wird beim Lesen die Notwendigkeit einer Neuorientierung beim Wirtschaftlichkeitsdenken bewusst. Anschaulich werden Experimente zu den einzelnen Energiequellen erklärt. Die Lektionen der hohen Technologie können gut von interessierten, engagierten Jugendlichen begriffen werden. Der Anhang bietet Begriffserklärungen, Kontaktadressen sowie Bezugsquellen für Materialien und Medien. Kein leichter Brocken, aber wichtig.
krs
Basler Zeitung

Märchen & Mythen

Br., A4, 136 S., 29.—/32.—

Das vorliegende Werkbuch ist eine gelungene Arbeit über den Stellenwert des Märchens im Leben des Kindes, verfasst in einer erzählenden, flüssigen Sprache, die uns – wie die Märchen selbst – schnell in ihren Bann zieht. Man kann das Buch wie einen Zaubertrank Schluck für Schluck zu sich nehmen und wird das Glas auch zwischendurch abstellen. Dabei ist der Inhalt klar und einfach strukturiert. Das Buch kann allen, die mit Kindern zu tun haben, bestens empfohlen werden.
Peter Meier, SLZ

Zum Inhalt:
Im ersten Teil des Buches wird die Bildsprache des Märchens beschrieben, seine Strukturen und Elemente: Diesseitige und jenseitige Welt, Gut und Böse, Grausamkeit und Angst, die Helfenden, männlich und weiblich, der Weg der Hauptfigur.
Der zweite Teil enthält Hinweise zur Erarbeitung eines Märchens und Hilfestellungen fürs Erzählen.
Im dritten Teil berichtet die Autorin von Erfahrungen und Erlebnissen mit Kindern, die sie während zweier Jahre gesammelt und protokolliert hat.

Br., 19 × 25, 102 S., 26.—/29.—

Esther Bisset und Martin Palmer haben das Projekt «Worlds of Difference» für den WWF verfasst, um das Umweltbewusstsein an den Schulen in verschiedenen Unterrichtsbereichen (Religion, Geografie, Geschichte, Naturkunde, Ökologie, Ethik) zu fördern. Ihr Buch stellt im vierfarbigen 1. Teil die Grundzüge von neun Glaubenssystemen dar – australische Ureinwohner, Chinesen, Christen, Hindus, Humanisten, Juden, Moslems, die Sanema vom Amazonas und die Yoruba aus Afrika – mit charakteristischen Beispielen ihrer Lebensweise. Die Materialiensammlung für Lehrer und Eltern im 2. Teil regt zu vielfältigen Aktionen innerhalb und außerhalb des Klassenzimmers an. Das Buch ist vor allem für die Altersgruppe der 9- bis 13-jährigen gedacht. Es spielt eine wichtige Rolle bei der Erziehung zur Toleranz gegenüber anderen Kulturen und Rassen und zum rücksichtsvollen Umgang mit der Natur.
Lehrerzeitung

Elemente

Werkschachtel, 23 × 23 × 6 cm, mit 150 Arbeitsblättern, 45.—/49.—

Retour à la nature – zurück zu Grundsätzlichem menschlichen Daseins, Besinnung auf das Elementare, Einfache und eben deshalb Faszinierende. Wie könnte es anders sein, als dass es die Projektgruppe Zeichnen der bernischen Lehrerfortbildung ist, die sich, sich in ihrem Element fühlend, der Elemente annimmt. Gehen Sie in dieser und mit dieser Elemente-Schachtel auf den Grund, und Sie werden sich lesend, blätternd, vertiefend, experimentierend, staunend den Elementen, den Grundstoffen, der Natur nähern und damit die Achtung davor zurückgewinnen.
H. R. Lanker

Die vier Elemente Wasser, Feuer, Erde, Luft stecken in der Elementeschachtel drin, lebendig und verspielt, auf losen Blättern, bedruckt und illustriert mit Gedichten, Liedern, Sprichwörtern, Zeichnungen und unerschöpflich vielen Arbeitsanleitungen für einen kreativen, sinnlichen Unterricht. Ideal für alle, die sich für den Umgang mit natürlichen Materialien interessieren, ideal auch für den fächerübergreifenden Schulunterricht.

Lesen

Br., A4, 192 S., 39.—/43.—

Kein neuer Leselehrgang, sondern ganz einfach «ein Versuch, Kindern einen weiteren, ‹anderen› Zugang zum Lesenlernen zu eröffnen», – das ist die Lesestadt mit den Worten ihres Erfinders, des Praxisleiters und Didaktiklehrers am Seminar Schiers. Während der Anreiz der Lesestadt vor allem im topographischen Erlebnis von Buchstaben und Schriftsprache liegt – die Kinder bewegen sich in und zwischen Wörterhäusern mit Silbenfenstern, Buchstabenfächern und einer Fülle von Leselernmöglichkeiten –, richtet sich ihr Anliegen darauf, im Umgang mit geschriebener Sprache ‹alles greifbar zu machen, damit es begriffen werden kann›. Auf den Begriff gebracht heisst das nichts anderes, als dass Kinder hier handelnd lesen lernen. So aufwendig die Herstellung der Lernmaterialien und der Bau einer Lesestadt sind, so lohnend und erfolgversprechend ist das zugrundegelegte Konzept und dessen konkrete Umsetzung.
Ausführliche Bauanleitungen und Kopiervorlagen für den Eigengebrauch gehören zusammen mit Begriffserklärungen und Literaturhinweisen zu den Arbeitshilfen, die aus dem neuerschienenen Buch in der Tat ein Werkbuch machen, das zu eigenem Tun anleitet und vor allem anregt.
Johannes Gruntz-Stoll
Beiträge zur Lehrerbildung

Werken

HANDARBEITEN WERKEN 1
textil und nichttextil zytglogge werkbuch

Br., A4, 160 S., 35.—/39.—

Jahrzehntelang dominierte das Prinzip «Vormachen – Nachmachen» den Handarbeits- und Werkunterricht. Der neue Lehrplan setzt andere Akzente: Schülerinnen und Schüler werden vor eine Aufgabe gestellt. Die fertige Lösung liegt nicht vor. Dafür werden eigene Ideen, die der Bewältigung der Aufgabe dienen, entwickelt. Zur gedanklichen Auseinandersetzung gehören die Wahl des geeigneten Materials, der benötigten Werkzeuge und das Festlegen des Arbeitsweges. Natürlich soll auch das Handwerk erlernt werden. Die vorgesehene Lösung soll nicht nur wirtschaftlich und ökologisch sinnvoll, sondern auch konstruktiv richtig sein, ästhetischen Bedürfnissen genügen und, wo möglich, einen Beitrag zur Überwindung überlieferter, geschlechtsspezifischer Rollenverteilungen leisten.

Aus dem Inhalt
1. Klasse: Drahtgitterbild/Rhythmusinstrument
2. Klasse: Hampelfigur/Hut
3. Klasse: Windfahne/Verpackung
4. Klasse: Wasserrad/Hausschuh
5. Klasse: Topfhandschuh/Landschaftsrelief/Schiffsbau/Etui für Schulmaterial
6. Klasse: Frisbee/Hocker/Bilderrahmen/Flugzeugbau
7. Klasse: Kopfbedeckung/Gürtel/Nutzfahrzeug/Fotoständer
8. Klasse: Grillset/Hose aus Tricot/Sacknadel/Schmuck
9. Klasse: Lampe/Elektrischer Schalter/Keramik giessen/T-Shirt

SLZ

LICHT/HÜTE
HANDARBEITEN WERKEN 2
textil und nichttextil zytglogge werkbuch

Br., A4, 176 S., 35.—/39.—

Hut ab vor dieser 2. Dokumentation zum Thema Handarbeiten/Werken.
Der textile Teil befasst sich mit verschiedenen Arten der Kopfbedeckung, der nichttextile Bereich mit dem Licht als optische Erscheinung. Der heute immer dringenderen Erfordernisse nach einer Gesamtschau ökologischer Zusammenhänge, nach vernetztem Denken und nach ganzheitlicher Betrachtungsweise nimmt sich das Buch in vorbildlicher Art und Weise an: Da werden geschichtliche Entwicklungen aufgedeckt, heimatkundliche Bezüge hergestellt, industrielle Produktionen dargestellt, physikalische Phänomene erklärt. Kurz, mit aller Deutlichkeit erhalten die Leserinnen und Leser dieses Buches eine Vorstellung, wie faszinierend die Beschäftigung mit Handarbeiten/Werken mit seinen Problemstellungen und Querbezügen sein kann, sofern, und das ist zentral, der Leser und die Leserin zu Tätern werden. Denn es gilt, eine neue Generation von Kindern heranzubilden, die in der Lage sein wird, aus eigener Verantwortung, durch eigenes Denken und Tun und in Zusammenarbeit mit andern eine ständig wachsende Zahl von Problemen, mit denen uns der Fortschritt «beschenkt», zu befriedigenden Lösungen zu führen.

H. R. Lanker

Malen

Faszination Malen
Praktisches Erzieherisches Anregendes
BETTINA EGGER
Zytglogge Werkbuch

Br., A4, 168 S., 29.—/32.—

Was in dem Buch beschrieben wird, ist faszinierend, motivierend und verlockend zugleich.
Der Leser wird gehalten, das Malen und die Malergebnisse als Prozess zu akzeptieren und nicht deutend oder unter entwicklungspsychologischen Gesichtspunkten einordnend zu betrachten. Der Praktiker erhält viele gute Anregungen, wird aber auch hingewiesen auf die Schwierigkeiten, die bei der Einrichtung eines Malraumes auftreten können.
Der logische Aufbau, die eindrücklichen Texte, die gut verständliche Sprache sind von einer Autorin, die aus langjähriger praktischer Erfahrung genau weiss, worüber sie spricht, was sie dem Leser vermitteln will.
Bettina Egger-Honegger hat als Grafikerin unter anderem eine zusätzliche Ausbildung für Malatelierleiter bei Arno Stern erfahren. Seit 1965 leitet sie ein eigenes Malatelier.
Mit ihrem Buch will sie keine Anleitung zum Aufbau eines Malateliers vermitteln oder konkrete Anweisungen zur direkten Übertragung ihrer Erfahrungen auf andere Bereiche geben. Vielmehr ist es Bereitschaft, Sensibilisierung für bestimmte Vorgänge und Situationen zu wecken.

Malen als Lernhilfe
Malen und bildnerisches Gestalten mit verschiedenen Materialien
BETTINA EGGER
Zytglogge Werkbuch

Br., A4, 136 S., 29.—/32.—

Malen als Lernhilfe ist der zweite Band über Fragen des Malens und bildnerischen Ausdrucks von Bettina Egger.
Die Autorin gibt eine Fülle von Anregungen und Anleitungen für leicht ausführbare Techniken des bildnerischen Gestaltens mit verschiedensten Materialien zur Arbeit mit Kindern der Vorschul-, Kindergarten- und Primarschulunterstufe, besonders aber auch für die Arbeit mit geistig und körperlich behinderten Kindern.
Wiederum ein faszinierendes Buch, das nicht nur Erziehern, sondern ebenso Eltern empfohlen werden kann und eine eigentliche Pädagogik des Malens darstellt.

Empfohlene Bücher

Bilder verstehen
Wahrnehmung und Entwicklung der bildnerischen Sprache
BETTINA EGGER
Zytglogge Werkbuch

Br., A4, 168 S., 29.—/32.—

Wer sich vor Kinderzeichnungen immer ein bisschen ratlos-geniert fühlt, weil diese Kritzeleien doch eigentlich gar nichts darstellen, nehme zwecks gegenteiliger Information Bettina Eggers Buch «Bilder verstehen» zur Hand.
Da wird nichts verkompliziert, sondern in allgemein verständlichen Sätzen Grundlegendes für den Kontakt mit malenden Kindern oder Erwachsenen vermittelt.
Zeichnen und Malen sind eine Ausdrucksform für den momentanen psychisch-physischen Zustand wie auch Erinnerung an die Vergangenheit. Die verschiedenen Urformen der Entwicklungsphasen des Kindes werden dabei nach Margret Mahlers Theorie von Loslösung und Individuation vorgestellt.
Bettina Egger zeigt diese Urformen an Bildbeispielen von zeitgenössischen Künstlern, anhand der figurativen Phasen von Kindern und in Ausdrucksbildern von Erwachsenen auf. Daraus ergibt sich ein lebendig illustriertes und eindrucksvolles Panorama, für viele gewiss auch eine neue Art von Betrachtung.

Zürichsee-Zeitung

Basteln

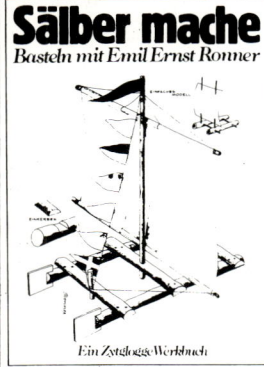

Sälber mache
Basteln mit Emil Ernst Ronner

Br., A4, 128 S., 34.—/36.—

Ein grossformatiges, bunt illustriertes Buch, mit Hunderten der schönsten Arbeiten, damit die ganze Familie nach den leicht verständlichen Anleitungen kleben, sägen, nageln, ausschneiden usw. kann.
Eltern, Lehrer und Kinder werden begeistert sein, mit diesem ‹Leitfaden› Geduldsspiele, ein Wetterhäuschen, ein Puppenhaus aus einer Schachtel oder ein Segelfloss aus Korkzapfen zu basteln. Oder hat jemand Lust auf ein sich lustig drehendes ‹Rösslispiel›, einen Bauernhof mit vielen Tieren aus Astholz, eine Vogelpfeife, bunte Sommervögel oder ein Osterbäumchen? Das sind nur einige wenige Beispiele aus der Fülle von Bastelvorschlägen rund ums Jahr, damit nie wieder Langeweile aufkommen kann.

L. H., Coop-Zeitung

Räumliches Gestalten
chnuuschte chnätte chnüble
Zytglogge Werkbuch

Br., A4, 152 S., 28.—/29.80

Ein dickes Ideenbündel kam zusammen, das inzwischen im Unterricht erprobt und ergänzt wurde und in diesem Buch zusammengefaßt allen, die in Kindergarten, Schule und zu Hause mit Kindern zu tun haben, Lust machen wird, Ähnliches zu versuchen. Reichlich Fotos, großzügige Zeichnungen, wenig Text – ein kreatives Werkbuch und benutzerfreundlich obendrein. Die konkreten Themen, um nur einige Stichworte zu nennen: Spukkabinett, Tastkasten, Bäckerfreuden, Lieblingsessen, Marionetten aus Schwemmholz, Hexenhäuser und Fahrzeuge aus Kartons, Pappmaschee-Hüte, große Tiere, WC-Rollen-Happening, Laternen, Masken, Irrgärten, Krachmaschinen usw.

Spielen und Lernen

Vom Raum zur Fläche
Kinder können das
Zytglogge Werkbuch

Br., A4, 168 S., 28.—/29.80

Es geht nicht nur um Impulse für Zeichenunterricht. Probleme werden projektartig von verschiedenen Seiten angepackt. So findet man etwa zum «Schuh» geschichtliche Informationen, Ideen für Spiele, Theater, Tanz, für die Sprache und das Werken, Beispiele als Anregung zur Kunstbetrachtung usw. Durch die Lektüre wird man nicht gegängelt zum Kopieren, vielmehr bekommt man Mut und Gluscht, Neues und auch Unkonventionelles zu wagen. Dem Praktiker wird der Gebrauch des Buches durch Signete erleichtert, die Stufenbezogenheit der Themen bezeichnen. Im Anhang sind übersichtlich technische Angaben für besondere Arbeitsvorgänge zusammengestellt. Beispiele von Arbeitsreihen und ein Literaturverzeichnis runden das sympathische, einfach aufgemachte Werk ab.

fre SLZ

Von Kopf bis Fuss
Notizen zum Menschenzeichnen

Br., A4, 156 S., 32.—/34.—

Die handschriftlichen Texte, die aus dem Moment hingeworfenen Skizzen und die fotokopierten Schülerarbeiten sind so viele Anregungen zum Thema Menschenzeichnen wie Menschen eben in ihrer Einzigartigkeit sind! Interessierte Lehrer, Spielgruppenleiter etc. finden darin eine Fülle von Ideen, die von erster spielerischer Erfahrung über Arbeitsbeispiele bis zu zeichnerischer und plastischer Gestaltung der menschlichen Figuren, Bewegungen, Gesichter, Hände und Füsse reichen.

Neue Kinder- & Jugendbücher

Zeichnen

Mit Herz und Hand
Notizen zum Menschenzeichnen 2
Ein Zytglogge Werkbuch

Br., A4, 152 S., 32.—/34.—

Das vorliegende Werkbuch befasst sich mit Menschen in Gruppen, im Spiel, in der Selbstdarstellung, in Textilillustrationen sowie Magischem mit und um Menschen. Der Untertitel «Notizen zum Menschenzeichnen» untertreibt stark, denn hier wird das Fach Zeichnen umfassend dargestellt und nicht nur auf die zwei Lektionen im Stundenplan reduziert.
Zuerst werden Einstiegsmöglichkeiten zum Thema dargestellt: Bildbetrachtungen, Spielformen, sprachliche Einstiege. Alles Möglichkeiten, die sich auch in andern Fächern bewähren können, kurz: überall dort, wo sich Menschen mit dem Thema «Mensch in der Gruppe» befassen.
Es folgen Arbeitsvorschläge: Schattenrisse, Arbeiten mit Ton, Linolschnitt, Maskenbau, Puppenbau, Schattenspielfiguren, Spielaktionen an Schulanlässen, in den Pausen usw.
Den AutorInnen, alles Mitglieder der Projektgruppe Zeichnen der Zentralstelle für Lehrerfortbildung Bern, ist mit diesem Buch gelungen, eine Unterrichtshilfe herzustellen, die von der ersten bis zur neunten Klasse gebraucht werden kann.

S. Gfeller-Münger

Zytglogge Werkbücher

Didaktik

Gertrud Meyer: Schuelmümpfeli 1
Praktisches für Lehrer/innen, Kindergärtnerinnen und Eltern
Ein Zytglogge Werkbuch
Br., A4, 152 S., 29.80/32.—

Ein ungemein anregendes Buch einer Lehrerin. Es bietet keine fertigen Lektionen, sondern Ideen, Anregungen, Hinweise, einfache praktische Hilfen. Es ist aber kein kühles Buch mit langen Listen und Spiegelstrichkolumnen, es ist ein Buch, das von der persönlichen Wärme und Bereitschaft zur Hingabe der Verfasserin an Kinder lebt.
«Man geniesst es, ohne sich damit zu belasten», denn Mümpfeli sind kleine süsse Happen, von denen man sich ein zweites nimmt, wenn das erste geschmeckt hat!
Grundschule

Gertrud Meyer: Schuelmümpfeli 2
Lehrer und Eltern, Partner des Kindes
Ein Zytglogge Werkbuch
Br., A4, 152 S., 29.80/32.—

Gertrud Meyer zeigt in vielfältiger Art, wie die Elternarbeit in der Schule geleistet werden kann, nicht mit theoretischen Abhandlungen, sondern in zahlreichen praktischen Beispielen, die sorgfältig durchdacht sind. Sie vermittelt Anregungen, wie Eltern und Lehrer zusammenwirken können in vielen Möglichkeiten der Mitarbeit, im Gestalten von Festen und vor allem in Projekten.
Das Buch ist nicht nur für Lehrerinnen und Lehrer geschrieben. Gertrud Meyer möchte erreichen, dass sich Eltern und Schulpfleger mit dieser Form der Zusammenarbeit auseinandersetzen. Deshalb wird auch das schwierige Thema der Hausaufgaben aufgearbeitet.
Und schliesslich gibt die Autorin weitere «Mümpfeli» ihrer grossen Erfahrung weiter, und zwar in den Bereichen Lesen, Mathematik, Gespräche. Ein faszinierendes Buch und eine grosse Hilfe für alle: anregend, begeisternd und optimistisch. Diese «Schuelmümpfeli» sind wie ein Geschenk.
*Walter Weibel
Schweizer Schule*

Gertrud Meyer: Schuelmümpfeli 3
Handfestes für Lehrende und Lernende
Zytglogge Werkbuch
Br., A4, 152 S., 29.80/32.—

Gertrud Meyer gehen die Ideen nicht aus. Ihre Kreativität, ihr Sinn für das Praktische, ihre Fähigkeit, Kompliziertes zu vereinfachen und in eine machbare Form zu bringen, lassen immer wieder «Handfestes» entstehen, das sie ergänzt durch viele Ideen, denen sie im Rahmen ihrer Ausbildungstätigkeit begegnet.
Auch dieses dritte Buch lebt wie seine Vorgänger von der Wärme der Verfasserin und ihrer Bereitschaft, sich Kindern zu öffnen und für Kinder zu leben, ihnen das Lernen zum frohen Erlebnis werden zu lassen, sie als Herausforderung anzunehmen und Schwierigkeiten mit ihnen und den Eltern zu lösen.
*Kurt Meiers
Grundschule*

Hans Rothweiler: Warum ist der Himmel blau?
Erleben, Entdecken, Forschen im individualisierenden Unterricht in der Volksschule. Realien, Projekte, Zusammenarbeit.
Ein Zytglogge Werkbuch.
Br., A4, 208 S., 29.80/32.—

Der Titel steht stellvertretend für ein didaktisches Prinzip: den Schüler ernst nehmen, ihn «fächerübergreifende» Fragen stellen und ihn mit Kameraden und dem Lehrer zusammen Antworten erarbeiten lassen.
Wichtigste Themenkreise sind: Begegnung und Vertrauen, Selbständigkeit fördern, Umgang mit Freiheit – also Umgang des Schülers mit sich selbst und mit andern; dann «Umgang» und Erfahrung mit der Welt (Ermutigung zur eigenen Sicht, zu Vergleichen, zum Entdecken und Forschen). Festgehalten sind auch die Erfahrungen und Probleme des Lehrers mit dieser «modernen» (längst schon propagierten und erprobten) Unterrichtsweise. Der Versuch sollte nicht einmaliger Versuch bleiben; er hat gezeigt, dass ein solch individualisierender Unterricht nicht nur möglich, sondern auch fruchtbar und im besten Sinne bildend, d.h. die Persönlichkeit fördernd ist; nicht zu unterschätzende «Nebenwirkung»: Auch die Lehrer werden zu neuem Verhalten ermutigt und pflegen kollegialere Zusammenarbeit.
Lehrerzeitung

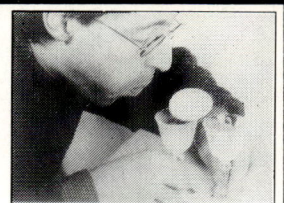

Experimente

Gerd Oberdorfer: Das springende Ei
und andere Experimente für die fünf Sinne
Zytglogge Werkbuch
Br., A4, ca. 152 S., ca. 35.–/39.–

Forschen und Experimentieren gehören zu den Wesensmerkmalen jedes Menschen. Natürliche Neugier ist die Grundlage des Lernens überhaupt. Dieses Buch enthält 125 spannende und unterhaltende Experimente aus den Bereichen Mechanik, Akustik, Optik, Magnetismus, Elektrizität, Biologie, Chemie, Feuer, Wasser, Luft. Von Schülern und Erwachsenen mehrfach ausprobiert, wird Lernspass und Erfolg garantiert.
Der umfassende Praxisteil wird durch neuste Erkenntnisse der Pädagogik begründet.
Das Buch steht in der Tradition von Comenius und führt über den Phänomena- und Experimenta-Gedanken zur Umsetzung in den modernen (Schul-)Alltag.
«Lernen durch die Sinne» und «learning by doing» sind Grundideen zu diesem Buch. Angesprochen sind neugierige Kinder und Erwachsene jeden Alters. Der Schwierigkeitsgrad ist überall angegeben – einige Experimente brauchen viel Vorarbeit und spezielles Material, bei anderen kann gleich mit dem Probieren begonnen werden.

Werkstatt

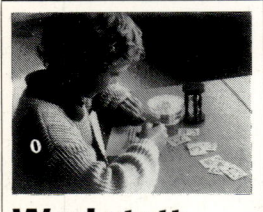

Kathi Zürcher: Werkstatt-Unterricht 1x1
Didaktisches und Praktisches
Zytglogge Werkbuch
Br., A4, 152 S., 32.—/35.—

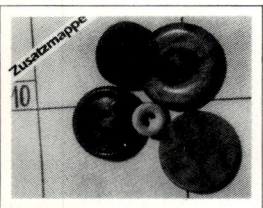

Kathi Zürcher: Werkstatt-Unterricht 1x1
Übungsaufgaben, Kartenspiele
Zytglogge Werkbuch
Br., A4, mit 60 Ausschneidebogen, 38.—/42.—

Das *Arbeitsbuch* bietet im ersten Teil «Didaktisches» – Ausführungen über Bedingungen und Ziele, Planung, Vorbereitung und Durchführung des Werkstatt-Unterrichts – und im zweiten Teil «Praktisches» – eine Einmaleins-Werkstatt mit allem Drumundran. In der *Zusatzmappe* finden sich «Uebungsaufgaben und Kartenspiele» zu eben dieser Fertigkeitswerkstatt, die den künftigen WerkstattlehrerInnen den Einstieg in den Werkstatt-Unterricht erleichtern. Aufmachung und Gestaltung der Zytglogge-Werkbücher stimmen im Falle der beiden Bände über den Werkstatt-Unterricht mit den Anliegen der Autorin und dem Inhalt der beiden Bände so genau überein, dass ihre Veröffentlichung ganz einfach als Glücksfall zu bezeichnen ist.
Johannes Gruntz-Stoll

Bauen

Martin Kesselring: Saiteninstrumente selbst gebaut 1
Vom Monochord zum Hackbrett
Zytglogge Werkbuch
Br., A4, 160 S., 35.—/39.—

Martin Kesselring: Saiteninstrumente selbst gebaut 2
Vom Scheitholt zur Gitarre
Zytglogge Werkbuch
Br., A4, 192 S., mit 16 Plänen, 45.—/49.—

Wer verstehen will, was er tut, findet physikalische und technische Erläuterungen zu grundsätzlichen Fragen. Was sich bewährt hat, wird empfohlen. Aber das beste scheinen mir die zahlreichen Hinweise, dass man es auch anders machen kann, mit anderen Materialien, anderen Werkverfahren, anderen Formen der Instrumentenkörper oder der Schallöcher und mit anderen Stimmungen. Beispiele in der Formulierung von Aufgaben im Werkunterricht machen deutlich, wie weit neben der Vermittlung vorgegebener Kenntnisse und Fertigkeiten kreatives Problemlösen möglich ist. So ist Kesselring mit der Schwierigkeit fertig geworden, weder für die einen zu pauschal noch für die anderen zu eng und rezepthaft zu schreiben.
Christof Kautsch in «Üben & Musizieren Aktuell»

Inhalt Band 1:
Musiktheoretische Grundlagen über Dreiklänge; Intervalle / Werkzeuge / Werkstoffe und Werkzeuge; Verfahren und Tips / Problemstellungen und Improvisationen am Beispiel einfacher Zupfinstrumente (Kleiderbügelharfe, Psalter, Türharfe) / Bauanleitungen und -pläne zu: Monochord, Dulcimer, Doppeldulcimer, acht-, sechzehn- und vierundzwanzigchörigem Saitentamburin sowie Hackbrett

Inhalt Band 2:
Theoretische Grundlagen: Stimmungen wichtiger Saiteninstrumente / Proportionen und Intervalle / Werkzeuge / Schablonen, Bohrlehren und Bauformen / Verfahren
Beispiele zum Instrumentenbau: Wissenswertes und Bauanleitungen zu: Scheitholt (Hexaschit) – Konzertzither – Akkordzither – Violinzither – Klein-Hackbrett usw. / Griffbrettinstrumente: Banjo – Halszither – Gitarre usw.
Reparaturen und Restaurationen, Anhang: Literaturverzeichnis / Schallplattenverzeichnis / Adressen von Saiteninstrumentenbauern / Materialbezugsquellen

Musik

singe lose spile 1
Musik in der Schule
Ein Zytglogge Werkbuch
Br., A4, 136 S., 29.—/32.—

singe lose spile 2
Musik in der Schule
Ein Zytglogge Werkbuch
Br., A4, 216 S., 33.—/36.—

Als «Dokumentation Schulmusik» aus Kursunterlagen der Projektgruppe Musik der bernischen Lehrerfortbildung entstanden und nun zur Publikation als «Werkbuch» überarbeitet, sind die beiden Bände Arbeitshilfen und Anregungen für den vielerorts noch immer vernachlässigten Musikunterricht an den Schulen. Der erste Band bringt einleitend einen Grundsatzartikel über die Schulmusik im Spiegel der Zeit, um dann Vorschläge für Inhalte und Ziele des Musikunterrichtes sowie Richtlinien für die Planung und Durchführung von Lektionen zu geben. Das Kapitel «Singleitung» vermittelt mit zahlreichen methodischen Hinweisen die Grundlagen der chorischen Stimmpflege und des Dirigierens. Mit einer Fülle von Übungsmöglichkeiten, anhand von Lektionsskizzen, Arbeitsblättern usw., und in detaillierten Lernschritten wird das Empfinden für Rhythmus und Melodie geschult.
vz.

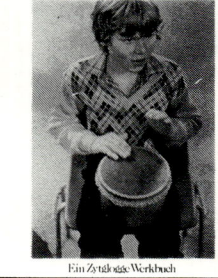

Der umfangreichere zweite Band des wiederum reich illustrierten Lehrganges für Musikunterricht durch neun Schuljahre hindurch stellt – ebenfalls in didaktischen Aufbaureihen und zahlreichen Beispielen von Lektionsskizzen mit detaillierten Lernschritten – die Instrumente vor und zeigt, wie die Schüler ihren Klang durch vergleichende Hörübungen kennenlernen können. Eine gezielte Einführung ins analytische Musikhören vermittelt das Erkennen von Klängen und musikalischen Abläufen, wobei die Wahrnehmungsfähigkeit des Gehörs durch optische Eindrücke (Notenlesen) vertieft wird, und schliesslich bringt der geschickt konzipierte Band eine ausführliche Auseinandersetzung mit Popmusik und Jazz, wobei auch hier das analytische Zuhören anhand interessanter Vergleiche zwischen Chansons und Schlagern, Pop-Bearbeitungen und klassischen Original-Versionen geschult wird. Zwei wirklich brauchbare Handbücher für den Musikunterricht.
*vz.
Empfohlene Bücher*

Zytglogge Werkbücher